北京联合大学数字经济与创新研究中心
北京市中小企业服务中心 组编

专精特新

北京市专精特新企业数字化转型实践探索

路径、场景和典型案例

李立威　杨靖国　陈鹤中◎编著

企业管理出版社
ENTERPRISE MANAGEMENT PUBLISHING HOUSE

图书在版编目(CIP)数据

北京市专精特新企业数字化转型实践探索：路径、场景和典型案例 / 李立威，杨靖国，陈鹤中编著. -- 北京：企业管理出版社，2025. 3. -- ISBN 978-7-5164-3249-5

Ⅰ. F279.271

中国国家版本馆CIP数据核字第202541SZ93号

书　　名：北京市专精特新企业数字化转型实践探索：路径、场景和典型案例
书　　号：ISBN 978-7-5164-3249-5
作　　者：李立威　杨靖国　陈鹤中
策　　划：张　丽
责任编辑：张　丽
出版发行：企业管理出版社
经　　销：新华书店
地　　址：北京市海淀区紫竹院南路17号　　邮　　编：100048
网　　址：http：//www.emph.cn　　电子信箱：lilizhj@163.com
电　　话：编辑部18610212422　发行部（010）68417763　68414644
印　　刷：北京亿友数字印刷有限公司
版　　次：2025年3月第1版
印　　次：2025年3月第1次印刷
开　　本：710mm × 1000mm　1/16
印　　张：16.75
字　　数：180千字
定　　价：78.00元

本书编委会

顾　问

姜广智　苏国斌　鲍新中

主　编

李立威　杨靖国　陈鹤中

副主编

李依霖　高少雄　盛晓娟

编　委

张云舒　路尚宏　赵　端

丁庆洋　庞贝贝

前　言

专精特新企业是推动新型工业化和发展新质生产力的重要力量。专精特新企业作为北京市高精尖产业的重要创新力量，其数字化转型不仅关乎企业自身竞争力提升，更对北京建设全球数字经济标杆城市以及国际科技创新中心具有重要战略意义。

基于北京市专精特新中小企业数字化转型的实践案例，本书综合采用案例分析、归纳比较、资料分析和统计分析等方法，按照“行业概况—总体特征—路径场景—问题建议—典型案例”的思路，对北京市专精特新企业数字化转型总体情况和基本特征做了分析，提出了“一体两翼”的中小企业数字化转型总体框架，分析了北京市专精特新企业数字化转型的基本路径，提炼了不同业务环节数字化转型的典型场景。希望通过本书，能够形成一批在细分行业和领域推广的数字化转型典型场景和经验模式，通过示范带动，引导和推动广大中小企业加快数字化转型进程。

本书分为上下两篇，共 9 章。上篇是北京市专精特新企业数字化转型情况总体分析，第 1 章是研究背景，主要介绍了专精特新企业的内涵和政策导向，介绍了企业数字化转型的概念，分析了中小企业数字化转型的必要性和风险；第 2 章介绍了北京市专精特新企业发展概况、数字化转型政策和数字化水平总体情况，第 3 章从驱动因素、典型模式、典型经验和行业特点四个方面分析了北京市专精特新企业数字化转型的主要特征；第 4 章从总体框架、基本路径、保障体系等方面分析了数字化转型实施路径；第 5 章是典型场景分析，总结了经营管理、研发设计、生产制造、采购供应、营销管理、产品服务、多环节协同等环节的 36 个数字化转型典型场景；第 6 章分析了数字化转型存在的问题，提出了对策建议。下篇是北京市专精特新企业数字化转型典型案例，总计收录 24 个案例，其中第 7 章是离散型制造业案例（10 个）；第 8 章是流程型制造业案例（6 个）；第 9 章是生产性服务业案例（8 个）。

本书是北京联合大学数字经济与创新研究中心、北京市中小企业服务中心、北京市专精特新企业和众多业内专家集体智慧的结晶，是北京市属高校高水平科研创新团队项目“北京市专精特新中小企业数字化转型公共服务体系研究”（项目编号：BPHR20220122）、北京市经济和信息化局 2024 年研究课题“北京市专精特新中小企业数字化转型标杆案例及实施路径研究”的研究成果之一。北京联合大学数字经济与创新研究中心主任李立威教授负责项目的总体设计和书稿内容的撰写，盛晓娟教授参与了项目调研和第 4 章部分内容初稿的撰写，庞贝贝博士和丁庆洋博士参与了项目调研和第 5 章部分内容初稿的撰写，北京联合大学管理学院工商管理学硕士研究生成帆、黄于红、魏园园、张博在案例资料整理和分析方面做了很多基础性工作。项目调研和案例征集工作得到了北京市经济和信息化局、北京市各区县中小企业主管部门以及北京市百余家专精特新企业的大力支持。在此，向所有支持此项工作的相关政府部门、专家学者和企业一并表示衷心的感谢。

本书适用的读者对象有，中小企业负责人和数字化团队人员，数字化服务商相关人员，行业协会相关人员，中小企业服务机构，各级政府经信等职能部门相关人员，以及高校和科研机构企业数字化转型相关教学科研人员。

企业数字化转型只有起点没有终点。随着数字技术的快速发展，专精特新中小企业的数字化转型仍然处于快速发展的阶段，本书主要是基于北京市专精特新企业数字化转型实践的探索性分析，内容难免有疏漏和不足之处，欢迎各界专家提出宝贵意见。

目录

上　篇　北京市专精特新企业数字化转型总体情况分析

上　篇

北京市专精特新企业数字化转型总体情况分析

第1章　研究背景

第1节　专精特新企业的内涵

一、专精特新企业的概念

专精特新企业是指具有“专业化、精细化、特色化、新颖化”特征的中小企业，具有高成长性、高技术含量和高附加值的特点。专业化是指企业聚焦于一个或多个特定产业链供应链的某个核心环节，能够为大企业、大项目等提供配套零器件或服务等；精细化是指企业具有精细的生产技术、有效的管理方式、高品质产品服务等特征，往往在细分市场占据优势地位；特色化是指企业具有独特的配方原料、工艺技术等；新颖化是指企业提供具有创新性的产品或服务满足客户需求，创新能力突出。

专精特新企业是政府按照一定的认定标准所评选出的优质中小企业。2011年9月工业和信息化部《“十二五”中小企业成长规划》第一次以正式文件形式提出“专精特新”。2018年11月工业和信息化部办公厅发布《关于开展专精特新“小巨人”企业培育工作的通知》，目前我国形成了创新型中小企业、专精特新中小企业和专精特新“小巨人”企业的梯度培育体系。创新型中小企业，具有较高专业化水平、较强创新能力和发展潜力，是优质中小企业的基础力量。专精特新中小企业实现专业化、精细化、特色化发展，创新能力强、质量效益好，是优质中小企业的中坚力量。专精特新“小巨人”企业以专注铸专长、以精益出效益、以特色赢市场、以创新谋发展，是专精特新企业的核心力量。

习近平总书记指出“中小企业能办大事”“加快培育一批‘专精特新’企业和制造业单项冠军企业”。工业和信息化部 2021 年 12 月提出“十四五”期间在全国培育 10 万家专精特新中小企业和 1 万家专精特新“小巨人”企业的目标。根据工业和信息化部数据，截至 2024 年 10 月，我国已经培育专精特新中小企业 14.1 万家，专精特新“小巨人”企业 1.46 万家。专精特新中小企业长期专注并深耕产业链某一环节或某一产品，创新能力强、市场占有率高、成长性好，在推动产业结构优化升级、提升科技自主创新能力、增强产业链供应链韧性和促进工业体系绿色低碳发展等多个方面发挥了重要作用，成为推进新型工业化和发展新质生产力的重要力量。

二、国家专精特新企业政策导向分析

党的二十届三中全会审议通过的《中共中央关于进一步全面深化改革 推进中国式现代化的决定》提出“构建促进专精特新中小企业发展壮大机制”。这为我国专精特新企业培育和发展指明了前进方向。目前我国专精特新企业培育工作正朝着纵深化方向发展，政策支持力度不断加大，政策内容涵盖金融支持、公共服务体系、数字化转型、人才保障、科技创新等多个维度，政策实效性、培育系统性和服务精准性不断提高，整体呈现如下态势。

一是强化政策协同，着力构建促进专精特新中小企业发展壮大的机制。2024 年 8 月 19 日，国务院总理李强主持召开国务院常务会议，研究促进专精特新中小企业高质量发展的政策措施。会议指出，要大力培育发展专精特新中小企业，强化财税、金融、科技、产业、人才等政策协同，全链条支持企业创新发展。要持续优化发展环境，完善梯度培育、要素保障、公共服务等机制，帮助企业解决实际困难。要以实施大规模设备更新为契机，推动专精特新中小企业数字化、智能化、绿色化转型，不断提升核心竞争力。2024 年 10 月，在国务院新闻办新闻发布会上，工业和信息化部副部长王江平表示，下一步工业和信息化部会同相关部门将着力构建促进专精特新中小企业发展壮大的机制，完善“选种、育苗、培优”全周期培育体系，促进专精特新中小企业高质量发展。此外，新一轮政策同时鼓励地方因地制宜、因企施策，推出针对性强、实用性高、精准有效的培育赋能举措，积极培育专精特新中小企业。

二是健全中小企业公共服务体系，助力中小企业高质量发展。中小企业公共服务是以促进中小企业健康发展为目标，由政府引导和支持，公益性服务组织和市场化服务机构共同参与，向中小企业提供的普遍性、基础性、专业化服务。建立健全中小企业公共服务体系，是贯彻党中央、国务院促进中小企业发展决策部署，落实《中华人民共和国中小企业促进法》的重要举措，对于帮助中小企业纾困解难、实现高质量发展具有重要意义。2023 年 11 月工业和信息化部中小企业局发布《关于健全中小企业公共服务体系的指导意见》，从夯实基层基础、突出服务重点、创新服务方式、汇聚服务资源、增强服务能力、提升公共服务影响力、加强服务队伍建设等方面明确了主要工作任务，旨在进一步健全与中小企业高质量发展相适应的中小企业公共服务体系，以高质量服务助力中小企业高质量发展。目前我国已经建成了贯穿国家、省、市、县四级的中小企业服务网，涵盖了 1780 多家公共服务机构，打通政策、技术、管理、服务资源落地的“最后一公里”。2024 年 6 月，财政部、工业和信息化部发布的《关于进一步支持专精特新中小企业高质量发展的通知》中提出，支持地方探索对专精特新中小企业培育赋能，不断夯实服务体系。

三是认定标准进一步提升，促进专精特新“小巨人”质量提高。工业和信息化部在 2022 年 6 月发布了《优质中小企业梯度培育管理暂行办法》，对专精特新“小巨人”企业的认定标准进行了调整和提升，新标准在专业化、特色化、创新能力和基本条件等方面提出了更高的要求。在企业培育方面，2023 年年初，工业和信息化部启动了第五批专精特新“小巨人”企业的遴选工作，同时对已入选的第二批企业进行复核评估；2024 年 4 月启动了第六批专精特新“小巨人”企业的遴选工作，同时对已入选的第三批企业进行复核评估，体现了政策对专精特新企业群体规模扩容和质量提升的双重重视。随着我国专精特新政策体系的完善以及企业梯度的逐渐形成，专精特新“小巨人”企业认定标准的提升是长期趋势，反映了国家对专精特新企业高质量发展的重视和期望。

四是支持专精特新企业加大科技创新投入，提升创新能力。在技术创新方面，工业和信息化部启动了《科技成果赋智中小企业专项行动（2023—2025 年）》，通过强化科技成果转化服务机制，推动专精特新企业产出更多高质量科技成果，形成有利于科技创新与企业发展的闭环激励环境，进一步提升专精特新企业的核心竞争力。2024 年 6 月，工业和信息化部联合财政部发布《关于进一步支持专精特新中小企业高质量发展的通知》，启动了新一轮专精特新支持政策。2024 年，通过中央财政支持，1000 多家重点“小巨人”企业打造新动能、攻坚新技术、开发新产品、强化产业链的配套能力，从人才、组织机构、设备条件等方面，加强企业创新能力建设。通过专项再贷款项目，支持 1100 多家“小巨人”企业技术改造和设备更新。面向中小企业发布中试服务资源目录，优先支持“小巨人”企业参与重点产品和重点工艺的应用计划。实施专利产业化推动中小企业成长计划，为符合条件的专精特新中小企业提供快速预审、确权等知识产权方面的服务。

五是支持中小企业数字化转型，促进专精特新发展。近年来，围绕加快中小企业数字化转型，《中小企业数字化赋能专项行动方案》《中小企业数字化转型指南》等专项政策先后颁布，各省份也陆续制定了相应配套政策，扶持中小企业数字化、网络化、智能化转型。2023 年开始，财政部、工业和信息化部等部门联合发布了《关于开展中小企业数字化转型城市试点工作的通知》，遴选中小企业数字化转型试点城市，并提供财政支持，加快带动一批中小企业成长为专精特新企业，推进产业基础高级化、产业链现代化，优先将数字化转型需求迫切、具备一定数字化基础的专精特新中小企业纳入改造范围。2024 年 6 月，我国已遴选出第二批中小企业数字化转型试点城市，包括北京市顺义区在内共有 36 个市（区）被纳入第二批试点范围，中央财政下达资金 27 亿元，地方财政投入超过 120 亿元。2025 年将再遴选一批试点城市，预计累计支持全国 4 万多家中小企业数字化转型。2024 年 5 月，国务院常务会议审议通过《制造业数字化转型行动方案》，针对中小企业数字化短板，方案提出要完善精准服务体系，在数字化诊断、技术攻关、人才培养等方面加大支持力度，充分体现了国家对中小企业尤其是制造业企业数字化转型的高度重视。2024 年 12 月，工业和信息化部、财政部、中国人民银行、金融监管总局印发《中小企业数字化赋能专项行动方案（2025—2027 年）》，明确了未来三年我国推动中小企业数字化转型的主要思路和重点任务。

六是强化金融支持，进一步畅通专精特新企业融资渠道。党的二十届三中全会指出，构建同科技创新相适应的科技金融体制，加强对国家重大科技任务和科技型中小企业的金融支持，完善长期资本投早、投小、投长期、投硬科技的支持政策。支持与服务优质中小企业已经成为我国资本市场改革的重要方向之一，“沪深主板—创业板、科创板、北交所—新三板—区域性股权市场”多层次资本市场在不断的探索与改革中逐渐成型。2023 年 9 月，中国证券监督管理委员会发布《关于高质量建设北京证券交易所的意见》，加快将北交所打造为服务于创新型中小企业的“主阵地”，持续改善专精特新企业的股权融资环境。2024年6月，国务院办公厅印发《促进创业投资高质量发展的若干政策措施》，强调要营造支持科技创新的良好金融生态，开展专精特新中小企业“一月一链”等活动，组织遴选符合条件的科技型企业和专精特新中小企业，加强与创业投资机构对接，对突破关键核心技术的科技型企业，建立上市融资、债券发行、并购重组绿色通道，提高全国中小企业股份转让系统（北交所）发行审核质效。工业和信息化部将联合证监会推出第三批区域性股权市场“专精特新”专板，与北交所签订战略合作协议，进一步畅通专精特新中小企业资本市场融资渠道，会同有关部门聚焦重点产业链，推动金融机构与链上中小企业开展精准对接。

七是完善人才政策，加强专精特新企业人才队伍建设。为进一步支持专精特新中小企业健康发展，创造更多高质量就业岗位，吸纳更多重点群体就业，2023年9月，人力资源社会保障部、工业和信息化部发布《关于实施专精特新中小企业就业创业扬帆计划的通知》，旨在鼓励创办创新型中小企业，将专精特新中小企业纳入重点企业用工服务范围，保障专精特新企业用工需求和技术技能人才供给，为企业长远健康发展提供坚实的人力资源支撑。工业和信息化部副部长王江平2024年10月14日在国务院新闻办新闻发布会上表示，支持“小巨人”企业设立博士后科研工作站、赋予高层次人才举荐权，支持专精特新中小企业试点开展高级职称自主评审，推动地方在人才落户、住房、子女教育等方面为专精特新中小企业提供专项支持。

第2节　中小企业数字化转型的内涵

一、企业数字化转型的概念

虽然数字化转型已经成为学术界和业界关注的热点问题，但是社会各界对数字化转型的概念目前并未达成一致。数字化转型是一个多维度的概念，它涵盖了企业、产业和国家等多个层面。从企业层面而言，数字化转型的概念主要可从数字技术和组织转型两种视角阐释。

1.数字技术视角

数字技术是企业实现数字化转型的支撑条件，技术视角强调企业对数字技术的应用和数据要素的价值。Vial（2019）认为数字化转型是指通过信息、计算、通信和连接等数字技术的应用，引发对组织属性变革来改善企业的过程。从技术视角看，数字技术是指借助一定的设备将诸如图片、文字、音视频等各种信息，转化为计算机能识别的二进制数字，并进行存储和处理的技术（Benbya等，2020）。对于企业数字化转型涉及的具体技术，不同行业和不同类型的企业具有差异性，目前认可度较高的是Sebastian等（2017）对数字技术的定义，他们将新一代数字技术总结为SMACIT，即社交（Social）相关的技术、移动（Mobile）技术、分析（Analytics）技术、云（Cloud）技术和物联网（Internet of Things）技术，例如大数据、云计算、区块链、物联网、人工智能、虚拟现实技术。

除了数字技术的应用，技术视角还强调数据要素的价值。谢康等（2024）提出，高质量数字化转型与一般数字化转型的区别在于，前者强调数据作为生产要素而非资源，转型着力点在于提高全要素生产率。2022年颁布的《信息化和工业化融合 数字化转型 价值效益参考模型》

（GB/T 23011-2022）中提出，数字化转型是指深化应用新一代信息技术，激发数据要素创新驱动潜能，建设提升数字时代生存和发展的新型能力，加速业务优化、创新与重构，创造、传递并获取新价值，实现转型升级和创新发展的过程。该定义强调，开展数字化转型应把握如下四个方面：一是数字化转型是信息技术引发的系统性变革；二是数字化转型的根本任务是价值体系优化、创新和重构；三是数字化转型的核心路径是新型能力建设；四是数字化转型的关键驱动要素是数据。

2. 组织转型视角

组织转型视角强调数字化对企业业务流程、产品创新、商业模式和组织结构等方面的影响。Matt（2015）认为数字化通过信息和通信技术实现流程化，而数字化转型与公司的商业模式、产品、流程和组织结构的转变有关。数字化转型是企业运用数字技术的创新过程，不仅包括技术问题，也包括组织战略问题，企业需要重塑愿景、组织结构、业务流程、能力和文化，以适应高度变化的数字环境（Gurbaxani 等，2019）。肖静华（2020）认为企业数字化转型是指从信息化转变为数字化引发的一系列适应性管理变革过程或状态，是企业多维度、多层次的综合性管理变革活动。吴江等（2021）认为数字化转型是通过信息、计算、沟通和连接技术的组合，重构产品和服务、业务流程、组织结构、商业模式和合作模式，旨在更有效地设计企业商业活动的过程，从而帮助企业创造和获取更多价值。这一定义强调，企业数字化转型范围包括产品和服务、业务流程、组织结构、商业模式、合作模式等多方面内容，而企业数字化转型的结果则是利用数字技术创造新的价值主张。

从转型过程视角，Verhoef 等（2019）将企业数字化转型划分为数字化转换（Digitization）、数字化升级（Digitalization）和数字化转型（Digital Transformation）三个阶段，数字化转型建立在数字化转换和数字化升级的基础上。第一阶段是数字化转换，主要实现信息的数字化，将信息编码为数字格式，是从模拟形态到数字形态的转换过程；第二阶段是数字化升级，主要是实现业务流程的数字化，例如企业资源计划（ERP）系统、客户关系管理（CRM）系统、供应链管理（SCM）系统，都是将工作流程进行了数字化，从而提升了工作协同效率和资源利用效率，为企业创造了价值；第三个阶段是数字化转型，涉及商业模式创新等公司战略层面的广泛变革，数字化转型完全超越了信息的数字化或工作流程的数字化，着力于实现“业务的数字化”，使公司在一个新型的数字化商业环境中发展出新的业务（商业模式）和形成新的核心竞争力。

本书认为，数字化转型的本质是通过数字技术和手段来实现企业业务模式的变革和创新，数字化是手段，转型是目标，它涉及组织结构变革、商业模式创新、业务流程优化、企业文化、数据驱动决策等多个方面，其核心是推动企业的可持续增长和创新发展。

二、中小企业数字化转型的必要性

1. 数字化转型是中小企业适应数字经济时代发展的必然要求

当今世界，数字经济已经成为全球经济的主要形态。数字经济是以数字化的知识和信息作为关键生产要素、以现代信息网络作为重要载体、以信息通信技术的有效使用作为效率提升和经济结构优化的重要推动力的一系列经济活动。做强做优做大数字经济，促进数字经济和实体经济深度融合已经成为我国把握新一轮科技革命和产业变革新机遇的战略选择。2017 年我国政府把发展数字经济首次写入《政府工作报告》，标志着数字经济上升为国家战略。我国“十四五”规划和 2035 年远景目标纲要中提出，迎接数字时代，激活数据要素潜能，推进网络强国建设，加快建设数字经济、数字社会、数字政府，以数字化转型整体驱动生产方式、生活方式和治理方式变革。党的二十届三中全会提出，健全促进实体经济和数字经济深度融合制度。中国信息通信研究院发布的《中国数字经济发展研究报告（2024年）》指出，2023年我国数字经济规模已达到53.9万亿元，数字经济占我国GDP的比重达到42.8%，数字经济同比名义增长7.39%，高于同期GDP名义增速2.76个百分点，对GDP增长的贡献率达到66.45%。

数字经济主要包括数字产业化和产业数字化两方面内容，而中小企业数字化转型是产业数字化的重要组成部分。在数字经济蓬勃发展的时代背景下，中小企业的运营模式和竞争格局都发生了深刻变革。数字化转型成为中小企业破除企业发展困境、推动业务增长和培育竞争优势的重要途径，中小企业若不积极进行数字化转型，将难以适应数字经济时代的市场需求和竞争环境。对于中小企业而言，数字化转型已经不再是一道选择题，而是一道生存题。

2. 数字化转型是赋能中小企业走“专精特新”之路的必然要求

经历40多年改革开放和连续高速增长，中国经济增长已经进入高质量发展的阶段，数字经济是经济高质量发展的重要驱动力，而专精特新代表了中小企业高质量发展的方向。在我国经济高质量发展的战略下，数字化转型成为赋能中小企业走“专精特新”之路的必然要求。

数字化转型助力中小企业专业化发展。中小企业可以利用数字技术对采购、生产、营销等环节产生的海量数据进行收集和加工，优化生产和决策过程，提升业务的专业化水平。通过把物联网、大数据、人工智能等新兴技术与生产制造结合，对生产过程进行数字化改造，可以有效提高产品质量。此外，数字化转型有助于降低企业的生产经营成本，提高管理效率和生产效率。成本的节约和效率的提升，可以帮助中小企业更加聚焦于主营业务，加快新产品开发速度，提升专业化能力和竞争优势。在面对外部环境变化时，中小企业更需要数字化技术应对市场波动，不断创新产品和商业模式，寻找新的业务增长点。

数字化转型助力中小企业精细化运营。大数据的应用可以帮助企业实现实时和精细的客户细分，让企业对客户需求的洞察更加精准，从而实现服务的精细化；数字技术的应用可以帮助企业提高管理效率，实现数据驱动的精细化管理；人工智能自动化等技术的采用，可以直接提升企业的生产效率，极大地降低生产经营成本；而工业互联网和物联网等技术的应用，使得企业可以实时监测和获取生产过程中的各种数据，实现生产的精细化。

数字化转型助力中小企业特色化发展。数字技术的使用，使得企业运营管理更加敏捷和高效，企业能够方便地整合并动态配置人才、知识、大数据等有形和无形的资源，实现实时和精细的客户细分，按照客户需求为客户提供有针对性的技术、产品和服务。数字化平台的应用有利于协调高效的标准产品开发以及低效的定制化开发，这使得以准时、动态、柔性和精准为特征的柔性制造和大规模定制成为可能。平台化设计、智能化生产、网络化协同、个性化定制等新技术新模式的应用，为中小企业特色化发展注入了动能。

数字化转型助力中小企业创新能力提升。在数字经济时代，创新是企业发展的关键。中小企业通过数字化转型，可以激发创新活力，培育新的竞争优势。数字技术和数字平台的广泛应用使得消费者更容易参与到新产品设计过程中，促进以数据驱动和用户为中心的产品设计和开发；数字技术在采购、生产、设计等环节的应用，使得供应链上下游企业之间能够快速方便地建立连接，促进了知识、数据、技术和资源的跨部门和跨企业的流动，为中小企业开展产品服务创新、商业模式创新和技术创新提供了更多机遇和可能性。

3. 国家政策支持和引导为中小企业数字化转型提供了重要支撑

作为中国数量最大的企业群体，中小企业是我国数字经济发展的主力军，也是产业数字化转型的主战场。中小企业数字化转型将成为未来较长时间内我国产业数字化的重点工作之一。为加快我国中小企业数字化转型进程，国家制定了大量鼓励和促进中小企业数字化转型的支持政策。国家《“十四五”促进中小企业发展规划》和《“十四五”数字经济发展规划》均明确提出了促进中小企业数字化转型的战略部署。2020年以来，党中央、国务院、国家发展和改革委员会、财政部、工业和信息化部等先后出台一系列政策文件（见表1-1），从目标、技术、资金、人才、标准、服务商、平台建设、转型路径、试点示范等各个方面对中小企业数字化转型进行规划设计，政策不断深入。这些政策措施的出台和实施，为中小企业数字化转型提供了有力的支持和保障。在国家政策的引导支持下，各级地方政府也制定了各具特色的政策，积极探索地方中小企业数字化转型的路径，加快中小企业数字化转型进程。

表 1-1 我国中小企业数字化转型主要政策

政策名称	部门	发布时间	相关内容
中小企业数字化赋能专项行动方案	工业和信息化部办公厅	2020年3月	集聚一批面向中小企业的数字化服务商，培育推广一批符合中小企业需求的数字化平台、系统解决方案、产品和服务等
关于推进“上云用数赋智”行动 培育新经济发展实施方案	国家发展改革委、中央网信办	2020年4月	打造数字化企业，构建数字化产业链，培育数字化生态。鼓励互联网平台企业为中小微企业提供最终用户智能数据分析服务；鼓励平台企业创新“轻量应用”“微服务”，对中小微企业开展低成本、低门槛、快部署服务；鼓励各类平台、开源社区、第三方机构面向广大中小微企业提供数字化转型所需的开发工具及公共性服务
关于支持“专精特新”中小企业高质量发展的通知	财政部、工业和信息化部	2021年1月	推进专精特新“小巨人”企业数字化网络化智能化改造，业务系统向云端迁移；支持公共服务示范平台为专精特新“小巨人”企业提供数字化智能化改造、上云用云等服务
为“专精特新”中小企业办实事清单	国务院促进中小企业发展工作领导小组办公室	2021年11月	打造一批数字化标杆企业，组织100家以上工业互联网平台和数字化转型服务商为不少于10万家中小企业提供数字化转型评价诊断服务和解决方案，推动10万家中小企业业务“上云”；组织开展智能制造进园区活动，面向“专精特新”中小企业开展标准宣贯、现场诊断和供需对接，推广1000个以上应用场景

续表

政策名称	部门	发布时间	相关内容
“十四五”促进中小企业发展规划	工业和信息化部、国家发展改革委等19部门	2021年12月	开展中小企业数字化促进工程，推动中小企业数字化转型，推动中小企业数字产业化发展，夯实中小企业数字化服务基础
关于开展“携手行动”促进大中小企业融通创新（2022—2025年）的通知	工业和信息化部、国家发展改革委等11部门	2022年5月	发挥大企业数字化牵引作用，鼓励大企业打造符合中小企业特点的数字化服务平台，提升中小企业数字化水平，增强工业互联网支撑作用
关于开展财政支持中小企业数字化转型试点工作的通知	工业和信息化部、财政部	2022年8月	提升数字化公共服务平台服务中小企业能力，打造一批小型化、快速化、轻量化、精准化的数字化系统解决方案和产品，形成一批可复制可推广的数字化转型典型模式，打造4000~6000家“小灯塔”企业作为数字化转型样本
中小企业数字化转型指南	工业和信息化部办公厅	2022年11月	助力中小企业科学高效推进数字化转型，提升为中小企业提供数字化产品和服务的能力，为有关负责部门推进中小企业数字化转型工作提供指引
关于开展中小企业数字化转型试点城市试点工作的通知	财政部、工业和信息化部	2023年6月	以城市为对象支持中小企业开展数字化转型；支持地方政府综合施策，探索形成中小企业数字化转型的方法路径、市场机制和典型模式
中共中央、国务院关于促进民营经济发展壮大的意见	中共中央办公厅、国务院办公厅	2023年7月	鼓励民营企业开展数字化共性技术研发，参与数据中心、工业互联网等新型基础设施投资建设和应用创新。支持中小企业数字化转型，推动低成本、模块化智能制造设备和系统的推广应用
关于健全中小企业公共服务体系的指导意见	工业和信息化部	2023年12月	突出服务重点；创新服务方式；汇聚服务资源、增强服务能力；提升公共服务影响力
制造业数字化转型行动方案	国务院	2024年5月	根据制造业多样化个性化需求，分行业分领域挖掘典型场景。加快核心技术攻关和成果推广应用，做好设备联网、协议互认、标准制定、平台建设等工作。加大对中小企业数字化转型的支持，与开展大规模设备更新行动、实施技术改造升级工程等有机结合，完善公共服务平台，探索形成促进中小企业数字化转型长效机制

续表

政策名称	部门	发布时间	相关内容
中小企业数字化赋能专项行动方案（2025—2027）	工业和信息化部、财政部、中国人民银行、国家金融监管总局	2024年12月	到2027年，中小企业数字化转型“百城”试点取得扎实成效，专精特新中小企业实现数字化改造应改尽改，形成一批数字化水平达到三级、四级的转型标杆；试点省级专精特新中小企业数字化水平达到二级及以上，全国规上工业中小企业关键工序数控化率达到75%；中小企业上云率超过40%。初步构建起部省联动、大中小企业融通、重点场景供需适配、公共服务保障有力的中小企业数字化转型生态，赋能中小企业专精特新发展

资料来源：根据相关政策归纳整理。

2023年开始，财政部、工业和信息化部等部门联合发布了《关于做好中小企业数字化转型城市试点工作的通知》，明确提出优先将数字化转型需求迫切、具备一定数字化基础的专精特新中小企业纳入改造范围，从区域和行业层面联动推动中小企业数字化转型，标志着中小企业数字化转型政策进入了一个新的实施阶段。

工业和信息化部、财政部、中国人民银行、金融监管总局2024年12月联合印发《中小企业数字化赋能专项行动方案（2025—2027年）》，这一方案明确了未来三年我国推动中小企业数字化转型的主要思路和重点任务。并提出，到2027年，中小企业数字化转型“百城”试点取得扎实成效，专精特新中小企业实现数字化改造应改尽改，形成一批数字化水平达到三级、四级的转型标杆；试点省级专精特新中小企业数字化水平达到二级及以上，全国规上工业中小企业关键工序数控化率达到75%；中小企业上云率超过40%。初步构建起部省联动、大中小企业融通、重点场景供需适配、公共服务保障有力的中小企业数字化转型生态，赋能中小企业专精特新发展。

三、中小企业数字化转型的风险分析

虽然企业数字化转型已成为必然趋势，然而，对于中小企业而言，数字化转型过程并非一帆风顺，而是伴随着收益不确定性、组织变革、技术选型和数据安全等诸多风险与挑战。

1. 收益不确定性风险

数字化转型是一个长期且复杂的系统性工程，需要大量的资金和资源投入，而数字化转型收益的显现通常需要一定时间周期，数字化转型的效果具有滞后性和不确定性。

从成本上看，企业在数字化方面的投资和运维成本通常是长期的，然而数字化转型对公司的收益通常不是立竿见影的，因此短期内很难抵消企业在数字化转型方面投入的高成本，数字化转型投入的高成本及其运营费用可能会给企业利润带来一定的摊薄效应，甚至短期带来企业利润的降低。中小企业财力和资金有限，甚至还面临生存的压力。如果中小企业在转型过程中没有合理规划资金，加上短期内看不到明显收益，可能会动摇企业继续推进数字化转型的决心，甚至中断转型进程，造成前期投资的浪费。

从转型成效看，企业数字化转型能否成功受到技术与业务匹配程度、员工数字化技能、组织结构和业务流程变革等多方面因素的影响，这也导致了企业数字化转型具有较高的风险和失败率。Matt（2015）的研究表明，半数以上企业采用数字技术开展转型后业绩反而不如转型前，甚至遭遇倒闭危机。麦肯锡对全球企业数字化转型的调研发现，2012—2018 年间成功率平均为 20%，即使是高科技、媒体和电信等精通数字化的行业，成功率也不超过 26%，而在石油和天然气、汽车、基础设施和制药等更传统的行业中，成功率下降到 4%~11%。根据埃森哲与国家工业信息安全发展研究中心发布的《2021 中国企业数字转型指数研究》，虽然企业数字化转型成功率逐年上升，但是截至2021年企业数字化转型成效显著的企业也仅有16%，大多数企业深陷数字化转型困境。以上不同机构的调研数据比例虽然不一致，但是总体上反映了目前企业数字化转型成功率低这一现实情况。中小企业自身发展固有的融资、人才等难题与数字化转型的高投入和高风险等相互影响，导致中小企业数字化转型面临更高的失败风险。

2. 组织变革风险

数字化转型不仅仅是技术的更新，更是对企业组织架构、商业模式、业务流程和企业文化的重塑，但中小企业往往面临组织变革困难的挑战，导致数字化转型成效难以实现。这主要是由于企业内部文化可能不支持变革，员工对新技术的接受度低，以及管理层对转型的认识不足等原因。

在组织结构方面，传统企业往往采用层级式管理模式，信息传递需经过多个层级，决策流程冗长。面对激烈的市场竞争环境，数字化转型要求企业构建更加扁平化和柔性化的组织架构，以提高信息传递效率和决策速度。但这一变革可能会触动部分管理人员的既得利益，引发内部阻力。

在业务流程变革方面，中小企业在业务流程的数字化优化和重组方面也面临诸多问题。数字化转型通常会涉及企业业务流程的重新设计和优化，这可能会打破企业原有的工作习惯和权力结构，导致员工的抵触情绪。此外，在业务流程变革过程中容易出现推诿扯皮现象，导致业务流程混乱，影响企业正常运营。在新系统和新流程的磨合期，企业可能会出现订单处理延迟、生产计划混乱等问题。如果企业不能有效应对这些问题，及时调整和优化业务流程，就会影响客户满意度，甚至失去市场份额。

此外，企业文化的转变也至关重要。数字化转型需要企业营造创新、开放、共享的文化氛围，鼓励员工积极学习新技术、新方法，勇于尝试新业务模式。但是很多企业的员工习惯于传统的工作方式，对变革的接受度较低，这可能导致数字化转型难以落地生根。

企业管理能力与数字化转型战略的适配也是影响转型的关键成功因素，如果管理能力滞后于数字化转型，数字资源将难以与现有资源和创新流程相耦合，从而可能会导致数字化转型对企业创新产生消极影响（谢康等，2024）。在组织变革过程中，中小企业需要克服员工对新技术的恐惧和抵触情绪，通过培训和教育提升员工的数字化素养和技能水平。同时，管理层也应积极拥抱变革，发挥引领作用，加强部门之间的沟通与协作，推动组织架构、业务流程和企业文化的变革。

3. 技术风险

中小企业在数字化转型过程中，技术选型、兼容性和迭代更新也是一个重要的风险点。中小企业由于人才匮乏，对技术的了解和认知有限，很难准确判断哪种技术最适合自身业务需求。

从技术选型上看，市场上数字技术种类众多，如云计算、大数据、人工智能、物联网等，每种技术又有众多的供应商和解决方案，数字技术的更新换代速度也非常快。如果企业对自身的业务需求、战略目标和技术发展趋势缺乏清晰的认识，很容易选择不适合自身需求或未来发展趋势的技术方案，导致引入的技术无法与现有业务有效融合，无法发挥其应有的作用。还有一些企业可能盲目追求先进技术，而忽视了技术的实用性和与自身业务的匹配度。选错技术不仅无法带来预期的效益，还会浪费企业的资金，影响企业的市场竞争力和长期发展。

从技术兼容性和集成角度看，中小企业通常已经有一些现有的业务系统。在数字化转型过程中，引入新的数字技术和系统需要与现有系统进行集成。一方面，不同系统之间可能存在兼容性问题。如果新旧技术难以兼容，会导致数据无法实时共享和同步，这会影响企业的业务流程连贯性。另一方面，技术集成还涉及企业内部不同部门之间的协作。由于各部门对新系统的熟悉程度和使用需求不同，可能会在系统集成过程中出现沟通不畅、需求不匹配等问题，如果不能有效协调这些差异，可能就会导致技术集成失败。

4. 数据安全风险

随着企业数字化程度的提高，数据安全和隐私保护成为至关重要的问题。随着业务数据的大量产生和集中存储，中小企业在数字化转型过程中，可能面临着数据泄露、篡改、丢失等风险。据《2022 中小微企业数字安全报告》显示，超过八成的勒索攻击针对的是中小微企业，且在受访的 142 家国内中小微企业中，85.3% 遇到过数字安全问题，近 77.4% 的中小微企业反馈其自身不能有效处置数字安全问题。

一方面，中小企业可能缺乏足够的安全技术措施，如防火墙、加密技术、入侵监测系统等。例如，一些中小企业在使用公共云服务存储数据时，由于安全配置不当，容易被黑客攻击，导致企业敏感数据如客户信息、财务数据等泄露，给企业带来巨大声誉损失和经济赔偿风险。

另一方面，中小企业可能缺乏完善的数据管理制度，对数据的收集、存储、使用、共享等环节缺乏规范的流程和严格的权限控制，员工可能会因为疏忽而泄露企业的敏感信息。此外，网络攻击手段日益复杂，中小企业很容易成为攻击目标。一旦遭受攻击，企业可能面临数据丢失、业务中断等严重后果，甚至会对企业的声誉造成不可挽回的损害。

第 3 节　案例征集情况

为促进专精特新企业蓬勃发展，进一步推动北京市中小企业数字化转型升级相关工作，北京市经济和信息化局、北京市中小企业服务中心于 2024 年 5 月面向全市专精特新企业开展数字化转型典型案例的征集，旨在形成一批能在细分行业和领域推广的数字化转型典型案例，推广北京市专精特新企业数字化转型的典型做法及经验，解决中小企业数字化转型面临的难点和痛点问题。

本次征集采取区县推荐和企业自主申报相结合的方式，通过对申报材料梳理，结合座谈调研情况，本书重点选择了其中 60 家典型案例企业（见附录）进行分析和研究。考虑到行业覆盖性和代表性，按照离散型制造、流程型制造、生产性服务业的行业大类，遴选了 24 个具有代表性的案例编入本书。

从行业分布看，征集的案例企业覆盖了新一代信息技术、软件和信息技术服务业、人工智能产业、节能环保产业、集成电路、科技服务业、高端智能、新材料产业、新能源智能汽车、医药健康等北京市高精尖十大产业领域，涉及医药制造、纺织服装、化学纤维制造、化学原料和化学制品制造业、非金属矿物制品、通用设备制造业、专用设备制造业、电气机械和器材制造、汽车制造业、仪器仪表制造业、软件和信息技术服务业、专业技术服务业、科技推广和应用服务业等国民经济 20 余个行业类型。

从应用场景看，经过统计发现，如图 1–1 所示，征集的案例企业数字化应用场景覆盖采购供应、研发设计、生产管控、产品服务、运营管理、营销管理、仓储物流、企业间业务协同等企业主要业务环节，其中运营管理、研发设计和产品服务三个环节应用比例较高，均超过 60%。企业间业务协同应用比例最低，仅有 17.1%。

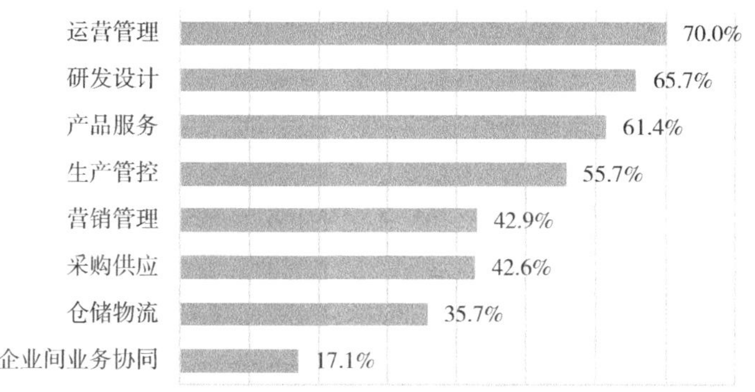

图 1-1　案例企业数字化主要应用场景

本书基于征集企业数字化转型的案例，结合实地调研和专题座谈情况，在分析北京市专精特新企业数字化转型总体情况的基础上，总结了北京市专精特新企业数字化转型的驱动因素、典型模式、典型经验和行业特点，从总体框架、基本步骤和保障体系等方面归纳了专精特新企业数字化转型的实施路径，基于企业价值链主要环节提炼了北京市专精特新企业数字化转型的若干典型场景，分析了存在的问题，提出了对策建议。

第 2 章　数字化转型概况

第 1 节　企业发展概况

专精特新企业高质量发展是实现北京科技创新中心功能的重要抓手，也是北京“十四五”时期的重要战略任务。近年来，北京市以《关于推进北京市中小企业“专精特新”发展的指导意见》为开端，出台了促进北京市中小企业“专精特新”高质量发展“十六条”与“十大强企行动”等一揽子政策，围绕专精特新企业发展痛难点，构建了全资源要素供给的培育和公共服务体系，专精特新企业量质齐升。截至 2024 年 12 月，北京市已累计培育创新型中小企业 13844 家，专精特新中小企业 9786 家，专精特新“小巨人”企业 1035 家，成为“小巨人”企业数量突破一千家的城市，自 2022 年以来连续三年保持全国“小巨人”第一城地位。北京市专精特新企业发展呈现出如下典型特征。

一、产业聚集效应显著

从行业大类看，北京市专精特新企业主要集中在科技服务业、信息技术服务业和制造业，其中科技服务业和信息技术服务业企业占比在 60% 左右，制造业占比在 20% 左右，三者总和超过 80%。

从行业领域看，排名前十的行业分别是软件和信息技术服务业，科技推广和应用服务业，专用设备制造业，专业技术服务业，计算机、通信和其他电子设备制造业，互联网和相关服务，研究和试验发展，仪器仪表制造业，通用设备制造业，以上10个行业企业数量占比在80%左右。其中，专精特新“小巨人”企业中排名前三的行业依次为：制造业，信息传输、软件和信息技术服务业，科学研究和技术服务业，三者总和超过90%，其中制造业占比超过四成。

我国专精特新“小巨人”企业中近九成是制造业企业，显示出制造业在全国经济中的重要地位。而北京市专精特新“小巨人”企业中制造业比例仅为四成左右，反映了北京市在产业结构上与其他地区的差异，北京市更侧重于高新技术产业和现代服务业的发展，产业结构逐步迈向高端化。

二、呈现区域聚集发展态势

北京市鼓励各区围绕主导产业方向和企业发展需求，优化产业和空间布局，打造一批专精特新特色产业园区，吸引和培育更多创新能力强、发展潜力大的专精特新企业。从企业注册地区看，超五成的专精特新企业来自海淀区、朝阳区和经开区。特别是海淀区，专精特新企业数量占比约为北京市专精特新企业总数的三分之一。此外，海淀区和经开区也是拥有专精特新“小巨人”企业较多的区域，超五成的“小巨人”企业来自这两个区域。

其中，海淀区的专精特新企业以科技创新为核心，集中在软件与信息服务、数字经济和人工智能产业，具有较高的聚集度。经开区聚焦新一代信息技术、生物医药和大健康、机器人与智能制造、新能源智能汽车四大新兴产业，创建了一批专业化和特色化产业园区。

三、“高精尖、高成长、高质量”特点显著

一是高精尖。北京市专精特新企业近八成属于北京市委和市政府

确定的十大高精尖产业，新一代信息技术、人工智能产业集聚化特征明显，四成以上企业研发费用占比在15%以上，14家专精特新企业荣获2023年度国家科学技术进步奖，专精特新企业以千分之四的数量贡献了超过中小企业四成的技术创新规模。同时，北京市专精特新企业依靠持续创新和精益求精形成了自己的"独门绝技"，近七成专精特新企业与产业链龙头企业形成配套，超五成企业在产业链关键领域实现"补短板、填空白"，在推进科技自立自强、稳定产业链供应链中发挥了重要作用。

二是高成长。北京市专精特新企业约四成前瞻布局通用人工智能、基因技术、类人机器人等未来产业新领域新赛道，具有巨大增长潜能。目前全市超五成A股上市公司为专精特新企业，去年北京市新增上市企业近六成为专精特新企业，专精特新企业的崛起正深刻影响未来投资趋势，成为引领创新发展的主力军。

三是高质量。专精特新企业不仅注重技术创新，更具备较强的市场竞争力，超四成企业净利润增长率超10%，超五成企业深耕主导产品10年以上，超六成企业营业收入增长率超10%，为首都高质量发展注入新动能。

第2节　数字化转型政策及成效

一、政策概况

北京市中小企业数字化转型工作一直走在全国前列，是国内各省市中最早探索推进中小企业数字化转型工作的城市之一。2021年2月18日，北京市出台《北京市经济和信息化局推进国家服务业扩大开放综合示范区和中国（北京）自由贸易试验区建设工作方案》，在国内率先明确提出了推动中小企业数字化赋能，支持有基础、有条件的中小企业加快传统制造装备联网、关键工序数控化等数字化改造、设备上云和业务系统向云端迁移，培育一批面向中小企业的数字化服务商。

近年来，北京市积极贯彻党中央、国务院及工业和信息化部等部委的相关政策，先后出台了一系列文件和政策（见表2-1），将中小企业数字化转型政策与促进企业专精特新发展政策有机结合，形成了鲜明的特色。

表2-1　北京市中小企业数字化转型主要政策

政策名称	部门	发布时间	相关内容
北京市促进数字经济创新发展行动纲要（2020—2022年）	北京市经济和信息化局	2020年9月	一二三产业数字化转型持续深化，中小企业数字化赋能稳步推进，产业数字化水平显著提升
北京市关于加快建设全球数字经济标杆城市的实施方案	中共北京市委办公厅、北京市人民政府办公厅	2021年8月	加快企业数字化转型。推动农业、工业、服务业等各行业企业数字化转型，组织实施一批典型项目。到“十四五”末，规模以上工业企业实现关键技术装备自动化、网络化、智能化提升，中小企业实现上云上平台，线上办公、远程协作、协同开发等数字化运营手段普遍应用
关于推进北京市中小企业“专精特新”发展的指导意见	北京市经济和信息化局	2021年12月	支持企业申请智能化、数字化和绿色化技术改造项目，对符合条件的项目给予最高3000万元的奖励。建立北京智能化绿色化评估诊断体系，资金支持专业服务商，为企业免费开展智能、绿色诊断评估。遴选工业互联网优秀服务商，建立企业数字化转型资源池。通过中小企业服务券等方式，推广一批优质平台、方案、产品和服务。定期开展企业“上云上平台”业务培训和供需对接活动
北京市关于促进专精特新中小企业高质量发展的若干措施	北京市经济和信息化局	2021年12月	
关于实施十大强企行动激发专精特新中小企业活力的若干措施	北京市经济和信息化局	2023年6月	实施“数智转型”行动。通过中小企业服务券支持专精特新企业开展数字化转型诊断。支持制造业专精特新企业开展数字化转型升级，按照合同额度给予最高100万元的资金支持。鼓励专精特新企业实施上云上平台改造，按照合同额度给予最高30万元的资金支持。优选推荐专精特新企业申报国家数字化赋能相关试点项目

续表

政策名	部门	发布时间	相关内容
北京市制造业数字化转型实施方案（2024—2026年）	北京市经济和信息化局	2024年2月	以智能制造为主攻方向，以数字化赋能为重要手段，在“新智造100”工程的基础上，构建制造业数字化转型体系，全面开展数字化转型评估，以平台、产业链、园区推动数字化转型，加强数字化转型示范推广，力争实现规模以上制造业企业全面数字化达标
《北京市加快数字人才培育支撑数字经济发展实施方案（2024—2026年）》	北京市人力资源和社会保障局	2024年7月	不断提升首席数据官和企业管理人员数字能力素质，培养一批既懂产业技术又懂数字技术的复合型人才，助力产业数字化转型和高质量发展
北京市中小企业公共服务体系提质增效三年行动计划	北京市经济和信息化局	2024年7月	推动数字化转型，举办中小企业数字化赋能培训暨供需对接会，打造数字化转型标杆示范，形成一批可复制推广经验
北京市关于促进专精特新企业高质量发展的若干措施	北京市人民政府	2024年11月	强化国家试点引领；加大数字化转型资源供给；推动人工智能创新应用

专精特新企业的数字化转型是北京市政策支持的重点。2022年以来，北京市经济和信息化局开展中小企业数字化赋能补助项目征集工作，支持中小企业上云上平台改造，支持专精特新中小企业购买数字化赋能服务或产品，给予资金补助。2024年11月，《北京市关于促进专精特新企业高质量发展的若干措施》发布，针对专精特新企业数字化转型提出了多项针对性的政策措施，例如，做好中小企业数字化转型城市试点建设工作，通过集中谈判和批量采购等方式，降低专精特新企业转型成本；遴选一批符合本市产业特点的数字化解决方案和产品，通过服务券和资金补贴给予专精特新企业数字化诊断和转型支持。

二、政策成效

一是普惠支持政策有效降低了企业数字化转型成本。2023年北京市经济和信息化局对300余家专精特新企业和12家数字化龙头服务商开展调研，调研结果显示，半数以上企业表示缺资金是制约其数字化转型的主要因素。通过数字化赋能资金支持大幅降低企业转型成本，有效地缓解了企业“不敢转、不会转”的顾虑。2022 年以来，北京市先后共有 620 家专精特新企业获得数字化赋能财政补助，累计补贴金额达到 1.5 亿元，单个企业最高补贴金额达到 100 万元。从年度看，2022 年共有 58 家制造业中小企业获得 2447 万元资金支持，平均补贴额 42.19 万元；2023 年共有 493 家中小企业获得奖补资金 1 亿元，平均补贴额 20.28 万元；2024 年共有 69 家制造业中小企业获得 2828 万元资金支持，平均补贴额 40.99 万元。通过对中小企业数字化赋能项目的财政资金支持，大幅降低了企业转型成本，有效地缓解了企业“不敢转、不会转”的顾虑，激发了中小企业数字化转型的积极性。

二是数字化赋能中小企业高质量发展成效显著。从成效看，资金支持对于中小企业推动数字化转型提供了强大助力，加快了企业数字化进程。2023 年获得资金支持的 493 家企业中，半数左右实现了主营业务的数字化管控；2024 年获得资金支持的 69 家企业中，七成以上实现了主营业务的数字化管控。数字化在研发设计、经营管理、生产制造、营销销售、产业协同等多个业务环节发挥赋能作用，有效降低了经营管理成本、提升了劳动生产率、提高了产品质量、提高了研发设计能力、缩短了产品研发周期、促进了营收增长和节能减排等，坚定了中小企业数字化转型的信心和决心。

三是树立标杆引导中小企业“有样学样”成效明显。通过财政资金支持中小企业数字化转型的具体实践，树立了一批可复制可推广的典型经验，昌平区和顺义区先后入选第一批和第二批国家中小企业数字化转型试点城市，融硅思创（北京）科技有限公司（简称融硅思创）、依文服饰股份有限公司等多家企业入选工业和信息化部中小企业数字化转型典型案例，对引导更大范围的中小企业开展数字化转型提供了参考借鉴。

四是政策支持有效促进北京本地数字化服务商发展。从数字化产品供应商地域看，为获补企业提供数字化解决方案的供应商八成以上分布在北京、广东、上海、浙江等地，其中北京本地的数字化服务商数量最多，企业数量超过 600 家，数量占比超过五成，为助力北京市中小企业数字化转型起到了重要支撑作用。通过实施中小企业数字化赋能资金补贴政策，培育了大量北京本地的数字化服务商，围绕中小企业数字化转型共性和个性需求，产生了一批标准化和个性化的解决方案，有效提升了数字化转型服务供给能力，促进了北京市工业企业和软件信息服务企业的双提升。

三、政策演进分析

一是政策支持力度不断加大。国家和北京市都在不断深化和细化对中小企业数字化转型的支持措施，从最初的倡导，到具体的资金支持和指南，从试点示范企业到试点示范城市，再到打造长效机制，政策支持力度不断加大，服务支撑更加完善，体现了政策的连续性和逐步深入。

二是政策的协同性和联动性更强。2023 年开始国家出台了中小企业数字化转型试点城市的政策，通过试点城市的示范带动，探索支持中小企业数字化转型的有效模式。在国家政策的引导下，试点城市结合本地优势特色产业和战略性新兴产业，确定重点扶持的细分行业，逐渐形成了“区域 – 产业 – 企业”一体化联动的政策体系。比如昌平区作为首批国家中小企业数字化转型试点城市，重点支持生物医药制品及器械制造业、智能化装备及零部件制造业等领域中小企业的数字化改造。

三是政策支持方向更加清晰。从政策支持重点看，制造业、规上企业和专精特新企业是政策支持的重点。政策将优先支持制造业关键领域和产业链关键环节的中小企业进行数字化转型，如医药和化学制造、通用和专用设备制造、汽车零部件及配件制造等行业，专精特新代表了中小企业高质量发展的方向，成为国家和各地政策优先关注的领域。财政部和工业和信息化部《关于做好 2024 年中小企业数字化转型城市试点工作的通知》中提出，优先将专精特新中小企业和规上工业中小企业纳入改造范围，并提出明确改造目标。

四是政策工具不断丰富。政策工具涵盖资金补贴、技术创新激励、融资支持、公共服务、服务平台、创新合作、试点示范项目等多个方面。比如，资金补贴方面，主要包括财政资金补助、技术改造奖励、服务券补贴等多种形式；资金补助方面，北京市对专精特新企业的数字化转型项目给予最高 100 万元补助，支持企业购买数字化赋能服务或产品；技术改造奖励方面，对符合条件的智能化、数字化和绿色化技术改造项目给予最高 3000 万元的奖励；服务券补贴方面，北京市通过中小企业服务券等方式，推广优质平台、方案、产品和服务，单个中小企业年补贴上限可达 20 万元。

第 3 节　数字化水平分析

、数字化水平总体分析

在专精特新企业认定过程中，“精细化”和“新颖化”两项评价指标要求企业数字化建设达到一定水平。工业和信息化部办公厅印发的《中小企业数字化水平评测指标》（2022 年版）从数字化基础、经营、管理、成效四个维度综合评估中小企业数字化发展水平，并将企业数字化水平划分为四个等级。其中一级代表企业开展了基础业务流程梳理和数据规范化管理，并进行了信息技术简单应用；二级代表企业利用信息技术手段或管理工具实现了单一业务数字化管理；三级是应用信息系统及数字化技术进行数据分析，实现全部主营业务数字化管控；四级是利用全业务链数据集成分析，实现数据驱动的业务协同与智能决策。根据企业自评数据，北京市专精特新企业数字化呈现如下特点。

1. 北京市专精特新企业总体具有较高的数字化水平

北京市自愿参评的7758家专精特新企业中，一级数字化水平的占比为16.2%，二级数字化水平的占比为19.0%，三级数字化水平的占比为40.3%，四级数字化水平的占比为24.5%（见图2–1）。一级代表企业开展了基础业务流程梳理，进行了信息技术简单应用；二级是实现了单一业务数字化管理；三级是实现主营业务数字化管控；四级是实现数据驱动的业务协同与智能决策。三级数字化水平企业占比为40.3%，四级数字化水平企业占比为24.5%，两者累计占比接近65%，说明北京市专精特新企业总体具有相对较高的数字化水平。

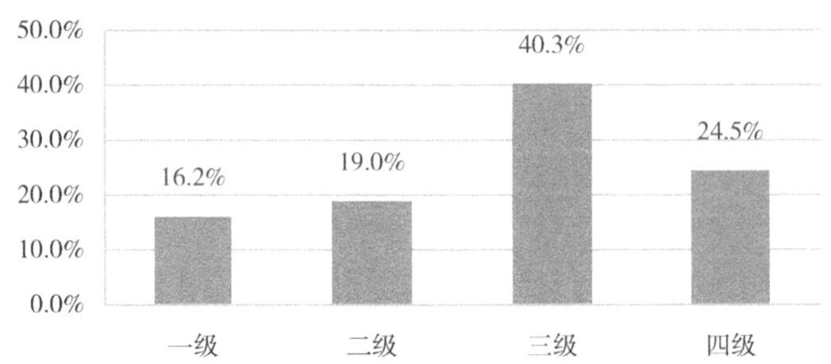

图2–1　北京市专精特新企业数字化水平分布

2. 服务业数字化水平整体高于制造业

按照行业大类进一步分析，发现北京市专精特新企业不同行业数字化水平呈现出显著的差异性，总体上制造业数字化水平明显低于服务业。具体而言，如图2–2所示，专精特新制造业企业一级数字化水平的比例为23.9%，二级数字化水平比例为24.5%，三级数字化水平比例为36.8%，四级数字化水平比例为14.8%；服务业企业一级数字化水平的比例为13.2%，二级数字化水平比例为16.9%，三级数字化水平比例为

41.6%，四级数字化水平比例为 28.4%。

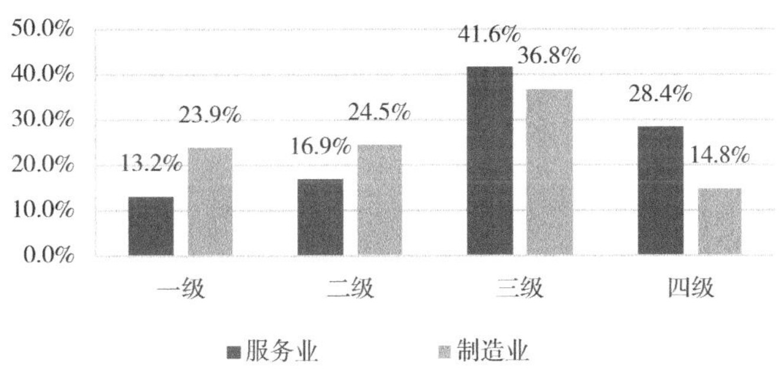

图 2-2　北京市专精特新制造业企业和服务业企业数字化水平

从三级及以上水平看，专精特新制造业企业五成以上达到了三级及以上数字化水平，而专精特新服务业企业七成以上达到了三级及以上数字化水平。从四级数字化水平看，专精特新服务业企业四级数字化水平比例接近制造业的两倍。以上数据说明，专精特新服务业数字化水平总体上高于制造业。

北京市专精特新服务业数字化水平高于制造业主要原因在于，北京市专精特新服务业中软件和信息技术服务业占到了三分之一以上。软件和信息技术服务业是数字经济发展的基础，是数字经济中数字产业化的重要构成部分，其中不少企业是属于数字原生企业，企业业务与数字技术息息相关，该行业总体上具有较高的数字化水平。而专精特新制造业企业由于业务环节较多，产业链条长，生产流程复杂，涉及多个部门和环节的协作，数字化转型过程更为复杂。

二、制造业企业数字化水平分析

制造业数字化转型是产业数字化的重要组成部分，制造业数字化转型是推进新型工业化、建设现代化产业体系的重要举措。为加快推动北京市制造业数字化转型，北京市经济和信息化局于 2024 年 2 月发布了

《北京市制造业数字化转型实施方案（2024—2026 年）》，明确了北京市制造业数字化转型的目标和方向。根据方案制定的目标，到 2026 年，北京市将力争通过数字化、智能化转型升级，推动规模以上制造业企业全面实现数字化达标，重点产业领域关键工序数控化率达到 70%；培育 100 种以上数字化转型优秀供给产品，培育 20 家市级及以上工业互联网平台；打造 20 家国家级智能制造标杆企业、示范工厂或“世界灯塔工厂”，新增 100 家智能工厂与数字化车间。

在制造业细分行业中，如表 2–2 所示，金属制品业和仪器仪表制造业具有较高的数字化水平，60% 以上的企业数字化水平达到三级及以上，20% 以上的企业数字化水平达到了四级。金属制品业企业属于工业消费品和基础材料工业，涵盖了金属结构制造、金属门窗制造、切削工具制造、金属压力容器制造等多个细分领域，下游覆盖和应用领域广泛；仪器仪表制造业属于技术密集型行业，产业链结构比较复杂，上游涉及电子元器件、材料等，下游应用广泛。产业链上下游的协同对两个行业数字化转型提出了较高要求。

表 2–2　北京市专精特新主要细分行业数字化水平

行业类型	细分行业	一级	二级	三级	四级
制造业	金属制品业	20.0%	18.0%	38.0%	24.0%
	仪器仪表制造业	17.6%	21.8%	39.5%	21.0%
	铁路、船舶、航空航天和其他运输设备制造业	23.6%	23.6%	36.4%	16.4%
	电气机械和器材制造业	17.1%	23.3%	44.5%	15.1%
	计算机、通信和其他电子设备制造业	19.6%	30.7%	35.5%	14.2%
	专用设备制造业	29.5%	22.0%	34.4%	14.1%
	通用设备制造业	25.0%	22.0%	39.6%	13.4%
	非金属矿物制品业	19.4%	27.4%	40.3%	12.9%

续表

行业类型	细分行业	一级	二级	三级	四级
制造业	化学原料和化学制品制造业	27.9%	25.0%	36.8%	10.3%
	医药制造业	28.8%	28.8%	32.1%	10.3%
服务业	互联网和相关服务业	5.1%	12.0%	41.9%	41.0%
	商务服务业	8.7%	16.3%	41.3%	33.7%
	科技推广和应用服务业	13.8%	14.7%	42.0%	29.5%
	软件和信息技术服务业	11.8%	17.3%	41.4%	29.6%
	批发业	10.1%	15.9%	50.0%	23.9%
	专业技术服务业	17.9%	21.2%	39.9%	21.0%
	生态保护和环境治理业	35.1%	15.7%	29.9%	19.4%
	研究和试验发展	21.7%	21.4%	40.0%	16.9%

注：数字化水平来自企业自评数据，数量在50家以下企业的行业未包括。

另外，仪器仪表制造业涉及工业自动控制系统及装置、电工仪器仪表、实验分析仪器、光学仪器制造等多个细分领域，对精度和可靠性有着极高的要求，涉及各种高科技的设备和系统，这些技术的高度集成要求行业不断采用最新的数字化技术来提升产品性能和生产效率。

铁路、船舶、航空航天和其他运输设备制造，电气机械和器材制造，非金属矿物制品，专用设备制造，通用设备制造等行业也具有相对较高的数字化水平，三级及以上数字化水平占比均超过了50%，四级数字化水平占比均超过了10%。财政部和工业和信息化部印发的《关于开展中小企业数字化转型城市试点工作的通知》中，给出了中小企业数字化转型试点16个重点行业领域，其中就包括上面的行业领域。以上行业领域都具有技术密集、产业关联度高等特点，需要通过数字化手段进行生产过程和供应链的管理，整体呈现出较高的数字化水平。

化学原料和化学制品制造、医药制造等行业数字化水平相对较低，三级及以上数字化水平比例不足一半，只有10%左右的企业达到了四级水平。化学原料和化学制品制造业是典型的流程制造，工艺流程复杂，生产过程中涉及复杂的物理化学变化，安全环保风险隐患大、对生产过程的安全性要求较高，企业需要投入高额的资金进行生产设备的数字化改造，数字化转型投入金额较高；医药制造业具有高研发投入、研发周期长、业务流程复杂、政策监管严格等特点，具有严格的合规性和安全性要求，涉及药企、医疗机构、医生、患者等多方利益主体，数字化转型过程中需要确保数据的隐私和安全，这些对医药制造业数字化转型提出了挑战。

三、服务业数字化水平分析

党的二十大报告明确提出“构建优质高效的服务业新体系，推动现代服务业同先进制造业、现代农业深度融合”。北京是典型的服务业主导型城市，根据北京市统计局公布的数据，2023年全市服务业实现增加值3.7万亿元，占北京地区生产总值的比重为84.8%；按不变价格计算，同比增长6.1%，高于GDP增速0.9个百分点，拉动经济增长5.1个百分点。

推进服务业数字化转型升级不仅是提升服务业发展水平的关键，也是推动制造业数字化、智能化、绿色化、高端化、安全化发展的重要支撑。在政策支持方面，国家提出了夯实服务业数字化基础底座和分类推进服务业数字化转型应用的策略，聚焦产业转型升级需要，推动研发设计、金融服务、交通运输、供应链管理、节能环保等生产性服务业数字化转型。

从服务业细分行业看，如表2-2所示，互联网和相关服务、商务服务、科技推广和应用服务、软件和信息技术服务等行业具有较高的数字化水平，这些行业三级及以上数字化水平占比都超过了70%，四级数字化水平占比都在三成左右。互联网和相关服务、科技推广和应用服务、软件和信息技术服务等行业由于自身知识和技术密集的行业属性，整体对数字技术的应用程度较深，企业充分利用云计算、大数据和人工智能等数字技术进行产品研发和创新，提升研发和服务效率，行业整体上数字化水平领先。

第 3 章　数字化转型特征分析

第 1 节　驱动因素

一、长期战略驱动企业数字化水平不断提升

数字化转型对于专精特新企业提高领域专业化程度、提升经营管理精细化水平、强化产品特色化价值、增强技术和产品服务创新能力具有重要意义和价值。随着企业数字化水平的提升，北京市专精特新企业的数字化转型正进入以长期战略价值为核心动力的新阶段。除了关注短期收益，越来越多的企业开始关注数字化转型带来的长期价值，从企业战略和长远发展的高度出发，制定了数字化转型的整体规划，将数字化战略与企业长期发展战略相结合，推动管理升级、业务转型和模式创新，为企业长远发展注入动力。

例如，北京天玛智控科技股份有限公司（简称天玛智控）在“十四五”发展规划中将“数字天玛”建设上升为企业战略，把数字化转型战略作为推进公司治理体系和治理能力现代化的重大战略举措，将数字技术融入价值创造过程中，推动公司发展理念、工作模式、管理机制变革，实现业务从生产要素驱动向数据驱动发展。

北京京能地质工程有限公司（简称京能地质工程）历时 37 年，深耕地质勘查技术服务领域，积极响应数字化转型趋势，制定了数字化转

型的近期、中长期战略目标，企业数字化转型的战略规划紧密围绕企业发展战略，确保数字化转型与企业的长期目标保持一致。

二、市场竞争和客户需求推动企业加快数字化进程

近年来，外部环境的不确定性和复杂性持续增加，资金紧张、成本压力上升、市场竞争加剧等问题给专精特新企业发展带来多重压力。从市场竞争角度看，快速变化的市场环境和技术进步使得产品生命周期不断缩短，企业需要更快地推出新产品和服务，以满足市场需求并保持竞争优势；从客户需求看，随着经济水平的提高和生活方式的变化，客户对产品的需求越来越个性化和多样化，这种需求变化促使企业必须具备更高的灵活性和响应速度，以满足个性化定制的需求。

随着市场竞争的加剧和客户需求的变化，中小企业意识到必须通过数字化手段来提高产品开发的速度，创新产品和服务模式。数字化转型有助于企业更好地了解消费者需求和市场趋势，开拓新的业务领域，更快速地响应市场变化，满足日益个性化和多样化的市场需求，提升客户体验，增强企业的市场竞争力。北京创元成业科技有限公司（简称创元成业）、美巢集团股份公司（简称美巢集团）、阿尔西制冷工程技术（北京）有限公司（简称阿尔西制冷）、北京东西分析仪器有限公司（简称东西分析仪器）、北京中康增材科技有限公司（简称中康增材）、中科视语（北京）科技有限公司（简称中科视语）、微积分创新科技（北京）股份有限公司（简称微积分创新科技）、北京声智科技有限公司（简称声智科技）等多家专精特新企业都提到市场竞争是企业数字化转型的重要动因。

在医疗、教育、勘探、税务、知识产权、人力资源、营销、设备运维等众多专业技术服务领域，北京市专精特新企业利用AI和大数据等技术开发了大量创新性的数字化产品和服务，通过互联网技术和数字化

手段构建了高效和智能的客户服务体系，不仅提升了客户满意度，也增强了企业的市场竞争力。

三、降本增效提质升级仍是企业数字化转型的重要动因

北京市专精特新企业进行数字化转型的一个核心动因是提升效率、降低成本和提升产品质量。几乎每家案例企业都不同程度提到了降本增效提质问题，显示出北京市专精特新企业数字化转型在产品质量管控、提升生产经营效率和降低运营成本方面取得的突出成效。在技术快速发展和市场竞争日益激烈的当下，专精特新企业需要通过数字化手段来优化业务流程，提高生产效率和运营效率，降低生产和运营成本，提升产品和服务质量，促进企业转型升级和利润增长。

例如，北京海林自控科技股份有限公司（简称海林自控）对比数字化改造前和改造后，产值成本率降低了16.41%，净利润率提高了14.85%，自动化组装线生产效率提升了33.33%。

北京诚济制药股份有限公司（简称诚济制药）2023年数字化车间投产后，平均用工时长同比缩短73%，平均单件生产耗时缩短52.8%，单位比例生产周期缩短50%以上，单位比例耗气缩短25%，单位比例耗电缩短62%，单位比例耗水缩短87.6%，运营成本缩短21%，公司净利润大幅上升。

四、新技术快速发展为企业数字化转型提供了强大动力

随着数字技术的快速发展，5G、大数据、云计算、人工智能、元宇宙等新技术为企业产品和服务创新提供了有力支撑，为广大中小企业数字化转型提供了强大动力。SaaS（Software as a Service，软件运营服务）模式进一步降低了中小企业数字化转型的门槛，而云计算技术的成熟为专精特新企业数字化转型提供了高弹性、可扩展的计算资源，降低

了企业在IT基础设施方面的资金投入压力和部署难度；人工智能技术和管理、制造、研发、营销、物流配送、供应链等应用场景的结合，可以大幅度提高企业生产经营效率，节省企业人力和时间成本。《北京市关于促进专精特新企业高质量发展的若干措施》提出，鼓励专精特新企业从小切口、实场景出发，使用大模型开发商业化应用，通过“模型券”降低企业使用成本，支持企业开展人工智能大模型应用探索和落地实践。

例如，杰恩国际设计（北京）股份有限公司（简称杰恩国际设计）数字化转型动因主要源自市场变化和技术进步的双重压力，随着元宇宙技术的发展以及消费者对于数字化产品和服务需求的增加，公司决定以元宇宙为切入点，推动企业数字化转型，探索元宇宙技术赋能城市建设和文商旅产业发展，并逐步将元宇宙场景应用产品推向市场，通过持续的技术创新来提升服务质量和满足市场需求。

北京市专精特新企业在AI应用方面不断探索，产生了很多有特色的应用场景。例如，阿尔西制冷引入了Copilot等AI工具，利用RPA技术构建智能机器人来执行重复且规则明确的任务，极大地提高了个人和团队的工作效率；图谱天下（北京）科技有限公司（简称图谱天下）引入了AI招聘产品，使用自然语言处理（NLP）和机器学习（ML）算法来优化候选人筛选和匹配过程，不仅提高了招聘效率，降低了人力成本，还提升了候选人和职位匹配的准确性；爱动超越人工智能科技（北京）有限责任公司（简称爱动超越）开发了基于大模型的智能售后维修助手，通过AI知识库和多模态感知技术，为设备故障提供快速、精准的解决方案。

五、政策引导支持坚定了专精特新企业数字化转型决心

政府政策支持是推动专精特新企业数字化转型的重要因素之一。国

家和地方通过制定相关政策，以及提供财政补贴和税收优惠等措施，积极推动中小企业的数字化转型。政府提供的财政补贴和资金支持，降低了企业进行数字化转型的成本。中小企业应充分利用这些政策支持，加快数字化转型步伐，实现高质量发展。

针对中小企业在数字化转型中的资金缺乏、路径不清晰等问题，北京市通过公共服务、支持政策、资金补助、服务券等多种措施，引导支持中小企业加快数字化转型。政府“真金白银”的支持和多样化的政策举措为北京市中小企业数字化转型提供了宝贵的机遇，坚定了企业数字化转型的决心。

在资金支持方面，一方面，聚焦中小企业数字化转型的共性需要，北京市精选一批通用性数字化转型产品，以中小企业服务券等形式给予补贴，提升企业数字化转型意愿，降低数字化转型成本；另一方面，充分发挥财政资金引导的作用，北京市对中小企业数字化升级改造和上云上平台给予资金补助，引导中小企业深入推进数字化转型。2022 年以来，北京市共有 620 家专精特新中小企业获得数字化赋能专项补贴，累计补贴金额超过 1.5 亿元。通过财政资金引导，有效地缓解了企业“不敢转、不会转”的顾虑。

在公共服务方面，北京市通过建设公共服务平台，提供技术支持和信息服务，帮助中小企业克服数字化转型中的技术和信息障碍。北京市中小企业服务中心主办或组织开展多场“益企京彩·数智转型”公益活动，通过人才培训、经验分享、政策解读、供需对接、服务推介等多样化形式，探讨各领域数字化转型服务商的领先方案，交流重点行业和企业的数字化转型经验，帮助中小企业找到转型方向、明确转型思路。

第 2 节 典型模式

一、问题驱动的局部业务的数字化转型

由于资源条件受限，不同于大型企业全环节和全流程的推进数字化，规模相对较小的专精特新企业数字化转型更宜面向企业经营过程中遇到的关键问题，选择研发设计、经营管理、生产制造、营销销售、仓储物流等某一局部业务领域率先开展数字化转型，通过数字化手段，实现某一环节的数据汇聚和连通，解决企业实际遇到的问题，以局部业务的单点突破进而带动更多环节完成数字化转型。

比如，北京天罡助剂有限责任公司（简称天罡助剂）在数字化转型过程中采用了小步快跑的策略，首先以生产系统为核心，率先实现生产系统自动化，围绕质量提升和成本控制问题，结合实施难易程度和精细化工行业特点，依次开展了营销数字化、生产经营数字化和批次成本数字化，提高了公司对生产过程的过程控制与分析能力。

电信科学技术仪表研究所有限公司（简称仪表所）所属电子中试制造细分领域，是典型的离散型制造企业，由于客户需求的多样性，生产制造为多品种小批次，生产过程相对复杂，涉及多个零部件的加工和装配，每个产品的工艺过程可能都不一样，导致生产计划的制订与生产任务的管理任务繁重，为解决上述问题，公司在生产管控环节引入 MES 系统，解决了生产数据多而分散、数据不同步的问题，有效减少了生产各环节的沟通成本，提高了生产效率。

二、数据驱动的关键业务场景的深度数字化转型

随着企业业务规模的扩大和数字化水平的不断提升，单点或局部的数字化因为数据孤岛问题，对数据价值挖掘不足，无法指导企业经营决策，难以支撑专精特新企业的高质量发展。打通关键业务间数据壁垒，将过去局限于某个设备、系统或业务环节的数据进行集成管理，实现跨部门、跨业务的数据共享，释放数据要素价值成为推动专精特新企业深度数字化转型的关键。

例如，北京格雷时尚科技有限公司（简称格雷时尚）在部署了ERP、OA、会员管理、终端零售等系统后，各系统之间缺乏互通互联，无法指导经营决策，为了解决数据孤岛和数据价值挖掘不足的问题，企业建设了企业的业务中台和数据中台的“双中台”模式。通过对现有业务流程进行整合，企业搭建了基于订单、库存、商品、渠道等信息中心的业务中台。同时为了解决数据孤岛以及各系统之间数据不一致问题，基于数据接入、数据开发、数据资产管理、数据分析、数据服务等能力建设了数据中台，为数据驱动的决策提供了科学依据。

三、客户驱动的产品服务的数字化创新

对于信息服务业、互联网相关服务业、科技服务业等服务业领域的专精特新企业而言，企业数字化转型更多的是利用数字技术推动产品和服务的数字化创新升级，如面向客户需求和行业痛点，对现有产品和服务进行数字化升级改造，或者开发智能产品或服务，打造垂直领域数字化平台，提升服务的智能化和个性化水平，满足客户多样化服务需求。

例如，北京八月瓜科技有限公司（简称八月瓜科技）作为互联网科技创新平台，构建了全球科技情报分析检索系统——“创新大脑”，为用户提供全方位的专利分析和检索服务；北京恒生芸泰网络科技有限公

司（简称恒生芸泰）面对医疗行业患者就医难、医疗资源浪费、医患沟通不畅等问题，推出了互联网医院平台、智能硬件系统、智能采血系统等多个数字化平台，通过平台，医疗机构可以实现线上线下一体化服务，提高医疗资源利用率，提升患者满意度和获得感。

四、产业链供应链驱动的"链式"数字化转型

"链式"数字化转型是指产业链供应链和产业集群中龙头企业、链主企业等大企业或数字化转型服务商引领带动产业链供应链上下游和产业集群内中小企业协同数字化转型。《北京市制造业数字化转型实施方案（2024—2026年）》、工业和信息化部《关于做好中小企业数字化转型城市试点工作的通知》等多个政策文件中，都提出鼓励"链式"转型模式，推动大企业通过订单牵引、技术扩散、资源共享等方式，赋能供应链上下游中小企业数字化转型。

北京市专精特新中小企业中30%以上是软件和信息技术服务业，不少属于数字化服务商，软件和信息技术服务业等通过提供数字化解决方案、云计算服务、大数据分析平台、工业互联网平台等，有效支撑产业链供应链企业数字化转型，成为驱动中小企业"链式"数字化转型升级的重要力量。例如，中航国际金网（北京）科技有限公司（简称中航国际金网）打造的航空装备工业互联网平台入驻企业超过10万家，通过平台建设，不仅自身核心竞争力得到了提升，还赋能航空工业集团、航空发动机集团等大型央企集团及其链上的众多中小企业，实现了从龙头到中小微企业的全链条数字化升级，促进了产业链上下游的深度融合与协同发展。

此外，北京市专精特新企业中不少处于产业链供应链的关键环节，也有很多企业是产业链龙头重点企业，在带动产业链上下游企业数字化转型过程中发挥了重要的作用。例如，北京德尔福万源发动机管理系统

有限公司（简称德尔福万源）主营业务是生产并销售发动机电子控制系统及关键零部件，通过数字化工厂建设，公司成功地带动了设备供应商及原材料供应商的数字化转型。为了满足项目需要，设备供应商成立了MES工作组和数字化系统工作组，开发了可用于推广的国产化数字化系统，原材料供应商应用了数字化物料标签、工艺过程的数字化监控等。

第3节　典型经验

一、组织保障："高层重视＋跨部门团队"保障企业数字化转型战略推进

一方面，专精特新企业大部分意识到数字化转型是"一把手工程"，企业高层牵头对数字化转型进行顶层设计才能保障数字化转型战略的执行。在线下企业座谈会中，北京微构工场生物技术有限公司（简称微构工场）、天罡助剂、美巢集团、北京理工华创电动车技术有限公司（简称理工华创）等多家企业都强调了高层领导的重视在企业数字化转型中发挥的关键作用，企业高层管理者牵头可以为项目实施提供组织和资源保障。例如，仪表所成立了以公司总经理为组长的领导小组，对接集团数字化转型工作组，负责公司数字化转型工作的顶层设计、总体布局、统筹协调、整体推进和督促落实；理工华创成立专门的数字化转型项目组，由高层领导亲自挂帅，形成了跨部门、跨层级的协同工作机制；海外远景（北京）科技有限公司（简称海外远景）设立由高层领导挂帅的数字化转型领导小组，负责制定转型战略、监督实施进度、协调各部门资源。

另一方面，为保障数字化转型顺利进行，不少专精特新企业成立了

由多个业务部门和IT部门共同构成的数字化转型跨部门团队或专项工作小组，对接供应商，协调业务部门和技术部门，统筹推进数字化战略的落地实施，促进数字技术和企业各项业务的有机融合。例如，天玛智控设立了数字化转型领导组和工作组，组建了数字化管理部，成立8大业务板块数字化转型推进组，定期召开数字化转型工作会，统筹协调推进；美巢集团设置了信息化部、数字化部、智能化部、自动化部四个部门共同推进公司数字化转型；康辰药业成立由研发、生产、营销、产品战略、信息等相关人员和公司高管组成的专项项目组对接场景解决方案供应商。

二、项目推进："整体规划 + 局部先行"降低企业数字化转型风险

由于资源有限，专精特新企业在进行数字化转型的过程中，大部分采取了整体规划与局部先行相结合的转型策略，通过"小步快跑""螺旋式上升"逐步迭代完善。整体规划意味着企业需要从战略层面出发，制定全面的数字化转型规划，明确转型目标、实施路径和关键步骤。而局部先行则强调在整体规划的指导下，根据企业业务需求和面临的痛点问题分步推进，优先核心需求和主要功能，选择特定的业务领域或流程作为切入点进行试点，测试验证，降低数字化转型的风险。

例如，微构工厂在数字化转型的过程中，根据合成生物行业特点，围绕公司整体的战略目标和业务指标，找到发酵系统数字孪生等关键业务场景去实施数字化，然后根据业务发展不断迭代优化；天罡助剂结合公司三年战略目标，提出了数字市场、数字运营、数字成本的"三数"管理目标，按照由易到难的策略，按照市场营销数字化、生产经营数字化、批次成本数字化的次序分步实施，在实施过程中，采取将大目标分解为小目标，每个季度都上线一个小模块，半年业务上有实质性的落地

进展这样的策略，力保系统的上线与业务的变革速度之间互相配套，避免系统上线过快、模块过多、各业务部门变成应付差事的实施风险。

三、落地实践："数字文化 + 全员投入"促进企业数字化转型成效发挥

员工参与是影响企业数字化转型成功的重要因素，员工数字技能的提升是促进数字技术价值和成效实现的关键。分析的案例企业中，大部分企业非常重视数字化转型人才的培养，一方面积极招聘具备数字化技能的人才，另一方面通过全员培训增强员工数字化转型意识、思维和能力，营造数据驱动、鼓励创新和持续学习的数字化文化，充分激发全体员工参与和投入数字化转型的积极性。

比如，康明克斯（北京）机电设备股份有限公司（简称康明克斯）、北京中科博联科技集团有限公司（简称中科博联）、德尔福万源等许多企业非常注重数字化人才队伍培养，建立了不同层次的人才梯队，通过内部培训、外部招聘以及与高校合作等多种方式培养提高全体人员的数字化技能；天玛智控成立数字化转型"金种子"队伍，设立数字化转型优秀团队、先进个人奖励，组织国内外优秀企业参观学习和线上培训课程，邀请外部专家专题讲座，培育强化员工对数字文化的价值理解，引导员工转变传统思维模式，实现"人人参与数字化，数字化赋能人人"；扬子江药业集团北京海燕药业有限公司（简称海燕药业）积极营造具有数字化氛围的企业文化，让"用数据说话、用数据管理、用数据决策、用数据创新"成为企业管理和公司治理的重要原则。

四、数据驱动："数据资产 + 数据决策"提升企业竞争优势

数据要素是企业数字化转型的核心。通过数据驱动的决策，专精特新企业可以更好地预测市场趋势，优化资源配置，更好地应对市场的

快速变化和不确定性，从而在激烈的市场竞争中获得优势。随着数字化水平的提升和数据资产的积累，专精特新企业普遍意识到数据要素的价值，不少企业在其数字化转型战略和目标中提出构建数据驱动的决策体系，实时采集和获取业务数据，打造数据资产，建设数据平台，从业务数据化和数据业务化逐步实现数据驱动的决策，取得了较好的效果。

在实践过程中，有的企业完成了营销、研发、生产、运维等单点的数据化，实现了局部某个业务环节数据的汇集、互联互通和分析。例如天罡助剂通过数字化客户管理平台，整理并导入了全面的客户数据，通过营销的数字化显著提升了客户服务效率和满意度；北京市春立正达医疗器械股份有限公司（简称春立医疗）建设了产品数据管理平台，对产品研发过程数据进行统一存放管理，有效缩短了产品研发周期；北京他山科技有限公司（简称他山科技）利用用于公司研发项目的数据原矿，盘点数据资源目录，收集实验数据，进行资源化的数据存储、数据治理及数据加工，使其成为可服务的数据资源，并进一步结合业务场景，形成可合法拥有并成本计量形成收益的数据资产。

有的企业建设了数据平台，完成了核心业务链或全价值链的数据集成和贯通，通过跨部门、跨业务的数据共享实现数据驱动的决策，提升了企业管理的精细化水平。例如，天玛智控制定了数据战略规划，构建数据治理体系，建设数据资产管理系统、主数据管理系统、BI 分析系统在内的大数据中心硬件设施和软件系统，发布 7 项标准规范，对数据进行统一采集、存储、治理和应用挖掘，打通 20 余个业务系统，建立生产、采购、营销等 12 个业务域，120 余项业务指标，28 个可视化看板，为数据驱动的决策提供了有力支撑。

第4节　行业特点

由于行业特点、数字化水平和产业链条结构不同，不同行业的企业数字化转型关注要素有所不同，对数字化转型的关注重点也有所差异。本节按照制造业和服务业的行业大类，基于案例企业数字化转型的实践，归纳了专精特新典型行业数字化转型的主要特点。

一、制造业数字化转型特点

总体上，制造业数字化转型重点是提升设备的自动化和智能化水平，通过数字化手段进行生产过程的数字化管理，促进降本增效，提升产品质量。根据加工过程管控，制造业主要分为两大类：离散型与流程型，离散型制造业和流程型制造业数字化侧重点有所不同。

1. 离散型制造业数字化注重生产过程的协同性

离散型制造的产品通常由多个独立的零部件组成，这些零部件通过不同的加工工序生产出来，然后组装成最终产品，生产过程往往是断续的，生产过程中涉及的工序和工艺路线更加多样化，需要高度的协调和优化，通常具有生产周期长、小批量、多品种、客户需求多样化的特点，典型行业包括电子电器、机械制造、汽车及配件、装备制造、仪器仪表、家具、服装等。离散型制造模式对生产计划的灵活性、零部件的配套管理以及生产过程的协同性要求较高。

由于以上行业特点，离散型制造业企业数字化转型更侧重于生产计划的优化、零部件的精细化管理以及生产过程的可视化，通过工业互联网平台应用，或者打造数字化车间和智能工厂，实现生产过程的透明化和智能化，缩短生产周期，增强制造过程的灵活性和适应性，以满足柔性批量生产和产品规模化定制的需求。

从具体细分行业看，计算机设备制造、高端装备等高科技制造业注重产品创新和快速迭代，通过部署研发管理工具和系统，实现产品设计的数字化，利用仿真技术进行产品测试，缩短研发周期，提高产品质量；仪器仪表制造业对制造精度和质量控制有着极高的要求，通过自动化生产线强化生产过程管理和质量管控；汽车零部件制造业需要与上下游供应链紧密协同，需要通过数字技术支撑灵活的生产计划和高效的仓储物流；服装等消费品制造企业，重点是通过数字化手段提升市场响应能力，更好地满足消费者个性化需求。

例如，超同步股份有限公司（简称超同步）建立了集数字化、协同化、智能化、柔性化于一体的智能工厂，构建满足大规模个性化定制的智能柔性数字化生产线，实现了用户参与的个性化设计，提高了生产效率，也使公司产品更具市场竞争力。

2. 流程型制造业数字化侧重生产过程的自动化控制

流程型制造业涉及物料的连续流动，产品通过管道、反应器等设备连续不断地经过加工，通常伴随着物理或化学变化，生产过程是连续的，对生产过程的控制要求精确，对生产过程的连续性和稳定性，以及质量控制、安全环保等方面要求较高，具有品类固定、生产规模大等特点，典型行业包括生物医药、石油化工、食品饮料、建筑材料、金属加工等。

由于以上行业特点，流程型制造业企业数字化转型更侧重于生产过程的智能化和自动化控制、工艺参数的精确调整以及生产数据的实时分析，通过部署智能传感器和物联网技术来实现实时数据采集和流程监控，优化生产工艺，提升产品质量的一致性和稳定性，提升设备运维效率，降低能源消耗。

从具体细分行业看，生物医药行业侧重研发流程的数字化，通过数字化手段加速新药的研发和测试过程，采用生产执行系统来提高生产过程的控制精度和合规性，确保药品质量和安全；化学化工行业侧重通过数字化手段对生产过程进行管控，确保生产安全和过程的稳定性，提高能源使用效率，实现节能减排目标。

例如，北京万泰利克药业有限公司（简称万泰利克）数字化转型围绕现代化煎药中心智能化升级改造展开，通过运用计算机控制、物联网及互联网技术，实现煎药工艺流程的全过程控制与管理，提升了产品质量一致性和可靠性，促进了降本增效、效益增长、绿色低碳等。

二、服务业数字化转型特点

按照服务功能的不同，服务业主要分为生产性服务业和生活性服务业两类。生产性服务业可以理解为一种中间服务部门，主要为各类市场主体的生产活动提供服务，而生活性服务业提供的服务主要用于居民最终消费。

1. 生产性服务业重视数字底座和平台的建设

生产性服务业指直接或间接为工业生产过程提供中间服务的服务型产业，是伴随着全球工业化程度不断加深，社会分工日益专业化而产生的，即研发、信息、物流、金融等领域的活动逐渐从制造业剥离，但是又依附于制造业而存在，贯穿于企业生产的上游、中游和下游各项环节中。

生产性服务业是一种高技术创新性、高要素密集性、高产业融合性的现代服务产业，涵盖交通运输、现代物流、金融服务、技术研究与开发、信息服务和商务服务等领域，这些与制造业发展高度相关，直接服务于制造业。制造业是生产性服务业发展的基础，而生产性服务业则为制造业提供必要的服务支持。生产性服务业是制造业走向高端化、智能化的重要支撑，是推动产业结构升级的重要力量。总体上，生产性服务业数字化转型关注服务效率和客户满意度的提升，积极利用数字技术提供定制化和智能化的服务。

从典型细分行业看，对于软件和信息技术服务业、科技服务业、专业技术服务业等生产性服务业，其业务高度依赖人力资本和信息技术，企业较多关注研发设计和产品服务创新等环节，重视数字底座和数据平台的构建，数字化转型的重点是通过上云上平台等提升企业研发能力，利用5G、大数据、人工智能等前沿技术不断创新服务和产品，打造数字化服务平台，增强定制化服务和远程服务能力，提升服务效率，优化客户体验，提升企业竞争力。

例如，北京声智科技有限公司专注声学计算与人工智能交叉领域，产品包括面向医疗、税务、政务行业领域提供内嵌AI大模型技术的智能设备及智能化软件服务，以及面向C端用户的智能办公、智能写作、智能健康助手等智慧化服务产品，其数字化转型采取了“三步走”战略：首先是基础设施建设，其次是数据资源的整合和应用，最后是业务模式的创新。公司利用大数据和人工智能技术，对产品进行了全面优化和升级，提高了产品的质量和竞争力。

北京八月瓜科技有限公司依托高性能云计算平台和大数据处理中心，构建了全球科技情报分析检索系统——“创新大脑”，利用最前沿的人工智能技术和算法模型，为用户提供全方位的专利分析和检索服务。

2. 生活性服务业重视营销和服务的数字化

生活性服务业是指满足居民最终消费需求的服务活动，涉及旅游、住宿、餐饮、医疗、文体娱乐、房地产、商品批发零售、居民服务等多个领域，这些服务活动构成了人们日常生活的重要组成部分。随着消费升级和个性化需求的增加，生活性服务业在经济和社会发展中扮演着越来越重要的角色。

北京市专精特新企业中传统生活性服务业比较少，多数是属于基于信息技术和互联网的现代服务业，涵盖了餐饮、零售、医疗健康、教育、文化艺术等多个领域。生活性服务业的高质量发展在北京国际消费中心城市建设中起着非常重要的作用。通过数字化转型可以提升生活性服务业的服务效率、增加有效供给、创新服务消费场景和模式，从而进一步激发服务消费的内生动能，培育新的消费增长点。总体上，生活性服务业侧重于通过数字化手段增强客户体验，通过数据分析了解消费者行为并提供个性化服务。

对于生活性服务业而言，由于其面向终端消费者的特点，企业数字化转型更多聚焦营销、产品、服务、商业模式的数字化创新，通过数据驱动的决策，提升市场洞察能力，指导服务改进和产品创新。侧重点在于通过数字化手段与消费者建立连接，实现以提高客户体验为核心的智慧零售，推动全渠道会员管理与精准营销，加速线上线下融合的全渠道营销，打造智能高效的供应链体系，提升服务的个性化、便捷性和互动性，满足消费者个性化消费需求。

从典型细分行业看，零售行业积极利用电子商务平台拓展销售渠道，促进线上和线下的融合；家政、养老等行业通过数字化平台提供更便捷的服务预约与管理；文化旅游行业通过数字化技术实现智慧旅游，提升游客体验；教育行业则通过数字化平台实现在线教学，开发数字课程，利用AI赋能教育过程，拓宽教育资源的覆盖范围。

第 4 章　数字化转型路径分析

第 1 节　总体框架

基于北京市专精特新企业数字化转型典型案例的总结，本书提出了“一体两翼”的中小企业数字化转型的总体框架，如图 4-1 所示。“一体”围绕中小企业数字化转型的关键业务环节和场景展开，同时包括支撑数字化场景的基础设施；“两翼”是中小企业推进数字化转型的五方面保障体系和六步迭代式实施路径。

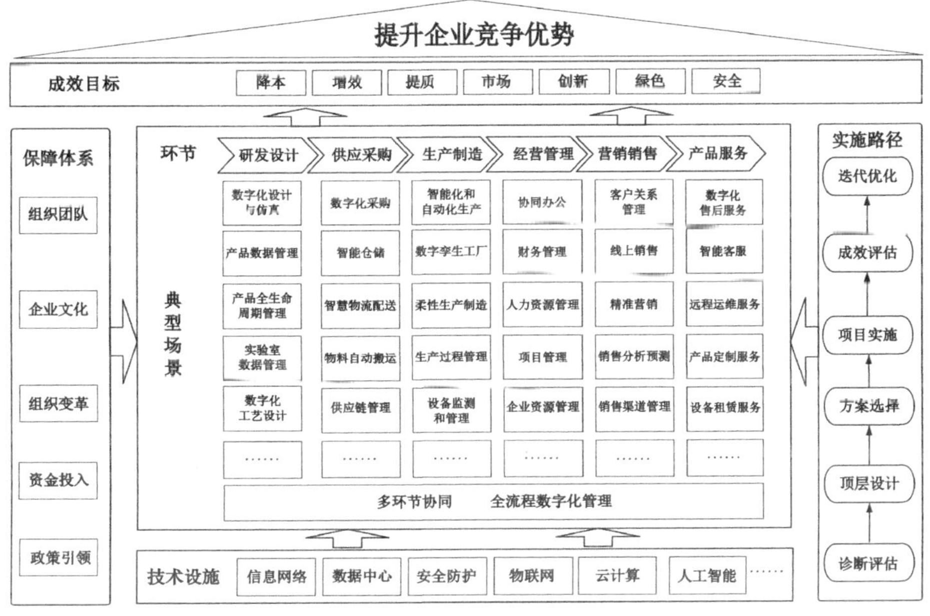

图 4-1　北京市专精特新企业数字化转型总体框架

从技术类型看，企业数字化转型涉及信息网络、数据中心、安全防护、物联网、云计算、人工智能等多种数字技术或数字基础设施。例如，云计算是一种经济高效的基础设施解决方案，中小企业可根据自身需求选择公有云、私有云或混合云服务，将计算资源、存储资源等按需分配，灵活扩展，降低 IT 基础设施建设和运维成本，云计算使得分布在不同地点的生产资源和信息能够实时共享和协同工作，提高了供应链的协同效率；物联网通过传感器、设备联网等技术，实现企业设备、资产和生产过程的实时监控和数据采集，物联网技术使得智能工厂的构建成为可能，智能工厂通过物联网设备实现生产过程的自动化和智能化，从而提高生产效率和产品质量；工业机器人和自动化生产线则可以根据生产计划和实时数据进行精准生产，提高生产效率和产品质量；大数据技术通过对大量数据的采集、存储、分析和应用，帮助制造企业实现精准决策和优化生产。此外，人工智能技术在中小企业中的应用越来越广泛，如智能客服可自动回答客户常见问题，提高客户服务效率；机器学习算法可用于预测客户需求、识别市场趋势，助力企业精准营销和风险管理；AI 技术通过分析海量生产数据，提供智能化的生产调度和决策支持；AI 驱动的机器人和自动化设备可以代替人工完成复杂和危险的生产任务，提高生产效率和安全性；基于计算机视觉和深度学习技术，人工智能可以对生产线上的产品进行快速、准确的质量检测；AIGC 技术可以有效提高内容的产出效率，在影视传媒、文化创意、电商、医疗、金融、教育等多个行业领域得到应用。

从价值链角度来看，数字化转型是指企业利用数字技术对价值链中的各个环节进行深度改造和优化，以实现数据的自动流动、价值的高效传递和创新能力的提升。数字技术应用贯穿企业价值链的各个环节，包括研发设计、供应采购、生产制造、经营管理、营销销售、产品服务等，数字化转型是企业利用数字技术对传统价值链进行分解和重构的过程，通过数字技术整合和协调价值链各环节，打破数据孤岛，企业能够更精准地把握市场需求，更高效地组织生产和运营，从而提升整体竞争力。

从成效目标看，企业数字化转型的目标在于通过数字化转型强化盈利能力，实现降低成本、提高效率、提高产品质量、促进市场拓展、促进产品服务创新、降低能源消耗等目标，从而提升企业利润和经济效益；从长远看，企业数字化的目标在于借助数字化转型促进管理模式和业务创新，提升企业市场竞争优势，促进企业可持续发展。

从推进过程而言，专精特新企业可以按照“诊断评估—顶层设计—方案选择—项目实施—成效评估—迭代优化”的六步迭代式路径，基于自身行业特点和业务需求，在不断完善数字基础设施的基础上，聚焦研发设计、采购供应、生产制造、经营管理、营销销售、产品服务等关键业务环节和场景开展数字化转型，根据创新、市场、提质、降本、增效、绿色、安全等方面实际成效取得情况，不断迭代优化。

从保障体系看，企业的数字化转型是一个持续的变革过程，需要从组织团队、企业文化、组织变革、资金投入、政策等方面构建保障体系，才能确保转型的顺利进行。组织团队为企业数字化转型提供了团队和人才支撑；企业文化可以帮助员工形成共同的价值观，促进全体员工数字化意识的形成；组织变革重点是调整企业组织结构、业务流程和商业模式以促进数字技术与企业业务的有机融合；资金投入确保企业有足够的资金持续推进数字化转型；政府政策在企业数字化转型过程中发挥着非常重要的引导支持作用。

第 2 节　基本路径

一、诊断评估

在开展数字化转型之前，企业应做评估诊断，评估自身具备的数字化基础设施、人才、资金等资源条件，诊断目前存在的问题和挑战，识别企业数字化转型的主要需求，以便明确企业数字化转型的基本策略、方向和目标等。

在进行诊断评估时，企业可以参考工业和信息化部《中小企业数字化水平评测指标（2024 年版）》《智能制造能力成熟度评估方法》（GB/T 39117-2020），以及《数据管理能力成熟度评估模型》（GB/T 36073-2018）《信息技术服务　数字化转型　成熟度模型与评估》（GB/T 43439-2023）等相关国家和行业标准，以及《北京市数字化车间与智能工厂认定管理办法》等评估自身数字化水平，依托企业自身、数字化服务商和政府公共服务等多方资源，找出企业数字化转型存在的问题和需要改进的方向，为制定数字化转型战略规划提供依据。

例如，北京理工华创电动车技术有限公司作为新能源汽车电控及驱动系统关键技术的研究和产业化领军企业，在数字化转型过程中开展了多次评估。首先是基于智能化制造水平开展了自评估，然后参加了区经济和信息化局组织的数字化水平评估，接着公司委托第三方做了数字化水平评估。综合各方面评估，公司明确了数字化转型目标，制定了全面的数字化建设规划。公司数字化转型的近期目标是实现业务流程的数字化管理，提升研发、生产和销售等环节的效率；中长期目标则是通过数据分析和智能化决策，打造数字化车间和智能化工厂，进一步优化生产流程，提升产品质量和客户满意度。在数字化转型整体规划上，理工华创已经部署了完善的数字化基础设施和多个数字化平台，同时，公司重视数据资源的整合和利用，建立了统一的数据管理平台，确保数据的准确性和实时性。

二、顶层设计

顶层设计阶段的主要任务是从全局视野和战略高度出发，构建企业数字化转型的整体蓝图与战略规划，清晰界定转型的愿景，明确数字化转型的短期目标和长期目标，制定详细的数字化转型路线图和实施路径，确定数字化转型的优先级和重点业务领域，充分考虑资源投入、时间节点和风险，旨在确保数字化转型的有序推进，为后续方案选择、项目实施等环节奠定坚实基础。

中小企业数字化转型的目标应该与企业长期发展战略紧密结合，一方面设定具体的量化指标来衡量转型成效，另一方面也要注重数字化转型的长期收益和隐性收益，从企业长远发展角度布局数字化转型，推动企业管理升级、产品和模式创新，以提升企业市场竞争力，推动企业可持续发展。

例如，中航国际金网（北京）科技有限公司制定了“筑基速赢”“夯基稳行”“全面转型”三步走战略规划，即建设数字化平台能力、夯实数字化转型基础、以敏捷模式推进数字化转型，旨在通过科学规划、统筹安排，重塑业务模式，提升运营效率，最终实现数字化转型的全面突破，赋能航空产业链协同发展，并强化信息技术服务领域的领先地位。

三、方案选择

在顶层设计的基础上，企业应广泛调研市场上相关的技术、软硬件产品和解决方案，根据自身的需求，结合技术发展趋势，选择合适的技术平台和解决方案，确保技术方案与企业需求和业务目标相匹配。方案选择不仅包括物联网、大数据、人工智能、云计算、数据中心等基础设施，还包括面向业务场景需求的解决方案。

通过对征集案例的分析，发现北京市专精特新企业主要应用了数据分析与挖掘、自动化与智能化技术、物联网技术、AI 和机器学习技术、区块链技术、云计算、SCADA 数据采集与监视控制、数字孪生、元宇宙、工业互联网、3D 打印等多种前沿技术。从软件和解决方案看，部署了 MES（制造执行系统）、APS（高级计划排程）系统、MRP（物料需求计划）系统、WMS（仓储管理系统）、SCM（供应链管理）系统、CRM（客户关系管理）系统、OMS（订单管理系统）、QMS（质量管理系统）、ERP（企业资源计划）系统、BPM（业务流程管理）系统、PLM（产品生命周期管理）系统、PDM（产品数据管理）系统、OA（办公自动化）系统、LIMS（实验室信息管理系统）、EMS（设备管理系统）、PMS（项目管理系统）、DMS（文档管理系统）等多种数字化系统。

在数字化转型方式和方案选择方面，项目组 2023 年对北京市 493 家专精特新企业的调研显示，自主开发数字化平台或系统的企业占比为 32.25%，采购通用性数字化产品或解决方案的企业占比为 26.98%，采购行业性数字化产品或解决方案的企业占比为 30.83%（见图 4-2）。通用性数字化产品和方案通常面向企业数字化转型初期需求和经营管理等通用场景，通常成本较低，易于部署，可以满足企业的基本数字化需求，适合数字化转型初期或预算有限的中小企业；行业性数字化解决方案能够更好地满足某一行业的个性化需求，适合数字化转型中后期或预算充足的企业，行业性解决方案对服务商提出了更高的要求，要求其对行业特点和业务流程有深入了解。

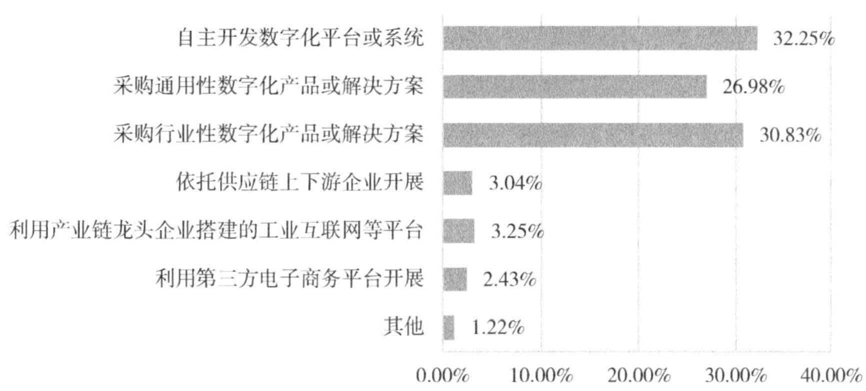

图 4-2　数字化转型方案选择

数据来源：项目组 2023 年对北京市 493 家专精特新企业的调研。

对于资源缺乏和规模较小的企业，在转型初期可以优先采用“小快轻准”的产品和成熟的数字化产品服务满足基础共性需求，减轻资金压力，再逐步满足个性化需求。对于一些个性化需求，如果市场缺乏成熟的解决方案，企业在具备技术能力的基础上可以采用自主研发的方式实现。例如，北京科荣达航空科技股份有限公司（简称科荣达航空）处在飞机附件维修行业，与传统的制造行业的经营管理方式有很大的不同，因传统 ERP 系统的标准功能模块无法满足公司销售和生产过程的要求，故采取了自主开发和个性化定制的方式。

四、项目实施

项目实施是指企业按照既定的顶层设计方案，逐步推进数字化转型各项工作的具体执行过程。项目实施涵盖了业务、组织、技术、数据多个方面，除了平台搭建、系统部署、系统和数据集成等内容，还包括管理机制建设、人员培训、组织结构和业务流程的优化调整，确保数字化系统能够稳定可靠地运行。

中小企业数字化转型投入资源有限，在实施过程需明确数字化转型优先级，合理规划实施路径，优先从基础扎实、潜在价值高的环节切入，再逐步扩大数字化的覆盖范围，由点及面，由局部到全局，逐步实现数据贯通和业务协同。例如，北京培宏望志科技有限公司（简称培宏望志）数字化转型采取了阶段性实施策略，首先，构建强大的数字化基础；其次，对数据资源进行有效整合；再次，实施高效的数字化管理系统；最后，实现业务的全面数字化，使技术与业务流程深度融合。数字化基础设施方面，公司已建立了包括云平台、大数据分析在内的技术架构，而数据资源管理上，则通过建立统一平台来集中存储与分析数据。

在全面部署之前，企业可以选择一个或几个业务领域进行试点，通过小范围试点，然后逐步全面推广。这有助于测试新技术的可行性，发现问题并收集反馈，对实施计划进行调整，也可以避免技术和组织变革之间的不匹配造成的风险。例如，天罡助剂在2022年启动数字化转型步伐，结合公司三年战略目标，经过与三家公司交流和询价比价对比分析，公司最终确定合作企业，并提出了数字市场、数字运营、数字成本的“三数”管理目标。项目实施采取了先容易、后困难的总体策略，将大目标分解为小目标，每个季度都上线一个小模块，半年业务上有实质性的落地进展这样的策略，力保系统的上线与业务变革速度之间互相配套。

五、成效评估

在项目实施过程中，企业需要定期监测数字化转型的成效，收集和分析相关数据，评估数字化转型是否达到了预期目标，根据评估结果实时调整转型策略，总结经验教训。对数字化转型成效的评估，应采取定量评估和定性评估相结合的策略，综合考虑多个维度和指标。

定量评估通过设定具体的量化指标，衡量数字化转型对企业经营成本、经营管理效率、产品服务质量、客户满意度、市场表现、营收和利润增长等各方面的实际影响，成效评估的维度一般包括创新、降本、增效、提质、市场、安全、绿色等不同方面，企业可结合自身数字化应用环节和场景设计具体的评估指标；定性评估通过员工访谈、问卷调查等多样化方式，收集员工、管理层和上下游企业等利益相关方对企业数字化转型的反馈，分析数字化转型对企业经营管理和可持续发展带来的变化。

通过对北京市60家专精特新企业数字化转型典型案例的分析发现，目前中小企业数字化转型成效主要体现在成本降低、效率提升、效益增长、质量提升、节能减排、促进研发和创新以及产业链供应链协同等方面，如表4–1所示。其中，专精特新制造业企业在降低生产经营成本、降低库存成本、提升生产效率、提升产品质量、促进节能减排、促进企业营收增长、促进产品研发和创新、促进产业链供应链协同等方面取得了显著的成效；服务业企业在提高客户满意度、促进产品和服务升级、加快新产品开发速度、提升项目管理和交付效率、提高运营管理效率、扩大服务范围和市场、赋能客户转型升级等方面取得了显著的成效。

表4–1 北京市部分专精特新企业数字化转型成效

序号	企业	成效
1	北京格雷时尚科技有限公司	通过建设新精英数字化系统，实现了提效20%，计件工资降5%，生产辅助及管理层精简20%，月节约物流成本近3万元（降本增效） 通过新零售营销管理数字化转型，根据会员画像精准营销成交率提升15%（营销效率提升）
2	北京天罡助剂有限责任公司	客户问题处理响应效率有一倍以上的提高（客服效率提升） 设备管理效率与有序性提高，因设备保障原因产生的停工减少50%以上（设备管理效率提升） 经过两年的运行，库存规模下降了近25%，节约了库存资金（降低库存成本）

续表

序号	企业	成效
3	北京康辰药业股份有限公司	单位产品综合能耗降低 25.27%（降低能耗） 供应商及时交付率提升 4.49%，订单及时交付率提升 7.07%，单位产品成本下降 11.19%，库存周转率提升 22.78%（降本增效） 依托数据库和模型库的资源，研发项目结题时长对比使用前同期下降 13.73%（研发效率提高）
4	北京万泰利克药业有限公司	实现“人歇机不歇”的高效状态，产能从 8000 方 / 日增至 16000 方 / 日，人员减少约 30%，自动调剂系统峰值调剂速度达 10 秒 / 方，极大地提升工作效率（生产效率提升） 通过全自动智能生产线和精准控制流程，确保产品质量一致性和可靠性，调剂精度满足处方总重 ±2%（产品质量提升） 为公司节约设备成本约 560 万元，并在未来每年带来约 7590 万元的经济效益增长（效益提升） 实现全密封自动煎药生产线，降低能源消耗和废弃物排放，减少噪声，保护环境与员工健康（绿色低碳）
5	北京微构工场生物技术有限公司	操作人员从行业常规的 5 人减少至 1 人，运维效率提升 80% 以上，产品不良品率预计降低 10% 以上。预计每年为公司节省超过 50 万元（降本增效） 生产效率提升近 30%，质量损失率下降 8.5%，库存周转率提升 25%，运营成本下降 20%，每年节电降能超过 20 万千瓦时（降本增效）
6	美巢集团股份公司	近 3 年产品一次校验合格率均超过 99.9%（产品质量提升） 劳动生产率较原水平提高 76.6%（降本增效） 实现生产过程污染物的近零排放（绿色低碳）
7	北京市春立正达医疗器械股份有限公司	骨科数字化车间使公司产能大幅提高 1 倍以上，以前产能每年生产产品约 5 万套 / 年，建成后产能提高到 11 万套，同时减少了劳动密集型生产人员（降本增效）
8	北京中科博联科技集团有限公司	安装环节的成本整体降低了 75%（降低成本） 利用自研的数字决策模型，将销售环节的决策审核速度提升了 15%；利用自研的数字安装管理模型，使供应链的协同效率提升了 35%；利用自研的数字化监控模型，将人员执行效率提升了 12%（提升效率）
9	北京德尔福万源发动机管理系统有限公司	通过引入先进的制造技术和自动化系统，可以显著降低生产成本，提高数据自动采集率，降低产品不良率（降本增效） 产品单耗从 0.53 千瓦时 / 件减低到 0.52 千瓦时 / 件，每件能源消耗减少 1.9%（绿色低碳） 实现与客户及供应商之间的数据共享和业务协同，带动上游客户及下游供应商的数字化转型（供应链协同创新）
10	电信科学技术仪表研究所有限公司	生产效率提高 5.51%，交付周期缩短 74.67%（降本增效）

续表

序号	企业	成效
11	融硅思创（北京）科技有限公司	单条产线生产效率提高 50%，运营成本降低 20%，产品不良品率降低 30%，产线人员减少 20%（降本增效） EDS 电子雷管模块生产交付中心年产能由原来的 1.5 亿发增长到 3 亿发（产能提升）
12	北京海林自控科技股份有限公司	产值成本率降低 16.41%，净利润率提高 14.85%（效益提升） 自动化组装线生产效率提升了 33.33%，双轨 SMT 自动化贴片线生产效率主控 PCBA 板和电源 PCBA 板分别提高生产效率为 27.77% 和 28.57%（生产效率提升）
13	北京天玛智控科技股份有限公司	近三年营业收入复合增长率为 19.19%；利润总额复合增长率为 5.89%，净利润复合增长率为 6.94%（效益提升） 全员劳动生产率由 2021 年的 327.28 万元 / 人提升至 2023 年的 394.87 万元 / 人，提高 20.65%（生产效率提升）
14	北京微步在线科技有限公司	云化交付方式，使用户能够以较低成本快速解决安全问题，用户数在过去一年里提升了 10 倍左右（效益提升） 通过云化服务减少了对物理硬件的依赖，有助于降低能源消耗和碳足迹（绿色低碳）
15	北京云杉信息技术有限公司	缩短菜品食品供应链，压缩物流流通成本，使保障供应成本至少降低 15%~40%，也减少了应急情况下可能的损失 50%~80%（降本增效）
16	微积分创新科技（北京）股份有限公司	实时收集和分析生产数据，提高运营效率约 20%，同时降低了 15% 的维护成本（降本增效）
17	中航国际金网（北京）科技有限公司	推动了办公效率的飞跃，减少了 30% 的差旅开支，办公能耗降低了 20%（降本增效） 建立了智能供应链协同平台，打破了传统供应链的壁垒，提升了供应链的响应速度与效率（产业链供应链协同）
18	北京橙色风暴数字技术有限公司	仅电子签章一项当年累计节约纸张达 4.2 万余张、鼓碳粉 5~6 个、物流运输成本约 2.5 万余元（降低成本）
19	北京培宏望志科技有限公司	研发周期缩短了 20%，不良品率降低了 15%（降本增效） 减轻了人力资源负担，节省了约 30% 的成本，提高了生产效率和市场响应速度（降本增效） 自动化生产线的引入，提高了生产效率，单位产品的能耗降幅达到了 25%（降低能耗） 提升了供应链的透明度与响应速度，协同创新的效率因此提高了 40%（产业链供应链协同）
20	北京京能地质工程有限公司	优化施工项目管理流程，降低了成本，提高了效率，节约了 50% 的流程审批时间（成本降低） 促进了新技术和新产品的研发，新技术推出周期缩短了 20%（促进创新）

六、迭代优化

中小企业数字化转型不是一个短期的项目或计划，而是一个长期持续推进的持续性变革，企业需要根据转型效果、需求变化和技术趋势对技术方案和业务流程不断迭代优化。迭代优化阶段内容主要包括：一是收集用户反馈，总结经验教训，对数字平台和业务流程进行优化和改进；二是根据业务需求，逐步扩展平台的功能，与其他业务系统进行集成，逐步实现数据共享和业务协同；三是跟踪行业最新技术动态，适时引入新技术，保持系统的先进性，通过不断引入新技术为企业可持续发展赋能。

例如，北京格雷时尚科技有限公司按照“评估—规划—实施—优化”的逻辑闭环，对企业数字化转型的进展和成效持续评估，因时因势优化转型策略。比如，企业在完成信息化建设之后，评估发现各系统之间缺乏互通互联，无法进一步指导经营决策，因此重点建设了企业的“业务 + 数据”的“双中台”模式，推动各系统间数据融合与业务协同，提升数字化水平以支撑企业的高效运营与持续创新。

第 3 节　保障体系

一、组织团队

组织团队指的是企业内部负责推动和实施数字化战略，且具备相关技能和知识，能够协同工作以实现数字化转型目标的人才和组织机构。通过对案例企业数字化转型团队的分析发现，目前北京市专精特新中小企业数字化转型主要包括高层领导牵头的战略团队、IT 和业务部门共同构成的执行团队，以及具有数字思维和技能的人才团队等，如表 4–2 所示。

首先是高层领导牵头的战略团队，即企业数字化转型委员会或领导小组，负责公司数字化转型工作的顶层设计、总体布局、统筹协调、整体推进和督促落实。中小企业的数字化转型是“一把手工程”，企业的高层管理者，需要亲自参与并推动这一进程，这种自上而下的推动对于确保数字化转型的成功至关重要。企业高层的参与和领导能够确保数字化转型与企业的整体战略紧密结合，同时也能够为转型过程中所需的资源配置、人才培养和技术应用提供决策支持。北京天罡助剂有限责任公司、北京市春立正达医疗器械股份有限公司、北京德尔福万源发动机管理系统有限公司、北京理工华创电动车技术有限公司、北京唐智科技发展有限公司（简称唐智科技）、中科博联、北京恒生芸泰网络科技有限公司等多家公司的数字化转型都是由公司高层领导牵头开展。

其次是 IT 和业务部门共同构成的执行团队，即数字化转型项目的工作小组，贯彻执行领导小组的决策，制定数字化转型工作方案并推进实施，促进 IT 部门和业务部门的紧密合作，确保转型目标的实现。数字化转型不仅是 IT 技术人员的工作，还需要各个业务部门的深度参与。数字化转型执行团队组成通常需要跨越不同的职能部门，包括 IT、财务、研发、市场、销售等，旨在共同协作促进技术和业务深度融合，促进数据集成和业务流程优化。例如，格雷时尚、康辰药业、爱动超越、电信科学技术仪表研究所有限公司、天玛智控、唐智科技、海外远景（北京）科技有限公司等多家公司都成立了跨部门的小组推进数字化转型。

最后是具有数字思维和技能的人才团队，即数字化系统的实际使用部门和员工。为保障数字化项目的顺利推进，企业需要加强内部沟通，确保员工对数字化转型的目标和意义有清晰认识。此外，企业需要对数字化人才的开发、培养和管理建立行之有效的机制，公司通过内部培训、外部招聘、外部合作等方式，提升员工的数字化思维和技能，为企业的数字化转型提供坚实的人才保障。例如北京市春立正达医疗器械股份有限公司在数字化车间建设过程中，招聘了大量数字化软件硬件开发人员，并招聘了大量能操作数控机床与信息集成运维服务人员，同时依靠这些人员对全员进行了数字化信息化培训，使全员能进行网络操作。

表 4–2 北京市部分专精特新企业数字化转型团队

序号	企业	组织团队
1	北京格雷时尚科技有限公司	战略组织：企业数字化转型委员会 技术组织：信息中心技术部门 融合组织：技术与业务相互融合的组织
2	北京天罡助剂有限责任公司	由总经理牵头，由 IT 部门负责人和财务总监共同负责推进 需求对接由部门负责人和高级管理人员同时参与，原型设计完成后软件公司再组织进行定制化开发
3	北京康辰药业股份有限公司	成立专项项目组对接场景解决方案供应商推进系统建设，成员由研发、生产、营销、产品战略、信息等相关人员和公司高管组成 在项目建设阶段，组成跨部门联合小组与供应商推进系统建设 系统上线后，信息部设立专职人员负责维护系统运行；在各部门制定专门的工作制度，要求人员严格依照工作制度使用系统；定期组织人员培训进行针对性讲解
4	美巢集团股份公司	集团总部设置了信息化部、数字化部、智能化部、自动化部四个部门共同推进公司数字化转型
5	爱动超越人工智能科技（北京）有限责任公司	成立数字化转型项目组，由经验丰富的项目经理和技术专家组成，负责项目的统筹和协调 成立专门的数字化部门，负责数字化转型的具体实施和推进，跨部门协作提升效率 引进和培养具有丰富数字化转型经验的专业人才，包括数据科学家、AI 工程师、项目经理等
6	北京市春立正达医疗器械股份有限公司	成立精益生产部门，建立了数字化车间建设协调统筹部门，全面负责数字化车间的具体建设，并定时向公司总经理汇报 招聘了大量数字化软硬件开发人员，以及能操作数控机床与信息集成运维服务的人员。同时，依靠这些人员对全员进行了数字化信息化培训，使全员能进行网络操作和网上办公
7	北京德尔福万源发动机管理系统有限公司	总经理作为数字化工厂建设总负责人，统筹管理数字化转型项目；精益部经理作为项目经理，负责各功能模块衔接和部门协调；制造工程部、物流部、产品部、财务部、人事部等部门共同参与，确保数字化转型的顺利推进

续表

序号	企业	组织团队
8	北京理工华创电动车技术有限公司	成立专门的数字化转型项目组，由高层领导亲自挂帅，形成了跨部门、跨层级的协同工作机制 建立以项目为导向的扁平化管理结构，提高决策效率和响应速度 重视数字化人才的培养和引进，通过内部培训、外部招聘以及与高校合作等方式，逐步建立复合型人才队伍
9	电信科学技术仪表研究所有限公司	成立以公司总经理为组长的领导小组，对接集团数字化转型工作组，负责公司数字化转型工作的顶层设计、总体布局、统筹协调、整体推进和督促落实 成立了数字化转型工作小组，贯彻执行领导小组的决策，处理公司数字化转型工作各项事务，制定数字化转型工作方案并推进实施 健全人才引进、培养、激励机制，加大科研骨干人才引进力度
10	北京天玛智控科技股份有限公司	设立数字化转型领导组和工作组，组建数字化管理部，成立8大业务板块数字化转型推进组，定期召开工作会议，统筹协调推进 采用外部协同和内部挖潜的人才发展机制
11	北京唐智科技发展有限公司	建立以公司领导牵头的跨部门协作机制 设立数字化转型推进小组，成立专门的信息化办公室，定期向公司高层汇报工作
12	北京微步在线科技有限公司	成立由CEO牵头、由信息化部、财务部、人力资源部、法务与公共事务部组成的数字化转型专班 注重人才的持续教育和技能提升，建立内部培训体系
13	北京声智科技有限公司	成立了专门的数字化转型团队，由公司内部具备丰富经验和专业技能的员工组成，负责推动数字化转型的各项工作
14	北京云杉信息技术有限公司	设立专门的数字化转型部门、大数据中心部门，负责推进数字化转型的各项工作 加大数字化人才引进，建立跨部门协同团队
15	北京亿华通科技股份有限公司	初期，数字化建设由业务部门驱动+外部供应商来开展 后期，成立了信息技术部，负责数字化转型的统筹规划与建设；形成了包括运维工程师、信息安全工程师、流程优化工程师等多个岗位的专业团队
16	海外远景（北京）科技有限公司	设立了由高层领导挂帅的数字化转型领导小组，负责制定转型战略、监督实施进度、协调各部门资源 建立了跨部门的协作小组或工作委员会，打破部门壁垒，促进IT部门与业务部门的紧密合作 加大对数字化人才的培养和引进，通过内部培训、外部招聘，建立一支既懂风电业务又精通数字技术的专业团队

二、企业文化

数字化转型不仅是技术的升级，更是企业文化的重塑。企业文化是指企业在推进数字化转型过程中所倡导和秉承的价值观、信念、行为规范及工作方式，体现了企业对于数字技术的认知度、接受度以及如何利用数字技术来驱动业务变革的态度。对案例企业的研究发现，支撑专精特新中小企业数字化转型的文化不仅包含了数据和创新驱动，还涵盖了跨部门协作、持续学习、快速适应变化、以客户为中心、长期主义等核心理念。

企业需要对全体员工进行数字化思维和技能的培训，这有助于减少对数字化转型的抵触情绪，使得员工更容易接受和参与转型，更好地融入数字化的工作环境，也有助于充分发挥数字技术的价值。例如，扬子江药业集团北京海燕药业有限公司积极营造具有数字化氛围的企业文化，让大数据、智能化、移动互联网成为驱动企业发展和数字化转型的重要力量，让"用数据说话、用数据管理、用数据决策、用数据创新"成为企业管理和公司治理的重要原则。

此外，专精特新企业需要培养员工的创新意识，培养学习和分享的文化，建立开放、包容、创新的工作氛围，鼓励员工积极探索数字技术的应用，为企业的长远发展注入新的活力。例如，电信科学技术仪表研究所有限公司营造鼓励创新积极转型的文化氛围，通过学习和培训帮助干部和员工理解企业数字化转型的原因和背景，建立公司上下对数字化变革的充分理解达成共识，营造鼓励创新的文化氛围，鼓励跨职能、跨部门协作，奖励和引导员工学习和掌握最新的信息网络技术，培养企业的数字化技术能力，适应数字化转型和传统商业模式的改变。

三、组织变革

专精特新企业数字化转型不仅是数字技术和系统的应用过程，更重要的是通过数字技术应用推动公司的组织变革，重塑企业组织架构、业务流程和经营管理模式，推动产品服务和商业模式创新。缺乏与数字技术匹配的组织转型是很多企业数字化转型成效不佳的重要原因。例如，某公司数字化转型过程中，只是简单地将线下流程搬到线上，没有对公司的流程体系、管理架构、职责进行整合，导致部分系统未达到预期效果。

从组织架构上看，数字化打破了传统组织结构的束缚，很多企业构建了扁平化和灵活化的敏捷组织架构，推动跨部门合作和数据共享，提高决策效率和响应市场变化的能力。例如，北京理工华创公司在数字化过程中优化了组织架构，打破了传统的部门壁垒，建立了以项目为导向的扁平化管理结构，提高了决策效率和响应速度。

从业务流程上看，在数字化过程中企业需要对现有业务流程进行梳理，识别出存在的问题和瓶颈，使用数字技术对业务流程进行优化重组，消除冗余和低效环节，实现业务流程再造，提升业务流程自动化和智能化水平，促进降本增效。例如，北京云菱生物技术有限公司（简称云菱生物）为实现业财融合的目标，对采购与付款流程、存货管理与成本核算流程和销售与收款流程进行了优化和再造，通过信息系统将客户订单、销售订单、出库单、随货单、销售发票和收款单等各单据之间全面关联，使销售管理业务与财务管理实现有效融合。

从商业模式上看，数字技术的应用改变了专精特新企业价值创造、价值传递和价值获取的方式，为产品创新、服务创新和商业模式创新提供了多元化的机会。利用大数据分析、物联网、人工智能、云计算等技术，企业可以探索产品定制服务、用户远程服务、智能运维服务等新的商业模式和服务，开拓新的市场和业务领域，创造新的收入来源。例如，北京理工华创公司利用智能制造技术实现生产过程的柔性化和个性化定制，根据客户的不同需求和偏好，生产出具有差异化和个性化的产品，提升市场竞争力。此外，理工华创还利用数字技术将服务范围从单一的产品销售拓展到提供整体解决方案和增值服务上，通过建立远程监控和智能维护系统，实现对客户设备的实时监控和预警功能，满足客户多样化的需求。

四、资金投入

数字化转型需要持续的资金投入，包括技术研发、设备购置、人才培训、系统升级和运维等方面。专精特新企业应根据自身发展阶段和资金状况，制定合理的资金投入计划，根据实施计划和项目优先级，合理分配资金，确保关键项目和技术得到足够的投资，同时控制不必要的开支，确保资金使用的合理性和有效性。

对于资金充足的企业，可以通过设立数字化专项资金的方式保障资金的投入。例如，北京理工华创电动车技术有限公司、北京天玛智控科技股份有限公司、北京唐智科技发展有限公司、恒生芸泰、北京云杉信息技术有限公司等多家企业都设立了数字化转型的专项资金，建立了专项投入资金使用机制，用于支持转型过程中的技术研发、设备采购、人才培训等方面的投入。

除了自有资金，企业还应寻求多元化资金来源，通过专项贷款等多种方式为数字化转型提供稳定的资金来源，同时积极争取政府相关部门对数字化转型的补贴和优惠政策，缓解数字化转型资金投入方面的压力。

中小企业数字化转型资金投入因行业和发展阶段而异。根据36氪研究发布的《中国中小企业数字化转型报告2024》，目前我国中小企业在数字化转型上的资金投入占营业收入的比重主要集中在1%~2%和小于1%的区间，分别占比50.4%和40.3%。

项目组2023年针对北京市567家中小企业（其中包括324家专精特新企业）的问卷调研显示，专精特新企业数字化转型投入明显高于普通中小企业，如图4-3所示，数字化转型投资金额在100万~200万元、200万~300万元、300万~500万元、500万元及以上四个区间段中，专精特新企业相应的比例都明显高于非专精特新中小企业，其中23.8%的专精特新企业数字化转型投资额在500万元以上，远高于非专精特新中小企业。

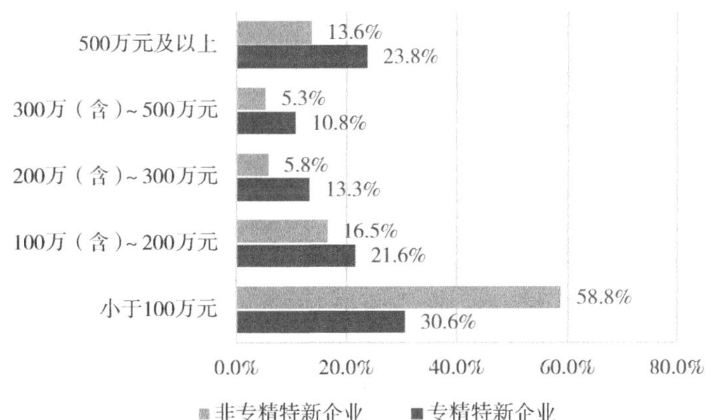

图4-3　北京市专精特新企业近3年数字化转型投入

数据来源：项目组2023年对北京市中小企业数字化转型的问卷调查。

由于企业发展阶段和规模不同，案例企业数字化转型资金投入从几十万、几千万到几亿元不等，呈现较大的差异性。例如，北京微构工场生物技术有限公司数字化场景建设总计花费了200万元，包含生产仿真优化系统一套、超过1万组PLC数据点位获取、BIM组建模、HDMI矩阵、图形工作站等软硬件设计，该场景采用的均是通用设备，定制化开发投入小；北京市春立正达医疗器械股份有限公司骨科植入物数字化车间一期建设，仅软件硬件外部采购就超过3500万元，如果计算上内部研发人员费用等其他费用，实际花费超过了 5000 万元；北京云杉信息技术有限公司作为互联网生活服务平台，非常注重核心研发能力和数字化能力的建设，公司每年数字化投资在 3 亿元左右。

五、政策引领

政府在专精特新企业数字化转型过程中发挥着非常重要的引导支持作用。政策支持能够缓解中小企业在数字化转型领域所面临的资金短缺、人才匮乏以及技术障碍等资源性约束，从而降低中小企业数字化转型的门槛。政府提供的资金补贴等实质性支持，能够有效缓解专精特新企业数字化转型过程中的成本资金压力。此外，政府还高度重视人才培养，通过投入资源开展技能培训，打造更具吸引力的人才引进政策和条件，加强对高端人才的培育和培养，为中小企业数字化转型提供了有力的人才支撑；政府提供的政策宣贯、经验分享、供需对接等活动和服务，也有助于中小企业明确转型的思路和方向。

专精特新企业是政府重点支持的领域，企业应主动关注国家和地方政府关于专精特新企业高质量发展和数字化转型的引导政策和支持措施，以充分利用政策红利，降低企业转型资金压力，促进企业的宣传推广。

2020 年以来，国家和北京市先后出台一系列政策文件，包括转型指南、资金奖补、服务平台、试点城市等多个方面，对中小企业数字化转型提供资金支持，推广成功模式，完善服务配套，这些政策措施的出台和实施，为中小企业数字化转型提供了有力的支持和保障。本次征集的案例企业中有 29 家企业曾获得过北京市中小企业数字化赋能补贴资金，通过政府专项补贴有效降低了企业数字化转型的资金压力，提升了企业数字化水平。

第4节　参考建议

一、基本原则

1. 由易到难

中小企业在数字化转型的初始阶段，受制于资金不足、人才匮乏等因素，往往难以一蹴而就地开展大规模、高复杂度的数字化转型。从易到难即要求中小企业在数字化初期，优先选择改造成本低和容易的环节入手，应用成熟的数字化产品服务满足基础共性需求，再逐步提升自身数字化能力，满足个性需求，从而降低转型的初始难度。

2. 由点及面

中小企业资源有限，需明确数字化转型优先级，合理规划转型路径。在解决了一些点状问题后，中小企业可以逐步将数字化转型扩展到更广泛的业务领域，结合企业遇到的业务瓶颈和问题，有针对性地引入数字技术，优先从业务需求强、潜在价值高的环节切入，逐步扩大数字技术在业务环节的覆盖范围，从单点到局部、从局部到整个业务链、从企业内部业务链到产业链生态，逐步实现数据贯通和业务协同。

3. 长期迭代

数字化转型是渐进发展的长期过程，中小企业应适时对转型进展和成效进行评估，结合技术的最新发展趋势和企业的业务需求，按照“诊断评估—顶层设计—方案选择—项目实施—成效评估—迭代优化”的逻辑闭环不断迭代更新。

4. 多方协同

从企业内部看，数字化转型不是IT一个部门的任务，需要企业高层管理者、各个业务部门和全体员工的深度参与，企业只有建立跨部门的协作机制，使 IT 部门与业务部门协同，才能确保技术解决方案能够满足实际业务需求并得到有效实施；从企业外部看，数字化转型并不是中小企业自身的单打独斗，中小企业数字化转型需要与政府、金融机构、服务提供商、供应链上下游企业、客户等多方的协同合作。

二、主要场景

基于北京市专精特新企业数字化转型的实践案例，项目组凝练总结了经营管理、研发设计、生产制造、采购供应、营销管理、产品服务、多环节协同等环节中的 36 个典型场景（见表 4–3），为中小企业开展数字化转型提供参考，场景的具体介绍在第 5 章详细分析。需要注意的是，表中场景既包括了单个业务环节的初阶场景，也包括了相对复杂的场景，中小企业可根据自身发展阶段和需求选择性参考。

各细分行业由于业务模式和业务流程复杂度等存在差距，且不同企业的规模、发展阶段、数字化水平和面临问题不同，企业数字化转型并没有一成不变的固定路径。企业可以根据自身业务需求、发展阶段和资源情况合理规划数字化转型优先级和实施路径，基于“立足长远、整体规划、问题牵引、重点突破、分步实施”的理念，将有限的资金首先用于增值潜力最大的环节和企业的核心业务环节及关键场景，找到适合自身的数字化转型路径。

从业务环节看，基于案例企业数字化转型实践，结合制造业特点，建议制造业企业优先选择生产制造、研发设计等业务环节的场景实施数字化改造。结合服务业特点，建议服务业企业优先选择研发设计、产品服务、营销管理等业务环节的场景实施数字化改造。考虑到实施难易程度、与核心业务关联度、数据集成顺序等，建议企业按照从容易到困难、核心业务关联程度从高到低、从单点数字化到全局数据贯通的基本逻辑开展。

表 4–3 北京市专精特新企业数字化转型典型场景

业务环节	典型场景	典型案例企业
经营管理	协同办公	紫光同芯、广发电气、格雷时尚、微步在线、臻云智能、中航国际金网、海外远景、橙色风暴等
	财务管理数字化	云菱生物、安诺优达、泰科天润、微步在线、他山科技、臻云智能、科荣达航空等
	人力资源管理数字化	大唐联诚、图谱天下、他山科技、阿尔西制冷等
	项目管理数字化	广发电气、中科博联、亦康医药、易途客、中航国际金网、京能地质工程、中天路通等
研发设计	数字化设计与仿真	东西分析仪器、唐智科技、康明克斯、中电运行、中科视语、杰恩国际设计、培宏望志、中天路通等
	产品数据管理	春立正达医疗器械、大唐联诚、他山科技、亦康医药等
	产品生命周期管理	天玛智控、唐智科技、八亿时空、阿尔西制冷等
	实验数据管理	康辰药业、亿华通、海燕药业、诚济制药、八亿时空等
生产制造	智能化和自动化生产	美巢集团、海林自控、春立医疗、万泰利克等
	柔性生产制造	超同步、天玛智控等
	生产过程管理	八亿时空、康辰药业、诚济制药、仪表所等
	数字化质量管理	天罡助剂、天玛智控、海燕药业、融硅思创、中科视语等
	生产设备监测和管理	美巢集团、海林自控、天玛智控、德尔福万源、融硅思创等
	能耗监测和管理	诚济制药、微构工场等
	数字孪生工厂	微构工场、唐智科技等
采购供应	采购和供应商管理	创元成业、唐智科技、科荣达航空、中康增材等
	物料自动搬运	德尔福万源、天玛智控等
	智能仓储	德尔福万源、天玛智控、海林自控、创元成业等
	智慧物流配送	宇卫科技、云杉信息技术等

续表

业务环节	典型场景	典型案例企业
营销管理	客户关系管理	天罡助剂、中科博联、微步在线、臻云智能、中科视语、中航国际金网、中康增材等
	线上销售	格雷时尚、海林自控、东西分析仪器等
	精准营销	联创新世纪、微积分创新科技等
	销售预测	微步在线、培宏望志、微积分创新科技等
产品服务	售后服务数字化	中科博联、亿华通等
	智能客服服务	微积分创新科技、橙色风暴等
	智能运维服务	海外远景、爱动超越等
	个性化定制服务	小仙炖、中科视语等
	数据驱动的增值服务	理工华创、天玛智控
	产品服务云化	微步在线、八月瓜科技、安诺优达等
	AI 赋能垂直行业服务	爱动超越、声智科技、至臻云智能等
	服务数字化升级	中天路通、京能地质工程、学银通融（北京）教育科技、金鹏达科技等
多环节协同	数字化经营决策	广发电气、中科博联、格雷时尚等
	研发制造一体化	亿华通、康辰药业等
	网络化协同	阿尔西制冷、联创世纪等
	供应链上下游协同	中康增材、泰科天润、德尔福万源等
	全流程精益管理	春立正达医疗器械、海燕药业、超同步等

第5章　数字化转型典型场景分析

第1节　经营管理

经营管理环节是所有企业的通用环节，经营管理的数字化通常是企业数字化转型最早开展的领域，也是最容易切入的领域。企业可以借助数字化办公协同工具实现人员和组织的实时在线和高效管理，利用数字化系统支持企业的人事管理、财务管理、项目管理，以及战略决策的全局性协同管理，通过数字化手段创新管理模式，实现扁平管理、高效协作、精细运营和数据化决策，提升组织协同和管理决策效率。

一、典型场景1：协同办公

在日常办公场景，不少中小企业面临如下问题：一是企业内部常缺乏统一高效的即时通信工具，员工之间沟通可能依赖多个不同平台，如既用微信交流工作又用短信通知事项，导致信息分散，容易遗漏重要消息，且不同平台切换增加时间成本；二是不同部门之间没有专门的协作平台来沟通项目进展、反馈问题和协调工作，容易出现工作衔接不上的情况，例如研发部门完成产品设计后，没有及时告知生产部门相关细节，导致生产环节出现理解偏差；三是很多中小企业的审批还依赖纸质单据传递或者简单的线下签字，相关领导可能因出差等原因无法及时审批，流程停滞，影响整体业务推进速度。

OA办公系统是中小企业数字化转型的基础应用，它集成了企业日常经营管理所需的多种功能，如文件管理、任务分配、审批流程、会议安排等，员工能够通过在线消息、音视频会议、在线文档等功能进行实时沟通和办公，企业也能够方便快速地进行组织架构和流程表单的高效管理。

中小企业可基于OA协同办公系统等，将企业的行政、人事、财务等日常管理进行线上管理，打通企业内部不同部门以及企业与上下游企业等不同主体的信息数据，实现随时随地协同办公和跨部门业务协同，缩短审批和管理环节的时间成本，提高了决策过程透明化程度，提高企业经营管理效率。

例如，紫光同芯微电子有限公司统一接入泛微数字化协同办公平台，借助数字化协同办公平台统一将点状的信息和资源链接，突破组织之间的壁垒和屏障，同时打通企业信息流和业务系统，在整体的层面实现管理与协同，最终使企业获得全局效率最优。

再如，北京格雷时尚科技有限公司将企业的行政、人事、财务等日常管理全部线上管理，同时集成了企业微信，打破了时间和空间的限制，实现随时随地协同办公，提高了工作效率。

又如，北京中康增材科技有限公司借助企业微信，将员工、部门、岗位等信息整合到一个平台上，实现组织架构的在线化管理，将传统的线下审批流程转移到线上，实现了各类业务审批流程的数字化和自动化。

还如，北京广发电气有限公司（简称广发电气）建立了OA系统，包括公文管理、会议管理、车辆管理、电子报销管理、邮件管理、个人事务管理等功能模块，实现了事务、流程和信息及时高效、有序可控的协同业务处理，通过可视化的工作流系统和知识挖掘机制建立了企业知识门户。

二、典型场景2：财务管理数字化

在财务管理场景，不少中小企业面临如下问题：一是很多中小企业仍然采用传统的手工记账方式或者简单的会计软件，功能单一。这些软件可能只能完成基本的账务处理，无法进行财务分析、预算管理等复杂功能。二是企业“信息孤岛”现象严重，业务部门和财务部门往往各自为政，财务部门与其他部门之间的数据不能有效共享，这种“信息孤岛”导致财务部门难以及时、准确地获取业务数据，在进行财务核算和财务分析时可能出现数据滞后或不准确的情况。三是传统的财务核算体系下，业务完成后业务数据交给财务进行财务核算，财务只能进行事后的核算与监管。这种事后的财务核算与监管模式对企业决策的支撑作用有限。

中小企业可基于云化ERP或专用财务管理软件，自动化产出财务表格，实现财务环节记账自动化处理，减少繁琐的手工操作，从而有效降低人力成本和时间成本；有条件的中小企业可将财务管理系统与生产、采购和仓储管理等进行集成打通，使得业务数据和财务管理实现有效融合，实现更加精准的财务计算和更高效的财务管理，财务可由传统的事后监管变成事前预测和事中控制，有助于企业更好地进行财务规划、风险管理和决策支持，从而为企业创造价值并提高竞争力。此外，中小企业还可采用财务机器人流程自动化（RPA）等技术处理重复性、规律性强的财务工作，利用人工智能等新型技术开展机器视觉发票查验、智能财务数据分析等智能应用，大大提高工作效率并减少人为错误。

例如，安诺优达基因科技（北京）有限公司引入企业管理软件，作为数字化转型的基础平台，实现业务流程与财务管理的深度融合，整合业务流、财务流、信息流和数据流。

再如，北京至臻云智能科技有限公司通过对业务流程的梳理，自研了“业财融合系统”，将公司的项目管理、综合行政管理、人事管理、绩效管理、数据分析与管理等功能进行集成，大幅提升内部工作的效率。

又如，北京科荣达航空科技股份有限公司针对业财融合不足、缺乏顶层设计、存在“信息孤岛”等问题，明确了实现业财一体化及维修项目全流程管理的数字化转型的目标，逐步实现业财一体化、生产制造透明化、内外办公协同化，实现了销售、采购、生产及财务等各环节的无缝对接，大幅提升了工作效率，财务数据可追溯，成本核算数据准确性提高，为经营分析提供了条件。

引入YonSuite系统 推动业财融合

数字化转型前，北京云菱生物技术有限公司生产、销售、库存等业务系统相对独立单一，业财数据割裂形成“信息孤岛”的局面。借助用友网络公有云产品YonSuite，公司推动基于业财融合的数字化转型。YonSuite为企业带来了显著的价值提升机会。首先，它实现了业务与财务的有效融合，通过“业务上云”，采购、生产、销售等业务信息实现了连通，形成了闭环管理；其次，费用报销流程得到了优化，从员工出差审批到财务审核，整个流程更加高效、透明。此外，YonSuite还大幅提升了数据的准确性和实时性，为企业的经营决策提供了有力的数据支撑，实现业财税一体化平台。

业务数据通过信息系统直接传递至财务端并自动生成凭证，提高了会计信息质量。全流程审核时间从过去的三四天缩短至7~8小时，大幅提高了运营管理效率。财务管理前置至研发、采购、生产、销售等环节，增强了事前管控措施，提高了公司风险管理的效果。数电票线上开具，满足客户需求，提高客户体验度，推动企业产品和服务升级，提升企业效益。

三、典型场景3：人力资源管理数字化

在人力资源管理场景，不少中小企业存在招聘效率低下、绩效管理不科学、员工激励机制不健全、人力资源数据管理混乱等问题。数字技术在人力资源管理中的应用主要体现在员工信息管理、人员招聘、员工培训、薪资核算、绩效考核等方面。

在人力资源管理领域，中小企业可基于云化OA或专门的HR系统，对人员招聘、培训计划、绩效考评以及员工派工排班等业务进行数字化管理，提高招聘效率和培训效果，降低人力管理压力，提升员工工作满意度和忠诚度。

在招聘方面，数字技术大幅提升了招聘效率和准确性，企业利用数字化招聘平台，发布招聘信息，筛选简历，进行在线面试等。进一步，可以通过大数据分析和人工智能技术，更精确地匹配候选人与职位要求，提高招聘质量和速度。

在员工培训方面，中小企业可以利用在线平台，实现远程培训和学习，这种方式不仅打破了时间和空间的限制，让员工随时随地进行学习，还可以根据员工的学习情况和反馈，不断优化培训内容，改进培训效果。

在员工和绩效管理方面，可以建立集中的员工信息管理数据库，实现员工信息的电子化、自动化管理，方便地存储、查询、更新员工的基本信息、教育背景、工作经历、绩效考核等数据。有条件的中小企业可以利用大数据分析员工绩效，为企业制定更合理的人力资源策略提供支持。

例如，北京大唐联诚信息系统技术有限公司用集中的数据将几乎所有与人力资源相关的信息（包括组织规划、人事在职离职档案、员工履历、劳动合同、奖惩管理、医院保险、调动管理、培训管理、绩效管理、考勤管理员工自助、领导审批等）统一管理起来，极大地提升了管理效率。

再如，图谱天下（北京）科技有限公司核心业务是以数字化平台和系统为基础，服务于企业的招聘需求。在数字化平台和系统的部署上，公司已成功推出招聘渠道管理系统、招聘流程管理系统（ATS/HRS）和微信招聘平台，这些系统的运用大幅提升了业务效率和客户满意度。通过数字化招聘平台的整合，实现了对 20 多个主流招聘渠道的统一管理，降低了企业的招聘成本。此外，公司也正在引入 AI 技术来进一步提升招聘效率，使用自然语言处理和机器学习算法来优化候选人筛选和匹配过程。AI 技术的引入不仅提高了招聘效率，降低了人力成本，还提升了候选人和职位匹配的准确性。

四、典型场景 4：项目管理数字化

对于专精特新企业尤其是服务业企业而言，往往同时推进多个产品项目的开发，项目管理面临跨部门协作的复杂性，传统项目沟通协作不畅，管理方式效率低下。比如，大型项目通常需要多个团队间的紧密协作，不同部门间往往难以实时、高效地共享关键信息，导致决策滞后、资源浪费，并严重制约了研发效率与管理效能的提升。因此，通过数字化工具打破这些壁垒，促进信息的无缝流通与团队协作的紧密性，成为产品研发和项目管理过程中亟待解决的问题。通过引入数字化项目管理软件，项目团队成员可以实时共享项目信息，协作完成任务，实现项目计划、进度、成本等信息的实时跟踪和管理，从而有效提升项目管理水平。

例如，联创世纪经常同时推进多个产品项目的开发与迭代，其中大型项目通常需要多个团队间的紧密协作。在数字化转型前，项目管理主要依靠 Excel 表格，导致项目信息更新不及时和监控的滞后。人工跟进催促项目进度还可能引起沟通延迟和误解，增加项目参与者之间的协同障碍。为此，公司设计构建了能实时展示项目状态的多维表格，该表格能自动同步各项目管理工作台的数据，并监控所有变动，从而形成整体项目看板，项目管理者能够实时查看项目状态，掌握全局动态。

再如，亦康（北京）医药科技有限公司是一家专业从事生物医药研发外包服务和肿瘤药物精准治疗的外包技术服务企业。随着客户数量的增加和公司体量的增长，原有的项目管理方式已经远远满足不了业务增长的要求。2021 年公司决定开发自己的项目管理系统，2022 年公司的项目管理系统正式上线。两年多的使用证明，公司的项目管理水平得到了极大提升，再也没有发生因为内部流程和沟通问题而出现项目延迟现象。商务经理的业绩情况、各个项目负责人的项目进展情况、项目归档情况、财务发票开具情况在项目管理系统一目了然，极大地节省了人力，也为后期的项目成本核算和业绩考核打下了基础。

第 2 节　研发设计

一、典型场景 1：数字化设计与仿真

在传统的产品设计过程中，中小企业需要经过反复的实物试验来验证设计的可行性，需要消耗大量的原材料、加工设备的使用时间和人力成本，实验验证成本高，工艺知识也难以固化。

中小企业可以应用 CAD、CAE、CAM、CAXA 等计算机辅助设计工具，或者应用 SDM 仿真数据管理系统和 DPM 数字化工艺管理系统等，建设和应用产品设计标准库、组件库和知识库等，采用协同设计和协同研发等模式，集成云计算、三维建模、数字孪生、有限元仿真、虚拟测试等技术，开展产品数字化设计建模、仿真优化和测试验证，优化产品设计参数，降低试错成本，提高产品设计效率。在数字化设计方面，除

去CAD、CAE等较为成熟的数字化应用工具外，目前3D打印、VR等新技术也在产品设计中得到应用。

例如，北京东西分析仪器有限公司使用CAXA软件和服务，覆盖设计、工艺、制造全流程，实现跨部门的数据处理，高效协同，促进了企业研发创新及知识产权的保护，大大提高了技术开发的效率。

再如，北京唐智科技发展有限公司采用利用3D打印技术快速制作原型，缩短产品开发周期，应用CAD、CAM、CAE软件实现机械部件和电路板的精确设计与模拟，采用数字孪生技术构建监测对象的动态实体，实现对监测对象运动规律的准备把握，从而构建完备的故障检测及预测算法模型。

又如，康明克斯（北京）机电设备有限公司在承接新项目中，设计人员根据项目施工的地势地貌利用CAD三维建模软件完成设计，优化模块化设备使用，做到设备多样性、结构精细化，提高运行效率，减少操作步骤，加强客户体验感。

二、典型场景2：产品数据管理

在研发设计过程中，中小企业面临的突出问题是缺乏有效的数据管理机制，设计文档、图纸、测试数据等各类资料分散存储，版本混乱，权限管理不严格，容易出现数据丢失、误删以及不同部门使用不同版本数据而导致沟通不畅、设计错误等情况。以上问题严重影响了研发设计的效率和准确性，增加了因数据问题导致的重复工作、设计返工的可能性，拉长了产品研发周期，提高了研发成本。

产品数据管理系统（PDM）为解决上述问题提供了思路。产品数据管理（PDM）系统通过集中存储和管理产品设计过程中产生的各种数据和文档，如零件信息、产品配置、CAD文件、产品结构等，实现对产品数据的统一管理和高效利用，这有助于提高产品设计过程的效率和准确性，促进跨部门协作，目前被广泛应用于制造企业中。PDM 系统的主要功能包括数据管理、版本控制、文档管理、数据共享与协作、搜索和检索、变更管理等。

例如，北京市春立正达医疗器械股份有限公司通过 PDM 协同平台，对骨科植入物产品研制过程中涉及的产品设计及仿真、工艺设计及仿真、制造、质量、检验、试验、服务等业务环节产生的各类产品数据进行统一的存放和管理，确保数据的方便传递和有效组织，推动产品的“三化”（标准化、通用化、系列化）设计与制造，缩短产品研发周期，提升质量，降低成本。

三、典型场景 3：产品生命周期管理

针对中小企业在研发设计过程中数据管理、知识管理、项目管理、设计优化、跨部门协作和市场响应等多个方面的问题，产品生命周期（PLM）系统提供了解决方案。

PLM 系统集成了产品从概念设计到报废回收的各个阶段，包括设计标准化、项目管理和数据管理，可以帮助企业优化研发流程并加速产品上市速度。流程行业的 PLM 功能主要包括配方管理、工艺管理、实验管理、项目管理、成本管理、知识管理、合规管理和权限管理等；而离散行业的 PLM 功能通常包括数据管理、变更管理、项目管理和数据建模等。

中小企业可以通过 PLM 系统，集中管理产品生命周期过程中产生的各种数据和文档，搭建工艺参数知识库，提升设计数据和工艺复用率。进一步，可以通过 PLM 系统与 ERP 系统、MES 等系统的数据集成，进而实现从概念设计、产品设计、产品生产、产品维护到管理信息的全面数字化，促进企业协同工作和知识共享，缩短产品研发生命周期，以提升企业的市场竞争力。

例如，北京天玛智控科技股份有限公司建设了 PLM 系统、SDM（仿真数据管理）系统、DPM（数字化工艺管理）系统，同时与机电液软工业软件和相关信息系统集成，构建研发工艺协同一体化平台，实现电液控换向阀、液箱等定制化产品参数化设计，设计仿真迭代优化，设计工艺一体化协同，缩短了研制周期，提升了一次设计成功率。

再如，阿尔西制冷工程技术（北京）有限公司对产品从概念设计到退役的整个生命周期进行了细致入微的规划和管理，借助 PLM 平台，不同部门的人员打破了信息壁垒，能够实时共享产品信息，极大地提高了产品研发和管理的效率，企业的创新能力和市场竞争力得到了显著增强。

四、典型场景 4：实验数据管理

医药、化工等行业有很多检验检测等实验环节，实验工作流程复杂，包括样品采集、接收、分配、实验操作、报告生成等多个环节。传统的实验室流程往往依赖人工协调和纸质文件传递，容易出现流程混乱、效率低下的问题。

实验室信息管理系统（LIMS）是专门用于实验室管理的数字化解决方案，LIMS 集成了样品管理、测试任务分配、科研数据管理、数据分析、报告生成、质量控制、库存管理以及合规性管理等多个功能模块。LIMS 通过自动化和数字化手段优化实验室工作流程，确保数据准确性、一致性和可追溯性，显著提升实验室的整体运营效率和管理水平，加速新产品开发过程。LIMS 在生物医药、化学和化工、食品和饮料等多个行业得到广泛应用。在制药企业的研发实验室中，LIMS 用于管理药物研发过程中的各种实验数据，包括药物成分分析、药理实验、药物稳定性测试等。

例如，扬子江药业集团下属的 11 家生产型子公司上线了 LIMS，通过 LIMS 规范了药品质量分析检测工作流程，包括样品登记、采样、检测、审核、报告生成等环节，提高了工作效率，提升生产型子公司实验室管理水平和合规性。

再如，北京亿华通科技股份有限公司 2023 年建设了 LIMS，目前已初步实现了产品开发试验业务的数字化，并通过 LIMS 与测试台架的集成、分析模型的植入，实现了测试数据的在线采集、试验数据的在线实时监测、试验数据的在线分析、报告生成的在线作业，有效保障了研发测试验证业务的顺利开展。

第 3 节　生产制造

生产制造主要包括离散型制造和流程型制造两种模式。离散型制造模式对生产计划的灵活性、零部件的配套管理以及生产过程的协同性要求较高；流程型制造对生产过程的连续性、稳定性和质量控制要求较高。不管是哪种制造模式，都可采用数字化车间、智能工厂、MES、物联网等，优化生产流程，实现生产过程的智能化、自动化和透明化，提高生产效率，降低生产成本，提升产品质量。

一、典型场景 1：智能化和自动化生产

在生产制造环节，中小企业可能存在设备自动化程度低、生产计划不精准、质量控制不稳定等问题。企业可以结合自身业务情况和生产制造特点，利用工业机器人、自动化生产线、数控机床、DCS 等技术，提高生产制造环节的自动化水平，减少对人工的依赖，提高生产效率，降低生产成本，使生产过程更加智能和可靠。

例如，北京市春立正达医疗器械股份有限公司骨科植入物数字化车间设计了自动化生产线，由精密数控机床、升降机、工控系统、上下料

轨道、3D打印生产机器、机器人打磨设备等构成，骨科数字化车间建设使公司产能大幅提高1倍以上，同时减少了原有的劳动密集型生产人员，降低了生产成本，提高了生产效率和产品质量。

再如，北京万泰力克药业有限公司通过运用计算机控制、物联网及互联网技术，对现代化煎药中心进行智能化升级改造，解决了中药饮片人工调剂面临的劳动强度大、工作效率低、存在人为出错等问题。

有条件的中小企业，可以进一步通过集成工业互联网和MES等，将物理设备与网络信息技术相结合，获取和监测生产过程中的运行数据，打造数字化车间和智能工厂，开展数据驱动的人、机、料等精确管控，实现对生产过程的智能化管理。

例如，美巢集团股份公司通过工业互联网技术和数字化生产系统，以及自动化生产设备的运用，实现产品从生产订单下达到生产过程的自动控制和数据集成，大幅提升了生产过程的智能化水平、生产效率和企业竞争力，劳动生产率较原水平提升76.6%。

再如，北京八亿时空液晶科技股份有限公司对现有工厂生产体系、研发体系、检测体系等500多套的设备和设施进行升级改造，搭建Scada平台，匹配MES、LIMS、QMS、SPC系统等智能化系统，实现全线数据信息采集、控制、分析等无纸化操作，工艺质量实现P-FEMA管理，混晶生产体系匹配相应的自动化设备，安装智能灌装机、自动贴签机等实现智能化运行。公司的数字化转型使多条生产线实现车间的智能化工作，并对生产状况、设备状态、能源消耗、生产质量、物料消耗等信息进行实时采集和分析，进行高效排产和合理排班，显著提高设备利用率。

又如，北京他山科技有限公司通过引入先进的自动化设备和智能制造系统，实现生产过程的自动化和智能化，包括建设自动化车间，使用传感器和执行器等设备，以及制造执行系统（MES）等软件，优化生产流程和提高生产效率，促进了智能制造的实现。产品不合格率降低了90% 以上，进一步提高产品质量和客户满意度。

二、典型场景 2：柔性生产制造

柔性生产制造是一种先进的生产方式，具有灵活性、敏捷性、模块化和智能化的特点。柔性制造主要通过智能控制、数控机床、成组工艺、5G 设备组网、柔性物流等技术构建可重构柔性生产线，根据订单变化快速调整设备布局、工艺参数和物流走向，实现工厂多产品、多流程、多单元的快速转换，通过多品种、小批量的快速生产方式高效地满足客户个性化和多样化需求，促进企业技术创新和产品升级。

数字技术使得企业能够根据客户的个性化需求进行生产。柔性生产制造的应用领域非常广泛，它主要适用于需要快速适应产品变化和生产需求变化的行业，例如汽车制造、电子产品制造、航空航天制造、医疗器械制造、快速消费品制造、机械制造、家具制造等。

例如，超同步股份有限公司基于“以智能制造，制造智能装备”的理念，建立了一座集数字化、协同化、智能化、柔性化于一体的，用于生产智能伺服系统、核心功能部件及高档数控机床的智能工厂。基于网络全覆盖的大数据信息交互平台，以制造执行系统（MES）为核心，完成三维模型仿真设计软件、嵌入式控制系统以及各业务管理功能模块的高度集成，实现用户参与的个性化设计、数字化柔性生产制造执行、智能化仓储物流，以及智能化工艺装备与生产运行管理软件的高效协同与集成。

三、典型场景 3：生产过程管理

传统的生产排程依赖人工经验，难以综合考虑订单优先级、设备产能、物料供应等多种因素，导致生产计划不合理。生产计划变更时，调整困难，容易造成生产混乱和延误。在物料管理中，制造业企业物料种类多、采购周期长、生产工艺流程复杂，存在各阶段物料无法实现协同调配的问题。

中小企业可以采用APS系统、MRP系统、MES等，进行生产计划调度和智能排产，对生产过程进行实时管理和监控，以精益化的方式配置资源、组织生产、协调任务和管理进度，提高资源利用率和生产效率。

APS系统是一种用于制造业中的计划调度技术，是专注于生产计划和排程的软件，它集成了供应链管理与生产排程的功能，旨在优化企业的生产计划与资源利用。APS系统能够综合考虑生产中的多种约束条件（如设备能力、物料供应、人力资源、工艺路线等），以实现对生产过程的精细化管理和优化调度。APS系统可以提高订单准时交货率，缩短生产过程时间，缩短物料采购提前期，降低库存，减少人力需求，提高生产效率和资源利用率。

MRP系统是一种用于计算制造产品所需材料和组件的系统，专注于物料需求的计算和管理，它包括盘点现有材料和组件，确定需要哪些额外的材料和组件，然后安排其生产或采购。MRP系统通过物料清单（BOM）、库存数据和主生产计划中的信息来计算所需材料以及制造过程中何时需要这些材料。

MES是制造执行系统，用于监控、控制和优化制造过程，位于ERP系统和实际生产过程控制层之间，是生产管理的核心系统。MES通过实时数据收集、处理和分析，帮助管理者优化生产流程，提高生产效率和质量。MES包括生产调度、物料控制、质量管理、设备维护、能源管理等模块，它们相互关联，形成一个完整的生产管理系统。MES能够实现生产过程的自动化、信息化和智能化，提高生产过程的透明度和可追溯性。

例如，北京康辰药业股份有限公司集成ERP系统、MES、APS系统等功能，重构财务、销售、生产、采购及仓储模块的运行流程；利用商务智能系统打破模块间“信息孤岛”，提取不同数据库中的核心数据，建立企业级数据库。通过系统的信息互通、资源共享，搭建生产计划优化场景，建立与生产相关的主数据企业资源管理系统，通过计划策略和系统数据分析，实现基于市场需求、安全库存、采购提前期等多维度的需求管理要求，通过运行 MPS、MRP 系统实现及时预警以及供需平衡，通过批生产指令监控生产执行全过程，实现产品按批次的可追溯以及成本核算体系的集成。

四、典型场景 4：数字化质量管理

在产品质量管控方面，一些中小企业仍然依赖人工目视检测或简单的量具测量，对于复杂的产品性能和内部缺陷难以发现，不能全面、准确地检测产品质量。此外，质量数据分散在各个部门和环节，数据记录不规范，没有集中管理质量，数据追溯困难，当产品出现质量问题时，很难通过现有记录找到问题的根源。

质量管理系统（QMS）可以把所有质量管理活动关联起来，实现全过程质量数据与产品的关联匹配和质量信息追溯，比如与该料号 / 订单 / 客户相关的检验记录、不合格品、客诉、质量问题、纠正预防以及对应的任务详情。

中小企业可以应用智能检测装备、自动化控制、专业化分析检测仪器、机器视觉和标识解析等技术，部署 QMS，通过数字化手段采集重点业务环节或全生命周期质量数据，对产品检测检验数据和产品质量进行监测分析，确保质量问题的及时发现和处理，通过在线检测、质量分析、质量追溯和质量改进的闭环，提高产品合格率，提升质量管理过程的精细化和智能化水平。

打造基于质量管理的特色数字化智能工厂

扬子江药业集团北京海燕药业有限公司成立于2004年，是扬子江药业集团在北方唯一的研发生产型全资子公司。2018—2022年期间，公司开始打造“基于质量管理的特色数字化智能工厂”，投资近5000万元搭建了“扬子江智能制药工业互联网平台”，通过100余套生产ERP、仓库WMS、物流TMS、质量QMS、实验室LIMS等系统现场实时数据，数据分析管理，形成全过程质量追溯的智能管控平台，实现了车间设备、生产、人员、质量、物料、环境等方面全流程智能化和信息化管理，达到生产过程数字化、现场运行智能化、质量管控一体化、生产进度可视化、数据采集实时化、生产管理无纸化、生产物流精益化的转型目标。

通过LIMS规范了药品质量分析检测流程，包括样品登记、采样、检测、审核、报告生成等环节，提高了实验室工作效率和管理透明度；通过QMS对企业的产品质量进行管理。扬子江药业集团的QMS，包括了供货商评估、生产质量管理、产品质量检测、不良品处理、客户投诉处理等全方位的管理。

五、典型场景5：生产设备监测和管理

设备的稳定运行对于保障制造业生产效率至关重要。设备监测、诊断和维护作为关键措施，能够帮助企业及时发现设备问题、诊断故障原因，并采取有效维护措施，从而降低生产中断风险，提高生产效率。由于对生产设备数据采集监测不足，中小企业在生产设备运维监测方面目前仍存在设备故障难以预测、设备运维效率低下、设备运维成本高和设备非计划停机频次高等问题。设备关键运行数据收集不全，致使难以提前察觉故障隐患，突发故障常致生产中断，增加维修与延误成本。

中小企业可根据实际业务情况对关键生产设备进行物联网改造，通过传感器和SCADA系统实时采集和记录设备运行数据和参数，实现设备运行实时监测与故障报警，还可以采用TPM系统等进行设备信息和

状态数据分析，通过设备信息全生命周期管理，降低设备故障率，降低生产风险。

例如，北京海林自控科技股份有限公司部署了 TPM 设备管理系统，通过工业互联网进行实时设备数据采集，将设备档案管理、运行管理、点检管理、采购管理、备件管理、维修管理、安全管理、事故管理等功能进行无缝衔接，降低设备管理成本，提高设备管理利用效率。

海外远景（北京）科技有限公司是风电场备品备件供应领域的龙头企业，公司基于历史故障案例和专家知识建立的故障诊断规则库、机器学习模型，用于自动识别故障类型、定位故障源。通过集成先进的数据分析算法，数字化故障检测系统能够从海量运行数据中识别故障征兆，显著提高故障预测的准确率，减少误报和漏报，实现从被动维护向预测性维护转变，减少了不必要的维护作业，延长了设备的使用寿命，降低了维护和维修成本，提高了资产利用率。

六、典型场景 6：能耗监测和管理

在能耗管理环节，中小企业存在能耗数据采集不全面、能耗全面监控难、精细化管控成本高和能耗数据分析能力不足等问题。不准确和不全面的能耗数据无法为企业提供真实的能源消耗情况，使企业难以制定有效的节能措施，造成能源浪费和能源成本持续上升，降低了企业的竞争力。

中小企业可以采用物联网技术、EMS 能源管理系统、数字化仪器仪表等对车间生产过程中各类能耗量数据进行有效采集和监测，进行可视化监测和实时的能耗分析，生产管理者据此可以及时了解能源消耗情况，提高能源利用率，降低企业能耗成本，提升企业经济效益。

例如，北京诚济制药股份有限公司部署能源管理系统，实现 19 台智能仪表的物联接入，采集数据点数 300 多点，实现数据采集、能源仪表台账、能源数据统计分析等功能，大大降低了能耗成本，单位比例耗汽缩短25%，单位比例耗电缩短62%，单位比例耗水缩短87.6%，运营成本缩短21%。

北京微构工场生物技术有限公司建设了能源管理平台，对厂房的能耗进行统计、对比、排名、占比等分析，以直观的图表进行展示，帮助管理人员清晰掌握厂房能耗的来龙去脉。在工厂的高低压配电房以及重点设备的配电箱安装了远传电能计量表具，由专业的能源管理平台采集并统计、分析能耗数据，实现对工厂的全方位能耗统计。

七、典型场景7：数字孪生工厂

数字孪生技术通过创建物理对象的数字模型，实现对实际生产过程的模拟和优化。数字孪生工厂的核心在于创建物理设备的虚拟映射，这些映射能够实时更新并反映实体工厂的运行状态，通过这种方式，工业人员可以在虚拟空间中进行模拟、分析和预测，实现产品设计、制造和智能服务的闭环优化。中小企业可以应用建模仿真、多模型融合、5G等技术，构建装备、产线、车间、工厂等不同层级的数字孪生系统，通过物理世界和虚拟空间的实时映射，实时更新并反映实体车间和工厂的运行状态，实现基于模型的数字化运行和维护。

在产品设计过程中，它可以通过虚拟的三维数字孪生空间进行部件修改调整和装配设计，大幅降低产品验证工作和装配可行性，减少迭代过程中的制造工作量、工期及成本。在工业产品生产中，数字孪生可以通过设备传感器实时输入数据，进行设备诊断和生产过程的仿真预测，防止现场故障和生产异常，避免严重后果。

例如，北京微构工场生物技术有限公司基于合成生物学行业特点，构建了发酵系统数字孪生场景，该场景开发出了合成生物学数字化双胞胎生产管理系统，通过数字建模搭配实时漫游的方式整合生产工艺设备、工艺辅助设备、能耗能效、控制逻辑、碳排放数据等相关信息，实时监控并记录生产过程以及工艺开发流程节点，最终以数字的方式重构生产过程并展现在数字平台上，由此来服务相关人员，进行更加便捷、快速的实验设计，优化生产流程，达到缩短研制周期、提升生产效率以及降低单位产品二氧化碳排放量的效果。

第 4 节　采购供应

采购和供应环节是企业价值链中的重要组成部分，涉及从原材料获取到产品最终交付给客户的全过程，不仅包括供应商选择与管理、产品采购、供应链管理等关键环节，还涵盖了物流管理、库存管理和供应链协同等多个方面。

一、典型场景 1：采购和供应商管理

在采购环节，传统的采购流程多依赖人工操作，从采购申请、审批到下单、跟单等环节，涉及大量的纸质文件和人工沟通，采购流程繁琐且效率低下，采购成本高，而且采购过程中的沟通成本、运输成本、库存成本等难以精确核算和控制；此外，面对供应商入库、供应商评价、物料采购等业务活动，中小企业存在供应商比选难、议价能力弱、断供风险响应不及时等问题。

中小企业可以通过数字化采购平台和 SRM（供应商关系管理）系统等，实现采购计划、采购过程和供应商的数字化管理，通过数字化手段提高采购流程的效率，降低采购成本。此外，还可以应用供应商风险评估、供应链溯源等技术，实现供应商精准画像，开展基于数据分析的供应商评价、分级分类和优选推荐等活动。进一步，还可以通过集成 SRM、

SCM 和 ERP 等系统，实现采购需求精准决策或采购方案动态优化。

SRM 系统是一种致力于企业实现与其上游供应商建立和维持长久、紧密伙伴关系的软件技术系统解决方案。SRM 系统主要通过协调企业在业务、系统和人三个层面之间的有效协同，来帮助企业缩短采购周期、降低采购成本。企业通过规范公司内部采购流程，提高工作效率，可清晰掌握所有卖家的业务情况。供应商通过 SRM 系统能进行实时对账和信息共享互动，及时检验和修正业务过程中的问题，从而节省大量时间和人力成本。

例如，天玛智控建设了 SRM 系统，全面梳理优化采购业务流程，从业务需求出发，定制化开发供应商管理、协同管理等功能模块，打通 7 个信息系统数据，开展供应商绩效评价，对供应商实施分类分级管理，结合计划、质检及仓储数据，优化采购策略，采购整体工作效率提升 30%，供应商交付及时率提升 13%。

优化采购业务流程 节约人力成本

北京唐智科技发展有限公司是一家专业从事机械设备故障诊断、健康管理与智慧运维的专精特新“小巨人”企业。公司通过应用 MES 和 WMS 以及 ERP 系统升级，对业务流程进行优化。

在采购管理环节，公司应用了金蝶 K3 系统对采购流程进行优化，系统自动根据销售订单结合 BOM 和库存生成物料需求且生成采购申请单并进行线上审批，转为采购订单，采购订单同步至 WMS，供应商在本公司开放的端口予以确认订单，采购员根据采购订单及实际要求到货情况调整物料到货计划，创建送货排程，供应商跟随物料按时间发货。

采购流程优化前，采购员线上跟供应商对接采购、到货排程和发货等事宜，低效，易出错影响生产。采购流程优化后，采购员在 WMS 即可跟供应商对接采购、到货排程和发货等事宜，原来 2 人完成的工作现在仅需 1 人就可完成，极大节约了人力成本。

二、典型场景2：物料自动搬运

在传统的物料仓储中，物料搬运主要依靠人工叉车或手推车，这种方式效率较低。传统的物料搬运工作需要大量的人力，随着人力成本的不断上升，这对企业来说是一笔不小的开支，而且人工搬运容易出现疲劳、操作失误等情况。

自动上下料（AGV）系统是一种自动化设备，用于在生产线或物流仓储作业中自动装载（上料）和卸载（下料）物料或成品。AGV系统的应用场景非常广泛，几乎涵盖了所有需要物料搬运和自动化流程控制的领域，比如在自动化生产线上，AGV系统用于物料搬运、装配、检测等环节，在仓库管理和配送中，AGV系统实现货物的自动化存储、拣选、搬运和装卸。AGV系统能够提高搬运效率，提升运输安全性，节省人力成本。AGV系统与仓储管理系统（WMS）紧密结合，能够实时更新库存信息，确保库存数据的准确性。

例如，北京德尔福万源发动机管理系统有限公司引入AGV系统，实现无人化自动搬运，覆盖全工厂自动配送上料及入库。AGV系统从数字化系统获取生产任务，通过数字化安灯系统触发上料及入库需求信息，并由AGV小车执行运输任务。AGV小车在车间内自主导航和运输物料，通过预设的路径，使用传感器和人工智能技术来避开障碍物，进而优化运输路径和运输时间，实现更高效、安全和可持续的生产环境。

三、典型场景3：智能仓储

在传统仓储管理方式中，货物的搬运、存储位置记录以及库存盘点等工作大多依赖人工操作，信息管理粗放，整体仓储和物料管理效率较低，而且物料的供应与生产需求之间缺乏紧密的联动机制，库存成本较高。

在仓储管理方面，中小企业可以结合自身业务特点和需求，通过手持 PDA、RFID 进行物料信息的自动化录入，应用条码、射频识别、智能传感等技术对物流和库位进行编码管理，通过部署机械臂等方式，实现码垛、包装、装卸车等环节的自动化作业；有条件的中小企业，还可以部署智能仓储装备和 WMS（仓储管理系统），将 WMS 与 ERP、MES、供应链等相关系统集成打通，实现物料自动入库、盘库和出库。

例如，北京天玛智控科技股份有限公司建设立体库、升降库、智能刀具库等 5 种仓储库，应用 PDA、尺检称重、AGV 等智能物流设施，建成智能仓储管理系统，集成 6 个信息系统以及仓储物流设备，实现仓储物流作业过程条码化、自动化管控以及推拉结合式精准配送，入库效率提升 44%，出库效率提升 46%，物料批次可追溯率达到 100%。

四、典型场景 4：智慧物流配送

在企业的运营管理过程中，物料配送的时效性与精准度是关乎生产效率、成本管控乃至整体产能输出的重要因素。传统的物流配送存在物料配送不及时和不精准等问题，阻碍了生产流程的顺畅运转。

中小企业可以部署智能物流设备和管理系统，应用室内高精度定位导航、物流路径动态规划、物流设备集群控制等技术，实现原材料、在制品、产成品流转全程跟踪，以及物流动态调度、自动配送和路径优化，提升物流配送效率。

例如，美菜网作为一家生鲜电商平台，在全国部署仓储物流中心近 60 座，拥有配送车辆 1 万余辆。通过自主研发智能调度排线系统，运用人工智能和大数据技术，在 5 分钟之内，从万亿级的线路组合中找出最优的几条配送路线，实现配送统一化管理，数据采集智能化，操作流程标准化，跟踪监控透明化。项目实施后预计可帮助司机人均单趟节省行车路径约 6 公里，全年减少约 300 万吨二氧化碳排放量，并在配送环节配置冷藏车或冷媒设备保证商品品质，为客户提供高效的配送服务。

SCMsafe 链四方赋能医药物流实现精益运输服务

北京宇卫科技有限公司创立于 2016 年，是一家专注涉药物流的互联网平台型企业。旗下 SCMsafe 链四方是首家专注于质量风控的涉药物流平台。企业规模和业务的不断扩张，以及新法规要求、客户需求，对医药运输过程管理细化程度提出新的挑战。

链四方拆解医药领域企业对物流调度需求后，应用人、车、物、路线等核心环节的多维度管控，建设智能调度模式，调度时间由 1.5 小时缩短至 0.5 小时；在药品订单的运输环节，针对性地搭载冷链全程监控管理不断链功能，从温湿度追踪、硬件对接管理、数据打印、统一 App 上报等环节，帮助医药领域企业更好地做到订单冷链全程质控“心中有数”，大大降低了药品运输执行的风险指数；建设电子围栏、电子签收回执、出库订单协同作业、物流成本核算、物流费用计算等多个个性化的供应链物流管理功能，完成车辆精准定位、精准考核、签收电子化管理、仓运并行作业、计费精细化管理的供应链全新生态，完成医药供应链管理的全面信息化升级。

第 5 节 营销管理

营销管理旨在吸引、维护和发展客户关系，提升客户满意度和忠诚度，推动销售和市场份额的增长。营销管理是企业销售产品、满足客户需求并实现利润的关键环节之一。

一、典型场景 1：客户关系管理

在传统客户关系管理方式中，中小企业往往使用多种工具来记录客户信息，如纸质表格、Excel 文件、不同的销售管理软件等。这些数据分散在各个地方，难以整合，导致企业无法全面了解客户，难以制定精准的营销策略和客户服务改进措施，影响客户体验。

对此，中小企业可基于客户关系管理（CRM）系统或建立数字化平台，整合不同渠道的客户数据，对订单、客户等销售基础资料以及营销业务流程进行数字化管理，开展客户分级分类评价，分析挖掘客户数据的潜在价值，提高客户满意度和忠诚度。中小企业应根据自身业务规模、行业特点和预算，选择适合的客户关系管理系统。例如，对于以销售为主的中小企业，可以选择侧重于销售流程管理和客户跟进提醒功能的 CRM 系统；对于服务型中小企业，可以选择注重客户服务记录和满意度调查功能的 CRM 系统。

例如，北京天罡助剂有限责任公司部署了数字化客户管理平台，整理并导入了全面的客户数据，绘制了多维度的全国的客户市场地图，根据历史交易数据将客户进行重新分类、分级、分行业，依据分层策略，实施不同的客户产品价格、服务、技术支持响应等级，开展数字化销售漏斗管理，确保每个阶段的目标和产出清晰明确，便于衡量和跟踪。客户营销的数字化使得公司客户服务效率和满意度有了明显改进。

北京东西分析仪器有限公司引进了 CRM 系统，系统可以记录和管理客户拜访的计划和实际执行情况，有助于团队成员协作，确保客户关系得到有效跟进。系统提供提醒功能，使团队能够按时跟进客户，建立良好的合作关系。系统不仅可以保存与客户的通信记录，还可以记录客户提出的问题、需求以及团队采取的解决方案，这有助于建立长期合作关系，提高客户满意度。

自研客户关系管理系统 助力精准营销

联创新世纪（北京）品牌管理股份有限公司成立于2006年，是国家高新技术企业、中关村高新技术企业、北京市第一批专精特新中小企业。经过十余年的发展，联创新世纪在品牌管理整合营销领域建立了较强的综合竞争力。然而，随着市场竞争日益激烈，联创新世纪在该领域内仍停留在基础的供应商角色上。为此，公司调整了战略目标，转向职业教育领域开拓新业务。

在新业务开展之初，常常面临客户线索获取渠道分散等问题。在数字化转型前，公司销售团队通过多种渠道来获取客户线索，采用传统的Excel 本地表格进行记录，客户线索分散，落地转化情况难以衡量。为此，企业研发团队开发了一套 CRM 系统，帮助销售团队全方位、体系化地进行客户和销售管理。

系统整合了各个渠道获取的销售线索；实现了线索录入和跟进阶段进展的可视化；能够详细记录客户信息、沟通信息、合作进度，填补了管理过程中的空白。通过对线索的深入了解，销售人员可以更好地理解客户需求，制定更精准的销售策略。通过实时查看仪表盘，可以明确销售额、订单数量、客户数量等关键指标，每位销售人员负责的线索和落地情况也能得到准确衡量，为业绩评价提供参考。

在自研的管理系统投入使用后，相较于此前的传统方式，获客效果大幅提升，与联创新世纪达成合作的职业院校由转型前的个位数增长到超过1000所，企业客户合作也已达500余家。

二、典型场景2：线上销售

对于贴近终端消费者的行业，如日化用品、服装鞋帽、消费电子等行业中小企业，可以利用线上平台进行产品宣传和销售，开展产品和服务的个性化定制，扩展产品销售和宣传推广渠道。进一步，还可以集成生产、研发和管理等系统数据构建需求预测模型，利用大数据技术预测市场趋势和需求，根据客户需求变化，动态调整采购、设计、生产或物流等方案，改进产品设计，更精准地进行市场定位和产品推广，调整优化采购和生产计划，快速响应市场变化。

例如，北京格雷时尚科技有限公司是集高级成衣设计、研发、生产、销售于一体的现代化男装企业，公司终端零售系统历经多次升级改版，打通了线上线下数据，线上下单就近门店发货，门店缺货下单就近理货，实现了包括门店、小程序商城、视频号微店、天猫京东、直播等全渠道的订单与库存共享，有效地提升了消费者的购物体验。此外，北京格雷还基于大数据分析各渠道货品的销售情况，同时根据历史的销量，自动判断货品是否支撑未来销售，达到全国货品的智能配补调。

三、典型场景3：精准营销

在当今市场环境下，企业面临着日益激烈的市场竞争压力。传统营销活动缺乏针对性，无法精准触达目标客户，营销效果不佳，营销成本高，资源浪费严重。因此，中小企业迫切需要借助数字化手段实现营销模式与客户管理模式的优化。随着数字化时代的到来，企业获取的客户信息不仅包括基本的人口统计学特征，还涵盖了交易历史、浏览行为、社交媒体互动等多维度数据。数字营销不仅能为企业提供精准触达目标受众、实时收集用户反馈的能力，更能通过数据驱动的方式，帮助企业深入理解用户需求，优化产品与服务，实现增长与突破。

针对传统营销缺乏针对性和精准性不足问题，中小企业可以建立统一的数据平台，对客户信息集中管理，自研或购买CRM系统等，整合多渠道销售数据，进行数据分析和挖掘，基于大数据分析和用户画像技术，深入了解客户需求和行为特征，制定个性化和精准化营销策略。

CRM系统赋能精准营销

阿尔西制冷工程技术（北京）有限公司成立于1995年，是ICT、医疗、航空等行业的设备工艺冷却和温控设备的专业制造服务商。随着消费者对个性化和定制化产品的需求日益增长，公司意识到必须通过数字化手段来提高产品开发速度和质量。为了更好地服务全球客户，公司也需要建立更加高效的供应链管理和客户服务体系。

在客户关系管理方面，公司通过Salesforce CRM系统，构建了全面而强大的客户信息数据库。这个数据库能够详细记录客户的各类信息，从基本资料到每一次的交互细节，无一遗漏。通过智能化的客户分类系统，公司能精准地将客户划分成不同群体，从而为他们量身定制个性化的服务。结合精准的营销策略制定，公司实现了与客户的深度互动，不仅能更出色地满足客户的多样化需求，还能凭借对市场动态的及时洞察，为企业的战略决策提供有力的支持。客户满意度和忠诚度的提升，为企业的持续发展注入动力。

四、典型场景4：销售预测

数字化转型不仅为企业带来了运营效率的提升，还为企业提供了深入洞察市场和客户需求的能力。企业可以收集和分析历史销售数据和客户行为数据，通过大数据和机器学习等数字化手段进行销售预测。通过预测分析，企业可以更准确地预测产品需求，快速响应市场波动，减少库存积压和缺货风险，提升销售效率和客户满意度，从而在激烈的市场竞争中占据优势。

利用CRM系统分析销售趋势

北京微步在线科技有限公司成立于2015年，其数字化转型的愿景是成为数字时代网络威胁应对的专家，专注于网络安全领域的技术创新和服务优化，力求构建一个智能化、自动化的网络安全管理体系，为客户提供全方位的威胁情报、检测与响应服务。

公司在充分考虑自身业务特点以及市场上各种客户关系管理系统特色的基础上，选择了Salesforce这一CRM平台，为公司提供了全方位的销售管理解决方案。它不仅能够帮助销售团队跟踪客户信息、管理销售机会，还能通过智能分析预测销售趋势，优化销售策略。Salesforce 的移动端应用使得销售人员可以在任何时间、任何地点进行工作，大大提高了销售效率和客户满意度。

第6节　产品服务

产品服务环节是企业在产品销售后提供给客户支持与服务的一系列活动，例如问题处理、产品安装与配置、维修与维护服务、产品更新升级等，售后服务对提高客户满意度和忠诚度、增强品牌形象和促进口碑传播具有重要作用。

一、典型场景1：售后服务数字化

在售后服务环节，中小企业可能没有完善的客户信息管理系统和售后沟通渠道，当客户反馈产品问题时，信息可能需要经过多个环节才能到达相关的维修部门或技术人员手中。此外，对于一些需要现场维修或安装的产品，中小企业可能没有足够的售后网点，可能导致客户在产品出现问题时不能及时得到解决。

中小企业可以利用CRM系统和数字技术实现售后服务的数字化管理，通过数字技术实现与客户深度交互，提高服务流程的透明化和可追踪性，提升客户服务体验，提高服务效率，实现服务的个性化和智能化。进一步，可以通过集成 PLM、ERP 等相关系统，提供全生命周期的客户服务，促进售后服务与产品质量追溯、产品设计优化等相关业务的协同。

例如，北京亿华通科技股份有限公司通过大数据系统，逐步实现了产品的售前、售中、售后服务的数字化转型，以及产品在市场端运行数据的采集，并利用大数据分析、燃料电池系统自诊断模型等技术，已初步实现了燃料电池发动机在市场运行期间的故障上报、故障预警，以及趋势预测，实现了产品生命周期追溯，不仅提升了公司产品的运维能力，还为公司新产品和新技术研发提供了宝贵的数据支持。

数字技术助力全生命周期客户服务

北京中科博联科技集团有限公司成立于2008年，以有机固废资源化利用、绿色制造为主业，提供综合性绿色制造整体解决方案。

在销售环节中，中科博联使用数字技术，将客户的类型、规模、所需设备类型、所在地区等关键信息转为可参与运算的数据，利用自研的数据分析模型，实时生成符合该客户的项目方案。中科博联还利用数字技术，将原有的销售经验、销售方法进行了数字化整理，结合行业情况建立了自研的数字决策模型。利用数字决策模型，中科博联的销售负责人能够实时指导每一位销售人员的动作，从而更高效地让客户获取所需的解决方案。

中科博联的产品设计人员能够通过数字化工具快速获取客户在销售阶段的所有数据信息，如客户的详细信息、日常交流的记录、项目技术需求等内容。通过这些全方位的数字信息，产品设计人员能够精准知道客户的细节要求，双方通过中科博联的线上交互工具能够实现设计方案的实时查看及探讨。

在售后维护环节中，中科博联打通了客户、设备、维护人员等环节，建立了统一的数字售后管理模型。客户可以通过中科博联的数字化工具在线提出售后服务申请。在收到客户的售后请求后，中科博联能通过设备数据快速定位设备出错的部位并给出初步解决方案。同时，中科博联通过售后团队的维护工程师的手机定位，实时匹配距离客户最近的维护工程师上门服务，快速解决客户的售后问题。

二、典型场景 2：智能客服服务

由于缺乏高效的客服工作，在传统的客服服务模式中，在面对大量客户咨询时，人工客服响应不及时，服务质量参差不齐，造成客户满意度下降。

中小企业尤其是服务型中小企业，可以根据业务需求搭建智能客服系统，利用自然语言处理、机器学习等人工智能技术对常见问题进行训练，建立客户服务知识库，将常见问题的解决方案、产品使用手册等知识内容存储在知识库中，实现对常见问题的自动问答。

例如，北京小仙炖生物科技有限公司（简称小仙炖）开发了顾问助手系统，该系统包括客户概览统计、服务策略跟进管理、门店数据填报、企业内部工单、客户订单信息管理等功能。通过有效提高 CRM 系统客户信息、企微工具整合能力，赋能门店与线上滋补顾问客户服务，实现企业线上线下联合与客户服务自动化，预计提升滋补顾问服务客户效率 10%。

大模型助力客服智能化和自动化

北京声智科技有限公司专注声学计算与人工智能交叉领域，作为人工智能领域的领军企业，积极响应数字化时代的需求，全面启动了数字化转型，转型的动因主要来自市场竞争的加剧、客户需求的多样化和技术创新的推动。公司从核心业务入手，利用大模型技术，在税务、政务、医疗等领域推出了多款数字化产品。这些产品不仅提升了业务效率和服务质量，还为客户带来了全新的体验和价值。

在客服领域，“基于声智壹元大模型的 AI 座席助手（客服大模型）”入选国家工业信息安全发展研究中心《2023 年人工智能融合发展与安全应用典型案例》（领航型）。

基于声智壹元大模型的服务热线 AI 座席助手，将产品文档、用户手册、百万余条专家工程师的服务对话、数十万份客服日志、工单数据作为知识库，通过大模型自主学习构建特定领域的智能客服大脑，精准分析市民群众来电需求，将高频次、重复性的问题实现自动回复，为人工座席提供实时业务指导、为管理者提供监控管理工具。

三、典型场景3：智能运维服务

智能运维服务指的是利用人工智能、大数据、云计算等先进技术，建立运维大数据平台，对企业自身或客户的IT基础设施或专业领域设备进行自动化、智能化的监控、管理和维护，以提高系统的稳定性、可靠性和运维效率。智能运维服务也是装备设备制造业服务化转型的重要切入点。智能运维服务的应用场景广泛，包括但不限于IT系统监控、故障诊断、性能优化、安全防护等。随着数字技术发展，目前专业维修服务正在向智能化、流程化、平台化的智能运维服务转型。在这个过程中，企业需要建立运维大数据平台，实现运维数据的采集、分析和存储，从具体运维场景切入，逐步实现各运维场景的智能化，最终形成全面的智能运维能力。

数字化赋能风电行业运维服务升级

海外远景（北京）科技有限公司是风电场备品备件供应领域和第三方运维企业的主力龙头企业。公司数字化转型的近期目标首先是从传统的反应式维护转向预测性维护转变，通过数据分析和机器学习算法，提前预测风机可能出现的故障，降低非计划停机时间和维护成本，提高风电场的整体可用性和可靠性；其次是构建决策支持系统，利用大数据分析和人工智能技术，为风电场的运营管理提供智能化建议，优化风力发电效率，提升能源产出和经济效益。

在明确数字化转型目标后，公司首先通过数据分析，了解故障发生规律、维护成本和效率问题，明确数字化改造的重点。然后基于需求分析的结果，选择云计算平台、大数据分析工具、人工智能算法、物联网设备和传感器等技术，设计了具体的实施方案。根据设计方案，开发或采购故障检测系统所需的应用软件和算法模型，进行系统集成测试，根据实际运行数据对系统进行调优和改进。最后对运维人员和技术团队进行数字化技能和新系统操作培训，推动企业文化的转变，强化数据驱动决策和持续学习的意识。在试点成功的基础上，将数字化故障检测系统推广到整个风电场，持续收集运行数据，不断迭代优化算法模型，提升系统性能。

四、典型场景 4：个性化定制服务

个性化定制服务是一种以客户为中心，充分挖掘并满足客户独特需求的服务模式。依托先进的数字技术，企业可以针对客户在产品特性、服务流程、交付方式等方面的差异，提供个性化服务。差异化的定制服务可以使企业在同质化竞争中脱颖而出，吸引更多客户，增强客户黏性与忠诚度，拓展市场份额。

C2M 模式是实现个性化定制的有效途径之一。C2M 模式，即从消费者到生产者，是一种新型的商业模式，它基于互联网、大数据、人工智能等技术，通过直接连接消费者需求和制造商，实现产品的个性化定制和按需生产。这种模式的优势在于能够满足消费者对高性价比和个性化商品的追求，同时帮助制造商降低库存风险和生产成本，提高生产效率和市场响应速度。C2M 模式在家具、服装、家电等生活消费品行业应用领域广泛。C2M 模式的实现需要制造商进行生产线的柔性改造，以适应小批量、多批次的定制化生产需求。在零售业中，C2M 模式在各大电商平台也得到了广泛应用。

C2M 模式助力新消费品牌打造

北京小仙炖生物科技有限公司成立于 2015 年，是朝阳区本土孵化的新消费品牌企业，主要经营业务为生产“小仙炖”品牌鲜炖燕窝产品，并通过天猫、京东、抖音等线上平台及线下实体零售渠道销售。

公司以满足消费者需求为核心目标，积极融合数字化创新，开创全新的滋补养生体验。通过建设数据中台，创新引入 C2M 模式，实现了“用户下单工厂投产”的按需制造模式，实现用户与工厂互联，省去中间商环节，大幅缩短了产品到消费者的时间，实现了从客户需求到生产制造到后端服务的全链路数字化运营，为消费者提供了新鲜、优质的产品体验。

在此基础上，公司还衍生出周期服务模式。C2M管理系统会自动将消费者下发的长期订单拆分成短期订单，工厂按周进行生产与配送，最大限度保证鲜炖燕窝产品的新鲜度。北京小仙炖生物科技有限公司还开发了周期滋补小程序，消费者可以随时修改收货地址与时间，工厂根据修改信息随时调整生产和配送计划，实现按消费者需求制造。

五、典型场景5：服务云化

服务云化是指将传统的服务通过云计算技术进行改造和迁移，使其能够在云端提供的过程。这意味着企业将原本在本地服务器或物理设施上运行的服务，如软件应用、数据存储、计算资源、数据分析等，转移到云服务提供商的云端数据中心。产品服务云化的一个显著特点是用户能够通过网络从任何地方远程访问和使用产品，产品服务云化打破了地域限制，企业可以更容易地将产品推向更大的市场。此外，云化的产品服务能够提供更加个性化和持续的用户体验。通过收集用户数据并提供定制化服务，企业可以更好地满足用户需求，提高用户满意度和忠诚度。

例如，微步在线是一家专注于网络安全的企业，通过云化服务模式，实现了成本效益的提升和用户量的增长，其OneDNS产品通过云化交付方式，使用户能够以较低的成本快速解决安全问题，用户数在过去一年里提升了10倍左右。

安诺优达基因科技（北京）有限公司立足于基因测序行业12年，业务涵盖测序设备和分子诊断试剂、医学检测与研究、科研服务、基因大数据和云平台服务等方面。公司与阿里云和华为云合作，开发了“安诺云”基因大数据分析云平台，以支持基因数据的高效管理和分析，实现业务流程的自动化、标准化和智能化，推动了基因测序行业的创新发展。

六、典型场景 6：数据驱动的增值服务

推动先进制造业与现代服务业融合是增强制造业核心竞争力、培育现代产业体系、实现高质量发展的重要途径。党的二十大明确提出要“推动现代服务业同先进制造业、现代农业深度融合”。北京市第十三次党代会作出“促进先进制造业和现代服务业融合发展”工作部署。随着消费者对服务和体验的重视，制造企业正在从单纯的产品制造转向提供全方位的服务和体验，形成“产品 + 服务”的新型商业模式。制造企业通过提供售后服务、维护、升级等增值服务，可以实现价值链的延伸和附加值的提升，提升客户满意度。

数字化为制造业服务化转型提供了重要的技术支撑和广阔的空间。有条件的中小企业，可以根据自身业务情况，探索产品使用行为大数据分析、产品远程运维、融资租赁、设备估值、数字化解决方案等新型业务模式。例如，装备和设备制造中小企业，可以采用物联网、5G 和大数据分析等技术，拓展协同设计制造，搭建产品远程运维管理平台，实现基于数据的产品远程监控和预测性维护；医药健康制造企业，可以基于数字技术和平台拓展远程健康管理、远程门诊、移动医疗等服务业态；汽车制造企业可以基于自身经验和技术拓展汽车租赁、维修保养、智慧出行等服务。此外，一些细分行业的龙头企业，可以通过数字化技术将积累的经验方法、行业的标准化流程转化成个性化系统解决方案，拓展系统服务范围，实现从“产品”到“产品 + 服务”的转变。

例如，北京理工华创电动车技术有限公司作为新能源汽车电控及驱动系统关键技术的研究和产业化领军企业，通过数字化技术对产品进行持续创新和改进，开发出更加符合市场需求的新能源汽车电控及驱动系统产品，同时将服务范围从传统的产品销售扩展到提供解决方案和增值服务，满足客户多样化的需求；通过建立远程监控和诊断系统，及时发现并处理潜在问题，确保设备的稳定运行和使用寿命延长，实现对客户设备的实时监控和预警，提供及时的售后服务和技术支持，增强客户黏性和满意度。

七、典型场景7：产品服务数字化升级

数字技术的快速发展为企业提供了新的创新手段和工具，企业需要借助数字技术重构主营业务和服务，推进产品服务的数字化创新和升级。此外，经济结构的调整也使得企业原本服务的社会生产环节的发展情况受到了影响，而服务于特定行业的企业其主营业务必将受到影响。在行业整体受到影响背景下，企业的主营业务也需要利用数字技术进行调整和优化。产品服务数字化升级是指企业借助最新的数字技术，对所提供的产品及服务进行数字化变革，以契合数字时代客户与市场的动态需求。

例如，针对学生心理健康问题，学银通融（北京）教育科技有限公司陆续投入数千万元用于心理健康数字化系列产品“心灵通”的研发，利用人模型、AI+等先进技术，推进心理健康测评体系、心理健康咨询和诊疗服务的数字化、体系化、智能化。

在网络安全领域，北京微步在线科技有限公司利用其威胁情报技术，为客户提供高质量的产品和服务，通过不断创新，促进企业产品和服务升级，研发了“情报智脑XGPT”，成为网络安全领域国内首个通过中央网信办“生成式人工智能服务备案”和“境内深度合成服务算法备案”双备案的网络安全垂直领域大模型。

在人才招聘领域，图谱天下（北京）科技有限公司的核心业务是以数字化平台和系统为基础，服务于企业的招聘需求。在数字化转型的每个阶段，公司都密切监控市场趋势和技术发展，确保自己的产品和服务能满足客户日益变化的需求。公司在为客户量身定制招聘解决方案的过程中，不

断将客户需求纳入产品设计和服务中，通过这些措施，为招聘行业带来了创新的解决方案，并为客户提供了更加高效、智能的招聘服务。

八、典型场景 8：AI 赋能垂直行业服务

在人工智能推动下，数字经济已与实体经济深度融合，以智能技术为引领的 AI 产业化应用正不断深化，AI 在垂直领域和细分行业的应用成为焦点。在医疗、教育、车辆装备、税务、政务和医疗等多个垂直行业和领域，北京市涌现出大量专精特新中小企业，这些企业积极探索利用云计算、5G、大数据、人工智能等前沿技术对现有产品和服务进行数字化升级，基于行业问题和痛点，开发智能化平台和服务，以满足客户日益多样化和个性化的服务需求，成为赋能传统产业转型升级的重要力量。

例如，爱动超越人工智能科技（北京）有限责任公司专注于工业车辆装备智能化领域，主要提供基于人工智能和物联网的工业车辆管理解决方案。公司已部署了包括工业互联网平台、智能车载终端、ADAS 系统等在内的多种数字化平台和系统。针对客户提出的提升售后维修效率的需求，公司开发了基于大模型的智能售后维修助手，通过 AI 知识库和多模态感知技术，为设备故障提供快速、精准的解决方案。公司的智能售后维修助手上线后，客户售后维修效率提高了 30%，设备故障时间减少了 20%。

北京声智科技有限公司，专注声学计算与人工智能交叉领域，基于自主研发的 Azero 人工智能开发框架，面向数字经济和生命健康等领域，提供的数智软件产品包括面向医疗、税务、政务行业领域的内嵌 AI 大模型技术的智能设备及智能化软件服务，以及面向 C 端用户的智能办公、智能写作、智能健康助手等智慧化服务产品。

北京至臻云智能科技有限公司主营基于人工智能大模型的数字化审计平台，为企业提供数字化审计、工程运营管理和行业解决方案的新一代数

字化产品和服务。项目实施后，单个审计项目现场审计时长缩减50%，单个审计人员发现问题的作业时长缩减75%，单个审计项目问题发现个数较应用前平均提升约40%，审计项目促进增收节支提升25%以上。

第7节　多环节协同

一、典型场景1：数字化经营决策

随着企业数字化水平不断提升，企业的数据量日益增加，数据成为企业重要的资产，有效分析利用数据，深度挖掘数据资产价值成为企业数字化转型过程中重要内容。在传统的经营决策过程中，由于缺少数据，企业的决策过程往往更多地依赖于经验和直觉，而非基于数据的精确分析。汇集并有效利用工厂设备数据、传感器数据、人员管理数据、研发数据等多方企业数据，充分挖掘并释放数据资产的价值实现数据驱动的决策，成为推动专精特新中小企业深度数字化转型的关键。

专精特新中小企业需要采集和汇聚工艺优化、产品设计、质量控制、设备预测维护等多种场景的业务数据，逐渐打通业务间数据壁垒，构建数据资产目录，建设数据中台，实现跨部门、跨业务的数据共享，对业务数据进行深入分析，挖掘数据资产价值，推动产品和服务创新。

随着企业数据资产的积累，企业可以通过数字化平台和BI工具等，连接和打通研、产、供、销、服等业务全链路数据，打破“数据孤岛”，充分挖掘数据价值，通过数字化平台提供的集成、分析、可视化和数据挖掘等功能，实现数据驱动的决策和业务洞察，提高决策准确性和科学性，推动企业管理向科学决策和精细运营发展。

随着业务规模的扩大，有条件的企业可以建立更加全面智能的数字化决策分析系统，目标是为管理者构建一个实时采集和整合企业业务数据、实时分析和控制生产经营活动的管理驾驶舱，构建企业各级生产、经营管理的数据分析整合平台，形成管理决策中心。根据生产经营业务自动、实时分析生产经营情况，通过可视化和集中分析能够智能判断存在的问题，以不断促进管理提升。同时可以根据不同层级的人员制定不同的分析策略，满足各层级人员的管理决策需要。

数字化决策助力企业经营管理效率提升

业务信息与产品设计协同不及时、设备运输与安装信息存在延时，各个部门数据无法实现共享……为了解决上述问题，北京中科博联科技集团有限公司引入先进的数字化技术和设备，以“云服务＋本地大数据”的整合方式，实现了公司与客户、公司各部门之间的数据共享，促进信息流通更加顺畅。

公司以部署的致远OA协同/阿里云服务平台/金蝶ERP系统等工具作为数据中台，以飞书系统/智慧牧场小程序等软件为前端展示的一体化数字体系，自研并搭建了业务监管模型、数字决策模型等一系列工具，从而实现客户（人）、设备（机）、物品（料）、标准（法）、环境（环）的全方位数字化管理，使过程管理和决策更加科学高效。通过利用自研的数字决策模型，销售环节的决策审核速度提升了15%；通过利用自研的数字安装管理模型，供应链的协同效率提升了35%；通过利用自研的数字化监控模型，人员的执行效率提升了12%。

二、典型场景2：研发制造一体化

研发设计环节负责设计新产品或改进现有产品，而生产制造环节则负责将这些设计转化为实际的产品。制造过程中产生的数据和反馈可以为研发设计提供宝贵的信息，帮助研发团队优化产品设计。研发需要考虑制造的可行性和成本效益，以确保产品在保持竞争力的同时，生产成本得到有效控制。研发和制造环节信息流通不畅和缺少协同可能导致企业对市场变化的响应速度减慢，研发部门无法及时根据市场反馈调整产品设计，而生产部门无法迅速调整生产计划以满足市场需求。

通过整合制造执行系统（MES）、产品生命周期管理（PLM）系统和企业资源计划（ERP）系统可以促进研发和制造的协同，实现从设计到生产的全流程管理。其中，MES关注生产现场的实时管理和控制，包括生产调度、工艺执行、数据采集和质量监控；PLM系统则负责产品数据和研发过程的管理，确保设计信息的准确性和一致性；ERP系统负责资源规划、物料管理、订单处理和财务管理等。这三个系统的紧密集成，不仅能够实现数据的一致性和实时共享，还能够提高生产决策的效率和准确性，从而实现研发与制造的深度融合和协同优化。例如，北京亿华通科技股份有限公司为了打通各信息系统的数据，减少“数据孤岛”、业务衔接不畅，公司从2021年起，陆续实施了系统集成项目，目前已实现了PLM系统、MES、ERP系统、“氢见未来”系统、OA等的系统集成，实现了产品设计—工艺设计—生产制造业务的一体化、实现了产品生命周期追溯。

除了研发和制造的协同，企业可以进一步利用数字技术推动研发、生产、供应、销售和服务等环节的业务流、数据流深度集成，形成一个高效协同的运营体系，实现产品生命周期协同优化，全面提升企业的市场竞争力。例如，在产品研发过程中，生产部门可以根据自身的生产工艺和设备情况，为产品设计提供可行性建议，营销部门可以从市场需求和消费者反馈的角度，提出产品功能和外观方面的创新点；售后服务部门可以根据以往的客户投诉和维修记录，为产品设计提供参考。这种跨环节的协同创新能够使产品更好地满足市场需求，提高企业的整体创新能力。例如，北京康辰药业股份有限公司利用LIMS搭建数字化协同设计环境，连接ERP系统和LIMS的信息接口，打通产品研发、生产作业、售后服务等环节数据，通过大数据分析驱动产品优化创新。

三、典型场景3：网络化协同

数字技术使企业能够跨越部门和地域限制，促进协同创新。网络化协同是通过工业互联网、云平台或数字化系统等开展协同设计、协同研发、协同制造、供应链协同等，实现跨地域、跨行业的资源共享和协同工作，促进协同创新。

在北京市专精特新生产性服务业领域中，技术密集型的信息服务业与科技服务业占据了七成的比重，有很多协同开发的应用场景，企业经常面临跨部门和跨地域协作的问题。例如，大型项目通常需要多个团队间的紧密协作，不同部门间往往难以实时、高效地共享关键产品信息，导致决策滞后、资源浪费，并严重制约了研发效率与管理效能的提升。如何打破这些壁垒，促进信息的无缝流通与团队协作的紧密性，成为企业发展过程中亟待解决的关键问题。

专精特新企业可以通过公有云、私有云、混合云等形式进行资源共享，充分利用云计算架构的弹性拓展、快速响应、高度共享进行云上应用的开发和部署，实现跨地域协作，提升协同效率，加速新产品研发速度。

“研发上云”促进跨地区和跨部门协同设计

阿尔西制冷工程技术（北京）有限公司是ICT、医疗、航空等行业的设备工艺冷却和温控设备的专业制造服务商。公司数字化转型动因主要来自市场需求的变化、客户期望的提升以及技术进步的推动。随着消费者对个性化和定制化产品的需求日益增长，公司意识到必须通过数字化手段来提高产品开发的速度和质量。同时，为了更好地服务全球客户，公司也需要建立更加高效的供应链管理和客户服务体系。

在数字化转型过程中，公司积极实施“研发上云”项目。主要举措包括：一是软件授权上云，使西安、上海的员工及流动办公人员能无缝使用 SolidWorks 授权，提高效率，为跨地区协作提供基础，优化资源分配，增强灵活性与协同性；二是完成集中化存储部署与测试，保障研发文档安全与可访问性，保护知识产权和设计成果，方便共享协作；三是实施并行协同设计，让系统工程师和三维设计师能同平台工作，提高设计效率和质量，打破部门壁垒，促进专业人员融合配合。

通过将研发工作迁移到云平台，实现了授权使用的便捷性，使得研发人员可以随时随地访问所需的资源，文档管理的安全性也得到了保障，促进了设计效率的提升。

四、典型场景 4：供应链上下游协同

在供应链管理环节，由于信息流通不畅，中小企业和上下游企业之间协同效率低下，导致交货延迟、库存积压、库存成本高等问题。数字技术应用可以推动供应链上下游企业之间的协同优化，通过共享需求预测、库存信息和物流数据等，供应链中的企业可以共同制订生产计划、优化库存管理和物流配送。例如，制造商可以与供应商和经销商建立协同的库存管理系统，根据市场需求的变化动态调整库存水平。同时，利用物流信息平台，企业可以实时跟踪货物运输状态，优化物流路线，降低物流成本。这种供应链协同优化可以提高整个供应链的效率和竞争力。

中小企业可以通过 SCM（供应链管理）系统，优化采购、库存和物流等流程，实现采购过程的自动化和透明化、库存的实时监控以及物流的智能化追踪，提高供应链响应速度，降低采购和库存成本。进一步可以集成 ERP 系统、SCM 系统、MES、WMS 等不同系统，打通供应链上下游销售、生产、仓储、物流等环节，提升上下游企业在下单、采购、生产进度、入仓发货等环节的协同水平，开展供应链计划协同优化，提

高供应链的响应速度。

例如，北京中康增材科技有限公司在供应链管理环节，引进了SRM（供应商关系管理）系统和金蝶云星空系统，通过这两种系统，公司实现了供应链各环节数据的实时集成和共享，供需匹配的优化、供应链合作伙伴的紧密协作、库存和物流的高效管理。

又如，北京中科博联科技集团有限公司在生产CTB机器人的过程中，从采购开始就与原材料供应商开始了数字化协同，供应商收到订单后，配货、质检、装车等过程均通过中科博联的数字工具实时同步。配合运输过程中的定位，中科博联能实时查看原材料的整体进展。原材料到货后，中科博联通过ERP等工具可以实时查看机器人的生产进度情况。

数字化促进供应链上下游协同

北京惠达通泰供应链管理有限责任公司是一家主营餐饮食材销售、配送的一站式服务型供应链公司，目前主要服务于北京市近300所中小学、部分驻京部队、部分北京高校及企业等，获得北京市专精特新中小企业、高新技术企业、北京市专精特新百强企业等荣誉称号。公司通过ERP系统、WMS、TMS一体化的系统升级，完成了对供应商管理、客户服务的订单管理、产品信息管理、食品安全追溯管理、物流配送的供应链追溯体系的打造。

针对上游企业可以实现与供应商的数字化连接，实现供应链的协同管理。通过与供应商之间的数据共享和实时通信，可以更好地协调采购、配送和库存管理等环节。

针对下游企业可以实现订单的统一管理和配送的协调。企业可以通过平台软件对订单进行集中处理和跟踪，确保订单准确无误地传递给供应商，并及时协调配送时间和方式。数字化项目的实施为企业与上下游合作伙伴之间的协作提供了重要支撑。

五、典型场景 5：全流程精益管理

在传统的生产管理中，由于缺乏对生产过程中数据的实时收集、整理和分析能力，企业对人、机、料等要素难以实时感知和精准管控，管理者往往只能依据过往的经验和直觉来制订生产计划、安排生产任务、调整生产流程等，生产管理滞后且不准确，无法支撑生产过程和产品质量的改善。中小企业可以利用工业互联网平台连接人、机、物、系统等，将 MES 与 ERP、WMS、LIMS 等集成，进行人、机、料等全要素实时感知，实现设备状态实时监控、生产过程优化、产品质量提升、预测设备故障和自主维护等全流程的数字化管理，实现基于数据驱动的精益生产管理。

例如，北京广发电气有限公司完成了制造装备联网和关键工序数控化，建立了广发电气的数字化智能化产线，搭建了 MES，并与 ERP 系统对接，实现了生产计划管理、生产过程管理、质量控制、设备全生命周期管理、能源管控、产供销一体化管理等。数字化管理系统提高了组织效率，提升了广发电气为国网配套的能力，推动了向数字车间和智能工厂的转型，达到了精益生产、敏捷制造、精细管理和智能决策的目标。

又如，北京八亿时空液晶科技股份有限公司构建了研发、仓储、称量、生产、质检、入库全产业链数字化流程，将人、机、料、法、环全要素通过 RFID 终端等方式实现数字化，并将工厂全要素建模，基于信息流、业务流、物流、价值流，建立起实体物理对象的数据平台与数字虚拟模型的多元化对应关系，实现数据采集、数据传输、知识挖掘、信息反馈等全过程管理。同时通过物联网进行设备级联，实时获取设备运行状态信息，构建起精准、实时、高效的数据采集体系。

第 6 章　数字化转型问题和建议

第 1 节　主要问题

一、总体问题分析

1. 供需匹配失衡难以支撑企业的深度数字化转型

北京市专精特新企业四成实现了主营业务数字化管控。随着企业业务规模的扩大和数字化水平的不断提升，北京市专精特新企业从局部数字化进入到关键业务场景和全价值链的深度数字化转型阶段，在这一阶段企业往往面临更多个性化需求，需要高度定制化的解决方案。

一方面，定制化的数字化解决方案成本高昂，专精特新中小企业可能难以承担，而标准化解决方案又无法满足其深度转型的个性化需求。目前市场上大多是提供通用型解决方案，面向特定行业、特定领域，面向专精特新中小企业应用场景提供服务产品的解决方案数量依然有限。供需匹配的失衡阻碍了企业深度数字化转型的步伐。比如，某公司提到“主营业务复杂多样，市场上缺乏成熟的数字化系统，系统选择面临较大困难”。

另一方面，数字技术的创新性发展速度远远超过了市场解决方案的更新速度，这也导致专精特新企业难以找到能够跟上技术发展的支撑服务。此外，不同技术供应商的产品质量和服务水平参差不齐，企业在选择技术供应商时，若缺乏深入的调研和评估，可能会选择到技术不成熟、可扩展性差或售后服务不到位的产品，可能会影响企业数字化转型的进程。

2. 人才和资金仍然是制约企业数字化转型的重要障碍

资金和人才是数字化转型的重要支撑，在国家和北京市的政策支持和引导下，虽然企业数字化转型的人才和资金问题有所缓解，但是随着数字化转型的持续深入，专精特新企业仍然面临着资金和人才的双重瓶颈。

资金方面，随着技术的不断迭代升级，除了包括设备、基础设施建设和管理系统购买的一次性投入，企业还需要在定制开发、持续运维、人员培训、系统集成等方面进行持续的投入，这对于很多处于成长期的专精特新企业来说是一笔不小的开支。中小企业在决定进行数字化转型时往往面临着巨大的资金压力，而未来收益的不确定性也挫伤了许多中小企业进行数字化转型的积极性。比如，某公司提到，“在目前国内经济增长乏力的大背景下，公司的主营业务也受到一定的影响，资金压力较之前上升明显，公司领导力排众议，克服重重困难才得以实施数字化转型。”

人才方面，因为专精特新企业多数处于行业细分领域，具有较强的专业性和行业属性，所以企业数字化转型过程中不仅需要数据分析师、软件工程师等数字技术人才，同时也需要拥有既懂数字化技术又懂行业和业务的复合型人才，但目前市场上这类人才相对匮乏，企业内部也缺乏足够的人才储备和培养机制。数字化服务企业虽然具备大量高数字化素养和能力的员工，但是其项目经理往往对需求方企业的业务不熟悉，尤其是涉及专业化知识较多的行业。线下座谈中，多家专精特新企业都遇到了数字化人才缺乏的难题。缺乏人才的支撑，中小企业在数字化转型过程中可能会出现技术应用不到位、系统运维困难、数据分析能力不足等问题，从而影响转型的效果和进程。

3. 数据治理和安全成为企业数字化转型面临的新挑战

随着企业数字化进程的深入，企业数据量不断攀升，数据成为重要的资产，专精特新企业在数据的收集、存储、处理和共享过程中面临着数据安全和隐私保护的新挑战，保障数据安全成为企业数字化深度数字化转型过程中不容忽视的问题。目前北京市的专精特新企业在数据治理方面还存在诸多不足，如“数据孤岛”问题、数据质量管理不规范、数据安全防护措施不足、对数据利用和挖掘不够等。

一方面，北京市专精特新企业中不少涉及航空航天、信息通信、集成电路、人工智能、医疗健康等关键领域，对数据安全和隐私防护要求高，目前在设计、制造、管理过程中不少企业用的是国外的软件，存在数据安全隐患。对于这些行业的企业而言，数据被泄露或滥用可能会对企业声誉和经济利益造成重大损失。

另一方面，不少专精特新企业还存在“数据孤岛”问题，各个部门和系统间的数据并未得到有效整合，企业对数据价值的分析和挖掘不足，难以通过数据分析提升企业决策效率，数字化转型效果难以实现。例如，北京某医药制造企业作为国内数一数二的大型医药制造企业，数字化转型过程几经波折，公司反映其“数据孤岛”、数据质量差、数据不透明等问题比较显著。

4. 产业链供应链数字化转型协同效应有待进一步提升

数字化转型不仅是单个企业的变革，还需要上下游产业链的协同配合，“链式”转型也是国家和各地重点支持的数字化转型模式。北京市专精特新企业长期专注高精尖产业的细分市场，大部分处于产业链的上游和中游。由于上下游企业之间数字化水平不均衡，数据标准不统一，而且缺乏有效的数据共享机制，专精特新企业在产业链协同和数字化服务能力上还存在不足，难以形成有效的产业链数字化协同效应，影响了转型的整体效果。

例如，某汽车制造行业企业反映“上下游企业无法统一数据对接标准，无法有效地集成多个系统如生产系统，供应链系统，销售系统，使其协同工作较为困难”，某医药制造企业反映“医药企业数字化转型的限制在于难以与上下游形成兼容并行的数字化体系，希望可以联合设备制造商进行工艺设备研发、升级，与上下游企业共同进行转型，将供应链数据进行共享”。

5. 部分企业数字化转型战略规划和路径不清晰

由于数字技术和设备迭代更新速度较快，缺少可供参考的转型成功案例，部分中小企业缺少数字化转型战略规划，有些企业虽然有战略规划但是缺乏指导性，数字化转型的目标和路径不清晰，难以找到适合自身的转型模式，导致数字化转型项目难以实施。

此外，部分中小企业对数字化转型的重要性和复杂性认识不足，对企业数字化转型缺乏前瞻性思维和系统性思考，只注重数字化转型的短期收益，忽略了数字化转型的长期价值和潜在影响；只注重数字技术的应用，忽略了技术与业务的深度融合。导致原有系统与新技术兼容性差，数字技术与企业业务融合差，企业数字化转型投资无法有效转化为实际的经济效益，企业转型效果不佳。

二、细分行业问题分析

由于不同行业业务流程复杂度和数字化水平存在区别，不同行业企业数字化转型面临的问题呈现出一定的差异性。

1. 制造业问题分析

总体上看，在数字化转型过程中，制造业企业不同程度存在“数据孤岛”和数据治理、数据安全和隐私保护、数字化人才缺乏、资金成本压力、数字技术和方案选择困难等共性问题。

从细分行业看，制造业不同行业数字化转型面临的问题也呈现出一定的差异性。例如，医药健康行业具有高研发投入、研发周期长、业务流程复杂、政策监管严格等特点，企业对定制化解决方案需求高，企业面临数字化系统选择和适配困难、资金投入压力大、企业内部和上下游数据共享困难等问题；专用设备制造业具有技术密集和针对性强的特点，企业通常拥有多种类型的设备与管理系统，这些系统和设备之间缺乏统一标准和数据接口，难以实现高效的数据集成与利用；汽车制造业涉及复杂的供应链和高度自动化的生产设备，数字化过程中面临上下游企业数据标准不统一、数字化设备和软件的投入成本高等问题；计算机、通信和其他电子设备制造业的技术更新速度快，对数据安全和隐私保护要求高，资金压力、数据治理和安全成为制约企业数字化的障碍；仪器仪表制造业业务流程复杂，需要高素质的员工来操作复杂的仪器和系统，不少企业面临着专业人才缺乏、员工数字化技能不足等问题。

2.服务业问题分析

总体上看，服务业企业数字化过程中不同程度存在技术更新快投资压力大、数据安全风险高、系统和技术兼容性难等共性问题。

从细分行业看，由于服务业各行业之间服务内容、服务对象、服务模式等存在差异，服务业不同行业数字化转型过程中面临的问题也存在差异性。例如，互联网和相关服务业、软件和信息服务业等面临着技术快速迭代带来的更新压力、新旧技术的集成兼容难题、资金成本的巨大压力、日益严峻的数据安全等挑战，企业需要持续进行高额的资金投入，不断利用新技术推动产品服务优化升级才能满足多变的市场需求；研究和试验发展行业服务类型多，个性化强，部分企业难以找到合适的数字技术方案，企业定制化开发面临较高的成本；专业技术服务业、科技推广和应用服务业，由于行业性和专业性强，部分企业面临人才缺乏和员工技能不匹配等问题。

第 2 节　政策建议

一、加强对重点行业和场景数字化解决方案的推广

虽然北京市具有非常丰富的市场化服务主体，专精特新企业中也有不少是提供数字化相关服务和解决方案的企业，但是目前市场化的服务主体与公共服务体系缺乏有效衔接，很多不为中小企业所知，市场化数字化转型服务的知晓度还比较低。

依据行业共性需求与企业个性化需求，建议面向专精特新企业重点行业和重点场景，培育并遴选一批数字化转型服务商，建立中小企业解决方案供应商资源池，定期组织供需对接会，加强对典型行业和典型场景优秀数字化服务商的推广宣传，开展数字化服务商服务能力和服务效果评估，对于服务成效显著的优秀供应商给予一定的表彰或奖励。

二、分类打造北京市专精特新企业数字化转型示范

以创新型中小企业、专精特新中小企业、专精特新“小巨人”企业为重点，分区域、分行业、分场景等培育一批专精特新中小企业数字化转型示范企业，树立一批数字化转型的典型案例，编制典型行业专精特新中小企业数字化转型案例集，加强对不同行业和细分领域专精特新企业数字化转型示范企业的经验总结和宣传推广，鼓励各区县结合区域特色和产业特点打造数字化转型示范案例，形成一批可复制可推广的“北京经验”和“北京模式”。搭建沟通交流桥梁，组织区县和行业数字化转型交流活动，引导中小企业学习示范企业的转型经验和模式，帮助中小企业明确数字化转型的方向和路径，提升中小企业数字化转型能力。

三、加快编制专精特新细分行业数字化转型指南

参考工业和信息化部《中小企业数字化转型指南》《制造业企业数字化转型实施指南》等相关内容，结合北京市专精特新细分行业特点和数字化水平，统筹高校科研院所、数字化服务商、产业链龙头企业、产业园区、专精特新服务站等各方力量，加强对中小企业数字化转型的诊断评估服务和供需对接服务，对专精特新细分行业的数字化需求进行深入分析，尤其是对数字化转型缓慢或数字化转型需求迫切的细分行业，精准匹配优质服务和资源要素，加快编制细分行业数字化转型指南，分级分类引导重点行业中小企业加速数字化转型进程，提升对应行业企业数字化水平。

四、进一步拓展中小企业数字化政策支持范围

在目前创新型中小企业、专精特新中小企业和专精特新“小巨人”企业的梯度培育体系下，数字化转型政策支持重点更多倾向于专精特新中小企业和专精特新“小巨人”企业。在目前“扶优扶强”的政策基础上，考虑到政策的普惠性和效能，一是建议加强对创新型中小企业数字化转型的支持力度，通过数字化赋能更多中小企业朝着专精特新的方向发展；二是加强分类分级政策引导，尤其是加强对数字化水平较低的行业和区域的支持力度，提升对应行业和区域内企业的数字化水平，实现重点区域和重点行业中小企业数字化水平的整体提升；三是从市级层面拓宽对中小企业数字化转型的支持范围，进一步加大政策的支持力度，统筹各部门和各区县数字化转型政策，鼓励各区县结合区域特色和产业特点制定有区域和行业特色的数字化转型政策，形成更加协同联动的中小企业数字化转型政策包。

五、发挥龙头企业和产业园区作用推动“链式”转型

一是支持产业链龙头企业、供应链链主企业、智能制造示范企业等发挥引领作用，加强数字化转型能力输出，推荐企业成为标杆，加大宣传力度，通过建设工业互联网平台、订单牵引、技术扩散、资源共享、数据开放等方式推动供应链上下游中小企业数字化转型，促进产业链供应链的协同发展；二是充分发挥北京市产业园区和特色产业集群等载体的作用，鼓励专精特新特色园区和中小企业特色产业集群结合产业特色，有针对性地培育或引入行业数字化解决方案，开展供需对接和产业链协同合作活动，定期评估监测园区和行业企业数字化水平，对数字化转型先进产业园区给予表彰，通过集群带动，提升园区企业数字化水平。

下　篇

北京市专精特新企业数字化转型典型案例

第 7 章　离散型制造业案例

案例 1　北京天玛智控科技股份有限公司：打造无人采煤控制装备智能工厂

一、企业简介

北京天玛智控科技股份有限公司（以下简称天玛智控）成立于 2001 年 7 月，隶属中国煤炭科工集团有限公司（以下简称中国煤科），专业从事煤矿无人化智能开采控制技术和装备的研发、生产、销售和服务，是国务院国资委创建世界一流专业领军示范企业、国有重点企业管理标杆创建行动标杆企业、国家新一代信息技术与制造业融合发展试点示范单位、国企数字化转型试点企业、北京市第一批专精特新中小企业、北京市“隐形冠军”企业、北京市智能工厂，拥有国家认定企业技术中心、国家重点领域创新团队，通过国家智能制造示范工厂验收和国家智能制造能力成熟度（CMMM）四级评估。2021—2023 年营业收入复合增长率为 19.19%，利润总额复合增长率为 5.89%，净利润复合增长率为 6.94%。

二、企业数字化转型现状

1. 总体规划

天玛智控以中国煤科“1245”总体发展思路为指引，明确了“打造世界一流数字化创新型企业，建成世界级示范工厂，建设人性化智慧园区，建成以客户为中心的端到端流程型组织”的数字化转型目标。坚持以数字化转型驱动公司高质量发展，推进数字化转型顶层规划，开展流程体系变革，建成了“智能化无人采煤控制装备智能工厂”，建设了覆盖企业经营全链条的信息化系统，搭建了网信安全多层次防护体系，初步建立了数据治理体系和数据中心，公司数字化转型总体规划如图 7–1 所示。

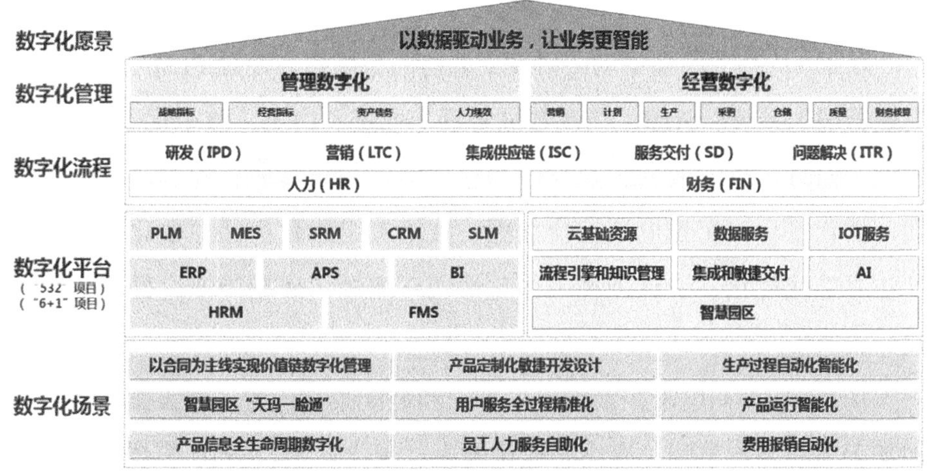

图7 1 天玛智控数字化转型总体规划

2. 实施步骤

天玛智控以“流程牵引、数据驱动、体系协同、数字赋能”为指导，将数字技术融入价值创造过程中，推动公司发展理念、工作模式、管理机制变革，将数字化思想融入企业经营活动中，实现业务从生产要素驱动向数据驱动发展。

一是精心组建实施团队，提供资源保障。组建数字化转型领导组和工作组，负责顶层谋划、统筹全局，协同外部专家组，推进具体实施工作，数字化转型子项目负责人分别组建实施团队完成项目建设。

二是详细制定技术路线，明确实施路径。依据国家标准，诊断分析公司现状，梳理业务流程并聚焦痛点问题，设计数字化转型愿景目标，制定总体架构，明确实施内容和实施计划，遵循“统一规划，迭代实施”原则，依托高质量的人才队伍，持续推进公司数字化转型。

三是全力构建数字场景，树立典型标杆。构建数字化研发与设计、产线柔性配置、在线运行监测、智能在线检测、智能仓储、供应商数字化管理、数据治理与流通、产品远程运维等数字场景，加大新兴数字技术应用，实现提质增效降成本。

3. 典型场景

场景 1：基于模型驱动的研发工艺协同一体化。建设 PLM（产品生命周期管理）系统、SDM（仿真数据管理）系统、DPM（数字化工艺管理）系统，同时与机电液软工业软件和相关信息系统集成，构建研发工艺协同一体化平台，实现电液控换向阀、液箱等定制化产品参数化设计，设计仿真迭代优化，设计工艺一体化协同，缩短了研制周期，提升了一次设计成功率。

场景 2：面向电液控换向阀的加工和装配柔性配置。建设柔性数字化加工车间和装配车间，应用工业机器人、视觉系统、RFID 等技术，打通原材料、加工、配送、装配、检测各环节，建成基于电液控换向阀的全流程柔性生产作业模式，实现了核心产品从原材料到成品的无人值守、高效智能化生产，一次装配合格率提升 10% 以上，综合工效提高 7 倍以上。

场景 3：机加设备智能在线运行监控。自主开发 SCADA（数据采集与监视控制）系统、设备管理系统，集成应用 DNC 数控设备联网、设备预测性监测、刀具在机检测以及工件在线监测等系统，达到数控设备的生产过程数据实时采集和监控，通过大数据模型分析和预警，设备故障停机率降低 29.7%，精密刀具利用率提高 10% 以上。

场景 4：面向电液控换向阀装配的智能在线检测。基于自动化装配工艺，自主研制阀芯、电磁先导阀、成品检测专机，建立关键质量控制标准，部署气动量仪、激光测距、智能相机等传感器，建设 QMS（质量管理系统），实时掌握产品质量变化数据。与人工检验相比，物料尺寸，装配完整性、符合性等检测效率提升50%以上。

场景5：智能化仓储管理。建设立体库、升降库、智能刀具库等5种仓储库，应用PDA、尺检称重、AGV等智能物流设施，建成智能仓储管理系统（WMS），集成MES、SRM、TMS等信息系统以及仓储物流设备，实现仓储物流作业过程条码化、自动化管控以及推拉结合式精准配送，出入库效率提升40%以上，物料批次可追溯率达到100%。

场景6：基于业务协同的供应商数字化管控。建设SRM（供应商关系管理）系统，全面梳理优化采购业务流程，从业务需求出发，定制化开发供应商管理、协同管理等功能模块，打通7个信息系统数据，开展供应商绩效评价，对供应商实施分类分级管理，结合计划、质检及仓储数据，优化采购策略，采购整体工作效率提升30%，供应商交付及时率提升13%。

场景7：企业大数据治理与应用。制定数据战略规划，构建数据治理体系，建设数据资产管理系统、主数据管理系统、BI分析系统在内的大数据中心硬件设施和软件系统，发布7项标准规范，对数据进行统一采集、存储、治理和应用挖掘，打通多个业务系统，建立生产、采购、营销等12个业务域，235个数据模型，28个可视化看板。

场景8：面向综采工作面的产品远程运维。构建远程运维服务体系，研发远程运维服务平台、综采自动化系统软件、产品生命周期管理软件，构建泵站、矿压等核心设备元部件的故障诊断及预测模型，包括18个综采机理模型、2个诊断预测模型，实现产品生产、质量、仓储、售后等全过程数据追溯，实现产品远程运维。

三、主要成效

天玛智控突破了智能化无人采煤控制装备核心部件多项智能制造关

键技术，首创了覆盖产品零部件加工、装配、检验、仓储物流的全工艺流程智能制造新模式，建成了数智化工厂并投入生产运营。经中国煤炭工业协会鉴定，成果整体达到国际先进水平，为无人化智能开采提供了有力支撑，促进了煤炭行业技术进步，成果荣获多项奖励和荣誉。用智能制造方式生产的智能产品得到广泛应用，实现了安全、高效、绿色智能化开采，推动了煤矿企业数字化转型与提质增效。对煤机装备制造行业和区域内相关企业的转型升级，具有示范引领和复制推广作用。

案例 2　北京海林自控科技股份有限公司：智能生产 + 运行维护 + 智慧管理

一、企业简介

北京海林自控科技股份有限公司（以下简称海林自控）成立于 1999 年，是集研发、制造、销售、服务于一体的高新技术企业，专注于楼宇自控、暖通自控、智慧供热的全方位智能解决方案，产品包括 DDC、温控器、传感器、智能面板以及基于人工智能、物联网技术的能源楼控管理平台、智慧供热管理平台等。公司已被认定为专精特新“小巨人”企业，是全国暖通空调及净化设备标准化技术委员会理事单位，参与多项行业标准制定，多次获得多项智能建筑行业品牌奖项。

目前海林自控有研发人员 80 人，占比达 28.98%。建立了企业技术中心、市工程实验室和德国莱茵 TUV 授权实验室，共获得 300 余项自主知识产权。其中楼宇自控系统、灵动温控器、智慧控制面板等 5 款产品获得了“北京市新技术新产品”称号。多项产品获美国 UL 认证和欧洲 CE 认证，产品出口 60 多个国家和地区，年均出口额近 1 亿元。

二、企业数字化转型现状

1. 总体架构

海林自控数字化转型依托将物联网技术、监控技术、信息融合与智能处理等技术融入生产各个环节，再与现场信息化技术融合，实现了车间运行自动化、管理可视化、故障预控化、全要素协同化和决策智慧化，形成了“以智能生产为核心”“以运行维护作保障”“以智慧管理促经营”的智能生产模式，为传统产业的转型升级和高质量发展起到了良好的示范引领作用。海林自控数字化车间整体架构分为 5 个层次，分别为设备层、控制层、执行层、资源层及展示层，如图 7–2 所示。

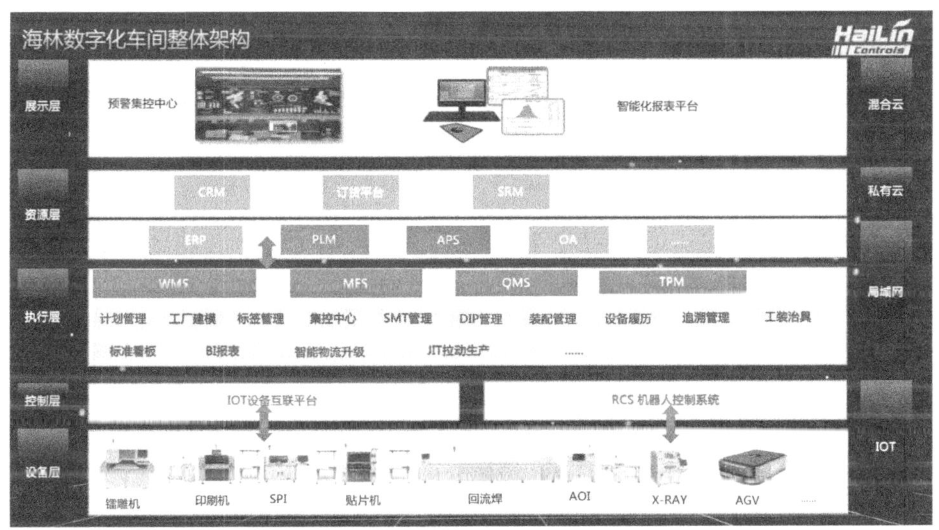

图 7–2　海林自控数字化车间整体架构

基于数字化车间架构平台完成了 ERP 生产管理系统、MES 信息化系统及配套硬件设备、WMS（仓库管理系统）、QMS（质量管理系统）、TPM 设备管理系统、CRM 系统、SRM 系统、订货平台等信息系统改造提升，极大地提高了企业运营的全流程管理效率。尤其围绕生产制造环节，原有的无序排产、订单产品无法有效追溯、人员效益低、管理混乱等严峻问题得以改善，已实现订单排产有序化、物料配送协同化、人员管理规范化。

2. 主要系统

（1）一体化全渠道信息化平台（ERP 系统）

基于 Yigo 低代码技术开发的企业资源管理系统，以基础技术层、运营层、决策层、接入层为基本框架，建立以 ERP 系统为核心的、一体化的信息管理平台，贯穿企业经营的整体流程。Yigo-ERP 系统的实施可以帮助企业实现财务管理、生产计划管理、物流管理、销售管理等关键业务模块的集成和优化，提高企业的管理效率和运营效率。海林自控 ERP 系统一体化全渠道信息化平台如图 7-3 所示。

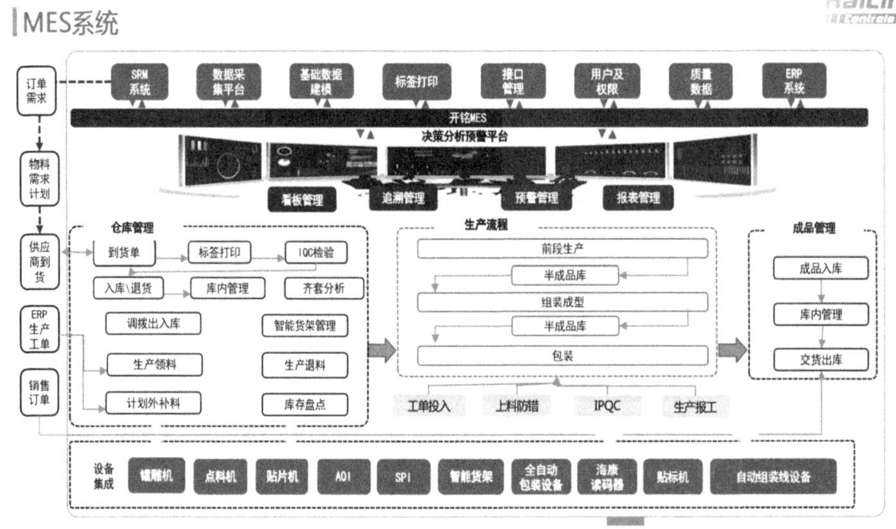

图 7-3　海林自控 ERP 系统一体化全渠道信息化平台

（2）精益数字化生产运营管理系统（MES）

通过精益思想和数字化手段解决生产管理、库房管理和质量管理中存在的各种问题，使生产计划颗粒度更加细化，实时监控生产执行进度状态，实现全流程质量追溯，保证生产交期，提高库房运转效率。如图 7-4 所示。

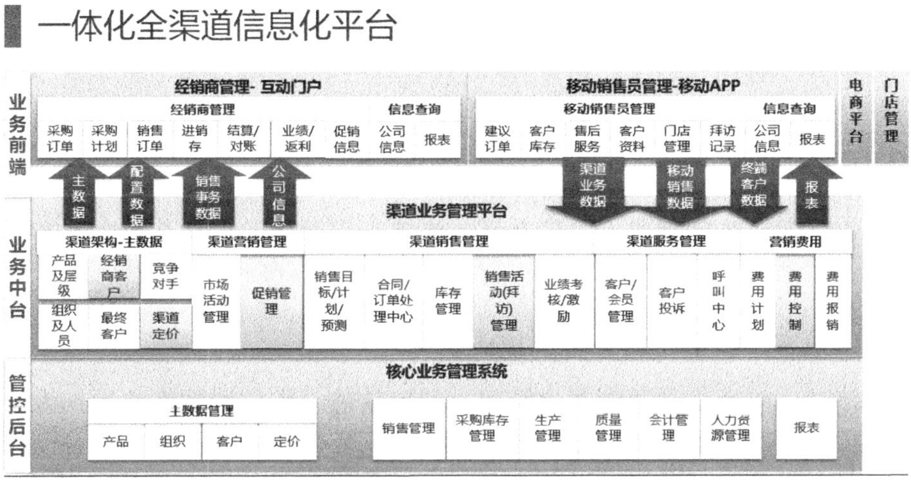

一体化全渠道信息化平台

图 7-4　海林自控精益数字化生产运营管理系统

（3）仓库管理系统（WMS）

在 SMT（表面贴装技术）行业，WMS 通过使用先进的出入库管理、库龄周期管理和智能拉动式精益生产管理，可以显著提高仓库操作的效率和精确性，同时减少人为错误，提高整体的生产效率。通过集成系统，可以更好地控制库存，减少成本，提高对客户需求的响应速度。

SMT 行业物料种类、批次繁多，需要做到料件数量、批次的精准，从采购进货阶段开始即通过统一的条形码定义物料品名和批号，核对所进物料准确无误，并绑定供应商；物料进入仓库后通过 PDA 手持终端，记录物料存储的智能仓库的位置；一旦有出库操作，智能料架信号灯亮起，提示仓库管理人员快速、精准拣货；仓库的日常管理，账、物实时保持一致，并能追溯源头。

（4）质量管理系统（QMS）

QMS 是一种组织内部用于管理和控制质量相关活动的体系，旨在确保产品或服务符合质量标准和客户要求。QMS 可以把所有质量管理活动关联起来，实现一键质量追溯，比如与某料号 / 订单 / 客户相关的检验记录、不合格品、客诉、质量问题、纠正预防以及对应的任务详情。

（5）设备管理系统（TPM 系统）

TPM 系统以全面生产设备管理为理论基础，通过搭建工业互联网进行实时设备数据采集，将设备档案管理、运行管理、点检管理、采购管理、备件管理、维修管理、安全管理、事故管理等功能进行无缝衔接，帮助企业降低设备管理成本，提高设备管理利用效率，提高企业市场竞争能力。

（6）客户关系管理系统（CRM 系统）

针对企业经营管理中客户管理，利用软件、硬件和网络技术，为企业建立客户信息收集、管理、分析和利用的信息系统。该系统以客户数据管理为核心，记录企业在市场营销和销售过程中和客户发生的各种交互行为，以及各类有关活动的状态，提供各类数据模型，为后期分析和决策提供支持。

（7）供应商关系管理系统（SRM 系统）

SRM 系统是一种致力于实现企业与其上游供应商建立和维持长久、紧密伙伴关系的软件技术系统解决方案，旨在建立企业与供应商新型关系全新管理机制。主要通过协调企业在业务、系统和人三个层面之间的有效协同，来帮助企业缩短采购周期、降低采购成本。企业通过规范公司内部采购流程，提高工作效率，可清晰掌握所有供应商的业务情况。对于供应商来说，它们只需要通过 SRM 系统就能实现实时对账与信息共享互动，及时检验和修正业务过程中存在的问题，从而可节省大量时间和人力成本。

（8）订货平台

主要针对企业经营管理中渠道与销售、商务之间的沟通、下单等相关问题，通过电商平台，实现渠道商自主下单、公司不定期发起优惠活动等优化管理，提升销售过程中沟通效率、销售效率和企业经济效益。

三、主要成效

实现了MES、WMS、QMS、ERP系统、SRM系统及订货平台等系统数据库的整合，生产设备数控化率提高了6.28%，生产设备联网率提高了8.75%。通过实时数据采集和系统间的转换，减少了人为参与，提高了数据准确性。引入了防呆防错功能和智能扫描设备，增强了设备的操作限制管控和结构完整性自动判断。

产值成本率降低了16.41%；净利润率提高了14.85%；自动化组装线生产效率提升了33.33%。双轨SMT自动化贴片线，主控PCBA板和电源PCBA板生产效率分别提高了27.77%和28.57%。

案例3　融硅思创（北京）科技有限公司：应用大数据平台促进民爆物品质量管控

一、企业简介

融硅思创（北京）科技有限公司（以下简称融硅思创）成立于2011年，是一家面向安全产业及民爆产业发展方向，从事大规模集成电路设计、芯片产品研发及物联网应用研发的，具有核心自主知识产权的高新技术企业。基于十余年的研发与技术创新积累，打造形成了IC芯片研发、IC产品化及产业化的全产业链条，以物联网平台及IOT终端研发创新构建应用生态，助力民爆产业数字化转型，推动安全生产发展。

公司拥有博士、硕士为代表的百余人的核心研发团队，打造形成EDS系统、ASIC芯片及SoC技术研发平台、产品化及产业化研发平台、物联网应用创新开发平台、EDS数字制造中心和产业制造模式等。拥有近百项核心专利、软件著作权，参与民爆行业标准的编纂。公司是专精特新“小巨人”企业、国家知识产权优势企业、北京市企业技术中心、北京市知识产权示范企业、2023 德勤中国高成长 50 强，多项产品通过北京市新技术新产品认定，并获得工业和信息化部科技成果鉴定。

公司与保利民爆、四川雅华、葛洲坝易普力、中国兵器等国内多家大型民爆集团建立长期战略合作，核心产品电子雷管芯片及模块国内市场占有率位居行业首位。2023 年企业年销售收入 7.34 亿元，实现净利润 2.4 亿元，未来三年将保持持续稳定的增长。

二、企业数字化转型现状

1. 转型原因

目前，民爆企业、机构的信息化程度低，信息化建设单一碎片化，数据壁垒、平台壁垒等问题严重。电子雷管行业涉及芯片设计、模块制造、雷管生产、运输存储、爆破现场应用等，产业链条长、协作单位多，横跨集成电路设计生产、民爆火工品生产、爆破现场施工等多个领域，产品质量问题难以高效、准确、动态跟踪和定位。大部分电子雷管模块规模生产企业，仍依靠传统的静态质量管理模式（纸面、Excel），质量数据统计滞后，无法实现产品在线检测和动态统计分析。电子模块质量追溯信息分散在不同部门及系统，存在数据壁垒，无法有效整合，追溯效率及准确性不能满足质量管理要求，数字化管理效果不明显。

在 2022 年 10 月电子雷管全面取代的国家政策环境下，且鉴于民爆行业的特殊性，对民爆物品在生产、使用过程中的安全性、稳定性有着极高的要求。基于芯片 ID 打通电子雷管模块产业链数据利用，建设电子模块 PPM 质量管控平台，保障电子雷管产品的安全性、稳定性，提升爆破作业安全水平，保障国家治安管理、安全维稳，成为民爆行业必然发展趋势。

2. 总体架构

面向安全及民爆行业，运用物联网、大数据、云平台技术等新一代信息技术，融硅思创建设了电子雷管模组质量管控平台，基于机器视觉技术实现对电子雷管模组起爆电阻损伤的智能在线检测，通过对模组各检测节点的控制和报警规则设计，实现有效数据的挖掘，以及数据分析处理，提供优化模组质量的辅助决策。项目总体架构如图 7–5 所示。

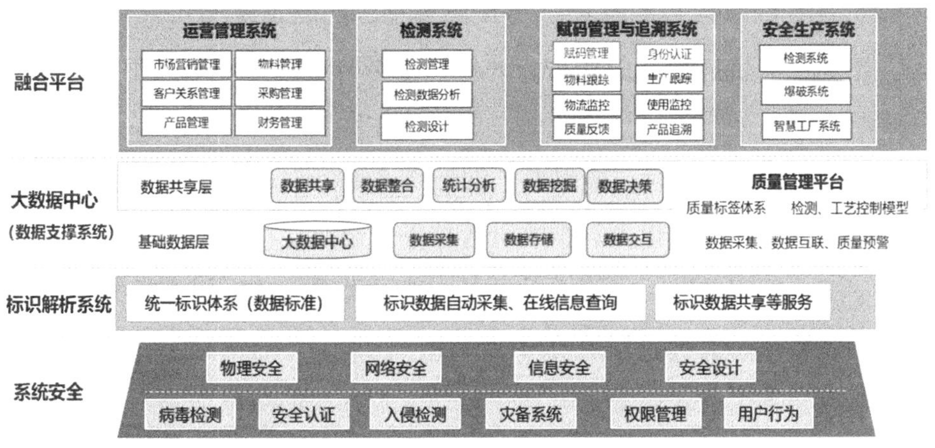

图 7–5 融硅思创数字化项目总体架构

以质量控制模型为核心，通过对产品原料、生产、检测、流通、客户使用各阶段的数据采集分析，实现数据驱动的柔性生产、质量管控，降低不良品率。以电子雷管芯片 ID 为唯一标识码，实现对数码电子雷管芯片、模组和电子雷管全生命周期追溯管理，持续提升产品质量。同时结合北斗、GPS 等位置信息技术，实现电子雷管模块全生命周期精准追溯，满足公安监管需求。面向产业链内企业、伙伴提供全向应用与服务能力，推动民爆行业安全生产和质量管理的数字化建设，促进传统民爆生产企业的数字化转型。

3. 具体举措

通过建立电子雷管模组生产、检测、追溯的云平台，融合运营管理、模组检测、赋码管理、追溯管采用的技术方案管理等功能，实现检测数据与产品追溯信息互联互通。基于云平台搭建，建立文件管理、数据存储、运营服务中心，提供移动设备接入、海量存储、访问控制、数据挖掘分析服务。

构建质量管控平台，基于电子雷管模组生产、检测、运输、使用全过程数据采集，采用动态贝叶斯、神经网络、随机分析、结构分析、逻辑分析等方法，构建质量评估与预测模型、问题追溯与可靠性评价模型，实现产品生产质量的监控、评估、预警与追溯。以芯片 ID 为唯一标识码，对电子雷管生产、流通、使用等各环节进行动态跟踪，将检测数据与位置信息相结合，确保电子雷管爆破使用的安全性和可监管性。

数码电子雷管模组大数据质量管控平台通过在模组生产车间布置传感器、工业控制电脑、网络基础设备，建设民爆物品底层车间的互联感知网络，实现对关键设备执行信息、生产任务、产品信息等多源异构信息的管控。采用机器视觉 AOI 电子模块元器件智能图像识别系统，实现 SMT 工艺缺陷在线检测。并融合 MES、ERP 系统等工业信息系统，实现生产设备互联互通、生产信息集成。

平台以工业互联网为基础，通过运营管理系统、检测系统、赋码与追溯系统、安全生产系统、大数据中心、质量管理平台的搭建，运用物联网、大数据、云平台等技术，以质量控制模型为核心，提升电子雷管模组的数字化制造水平和质量管控水平。运用工业互联网技术、数据采集技术、数据模型分析技术，形成以生产过程数据采集为基础、过程控制与方法分析为导向、决策系统为依托的 EDS 电子模块数字化生产新模式。通过构建产业链平台、供应链管理平台，实现原材料管理与控制、生产制造与质量管控、交付管理的全链条供应保障能力。建设 EDS 电子模块生产实时监控系统、指标统计分析系统、质量分析改善系统，从生产控制层采集、汇总实时数据，分析数据，做出实时反应；通过数据模型分析、整合，使生产状态的波动、产品不良率的变化、设备参数的稳定性等控制在可靠范围内；运用 DOE 设计方法，对产品质量、工艺参数进行量化分析，优化工艺流程，不断提升产品交付质量。

将电子雷管模组生产、检测、工艺流程、爆破应用等各阶段的数据采集、分析、整合、利用，形成原材料 – 模组 – 电子雷管 – 爆破现场的产业链数据采集平台。实现对关键生产、检测等设备的实时监控，完成不良品的质量预警、智能诊断。基于生产过程数据、产品检测数据、工艺流程数据、设备监控数据等实时采集和分析，实现以数据驱动质量管理和工艺流程的决策优化，形成“专家”系统，实现定制化柔性化生产，降低不良品率，完成产品的升级和迭代，以及全生命周期质量管理与追溯，保障产品 PPM 级交付质量。

基于芯片 IC，实现模组生产、雷管制造、爆破现场应用的数据信息共享，采用自动化控制技术、物联网、云计算、大数据等信息技术，建设电子雷管模组自动生产线及动态安全生产监控平台，使其具有生产数据采集、环境数据采集、视频监控、在线检测、数据存储与分析、产品设计支撑等功能，实现民爆物品生产的智能化、可视化、网络化和远程化。

二、主要成效

1. 提升生产效率和产能

电子雷管电子模块单条产线的生产效率提高了 50%，显著增强了生产能力。EDS 电子雷管模块生产交付中心的年产能由原先的 1.5 亿发大幅增长至 3 亿发，几乎翻倍。

2. 降低成本与不良品率

运营成本降低了 20%，有助于提升企业经济效益。产品不良品率降低了 30%，提升了产品质量和市场竞争力。

3. 提高劳动生产率

产线人员减少了 20%，通过自动化和智能化降低了对人力资源的依赖，提高了劳动生产率。

4. 增强质量管控与安全能力

实现了民爆物品从生产端到现场使用端的质量追溯和全生命周期管理，确保了产品的安全性和稳定性。加强了危爆品的监管能力，提升了社会治安和安全维稳水平。

5. 促进生产过程数字化管理

围绕智能场景建设了车间，搭建了装备物联感知平台，实现了生产设备的互联互通和生产信息的集成；通过在生产车间布置传感器、工业控制电脑、网络基础设备等，构建了底层车间的互联感知网络，实现了多源异构信息的有效管控；融合了 MES、ERP 系统等工业信息系统，促进了生产过程的智能化和数字化管理，推动了国内民爆行业的整体数字化转型。

案例 4 超同步股份有限公司：智能柔性数字化生产线推动大规模个性化定制

一、企业简介

超同步股份有限公司（以下简称超同步）成立于 2008 年，致力于高端装备智能制造领域，是一家集伺服系统、核心功能部件、高端智能装备、智能生产线于一体的规模化“智能制造”型企业。提供伺服电机、力矩电机、电主轴等核心部件及专业的自动化伺服控制解决方案。公司拥有两家全资子公司，北京超同步科技有限公司和山东超同步智能装备有限公司。公司是国家高新技术企业、专精特新“小巨人”企业、国家级绿色工厂、北京市专利示范单位，获得北京市科技研究开发机构、北京市企业技术中心等认定。

公司主要产品包括全系列交流伺服电机，交流伺服驱动器，PLC、运动控制器等工业自动化产品，力矩电机、电主轴、直驱转台等机床核心功能部件，五轴机床、车铣复合等高端智能装备。核心技术达到国际先进水平，关键产品可替代进口同类产品，广泛应用于工业母机、工业机器人、工业自动化等领域。公司拥有自主知识产权的核心技术，各类专利及软件著作权300余项，其中发明专利30余项，伺服控制系统技术处于国内领先水平，掌握伺服控制空间矢量算法、控制软件开发、伺服驱动设计、伺服电机电磁设计、制造工艺等核心技术。

二、企业数字化转型现状

1. 整体架构

超同步数字化转型基于“以智能制造，制造智能装备”的理念，建立一座集数字化、协同化、智能化、柔性化于一体的，用于生产智能伺服系统、核心功能部件及高档数控机床的智能工厂。

构建满足大规模个性化定制的智能柔性数字化生产线，基于网络全覆盖的大数据信息交互平台，以生产执行管理系统为核心，完成三维模型仿真设计软件、嵌入式控制系统以及各业务管理功能模块（智能订单管理系统、产品生命周期管理系统 、智能设备管理系统 、动态绩效管理系统）的高度集成，实现用户参与的个性化设计、数字化柔性生产制造执行、智能化仓储物流，以及智能化工艺装备与生产运行管理软件的高效协同与集成，打造智能装备核心功能部件智能制造的应用典范。

企业智能工厂设计规划了5个层级结构（见图7-6），从上而下分别为：生产运行管理层、智能订单管理层、生产制造执行层、现场生产单元层、核心智能装备层。智能工厂的生产物料通过智能仓储物流系统进行快速传送，数据信息通过网络全覆盖的大数据信息交互平台进行高效交互，完成物料流和信息流的无障碍传输和实时通讯，实现整个智能工厂的高效集成运行。

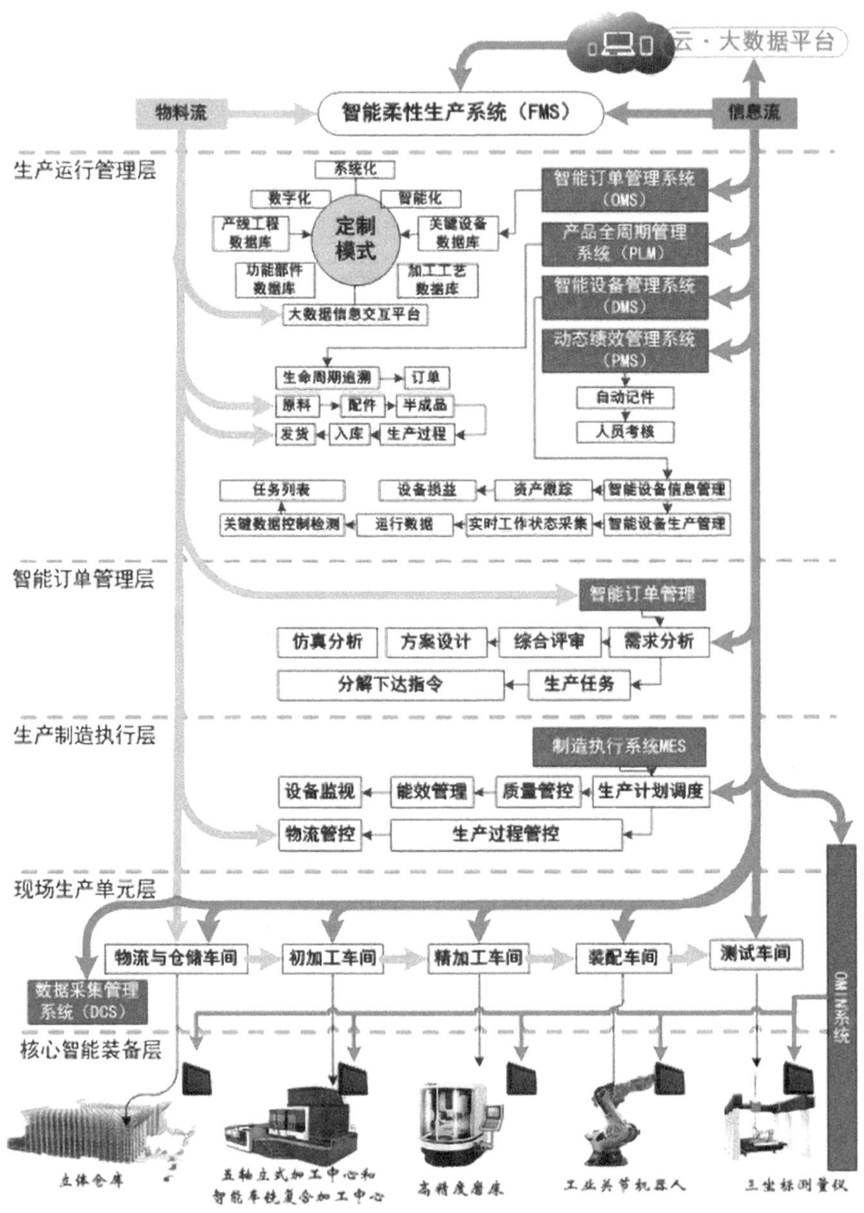

图 7-6　超同步智能工厂整体架构

智能工厂以大数据信息交互平台为核心，八大数字化管理模块协同、高效运行，五类核心工业装备与信息化深度融合，实现四大产品线规模化、柔性化的智能制造新模式，打造智能装备核心功能部件行业的智能制造新标杆，如图 7–7 所示。

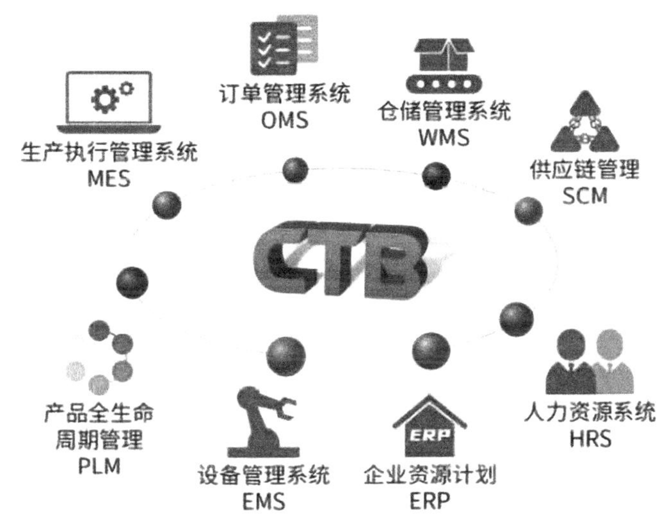

图 7–7　超同步 CTB 平台架构

一个平台：大数据信息交互平台。

八个模块：企业资源计划、生产执行管理系统、订单管理系统、设备管理系统、仓储管理系统、供应链管理、产品生命周期管理、人力资源系统。

五类装备：高端装备与机器人、数字采集与控制、在线检测与装配、智能仓储与物流、工业软件与信息终端。

四大产线：智能装备产品线、功能部件产品线、伺服电机产品线、伺服驱动产品线。

2. 技术方案

为推进数字化转型，助力公司智能制造水平，公司智能工厂项目自主设计开发国内外首创的智能柔性生产线、多个关键短板装备制造设备，自主开发设计大数据互联互通平台，并在设计中采用多项节能减排技术和装备，实现了项目先进、创新、环保和示范性。

（1）自主开发功能部件专用生产线，自主研制并应用多套关键短板智能装备，提升“智能化、柔性化、数字化”制造能力

为提高智能工厂的智能制造水平，该智能工厂自主设计开发针对盘类、轴类、箱体类零部件的专用智能数字化生产线，可以针对复杂零部件实现换装快、加工范围大，生产效率高、劳动成本低，自动化程度高、加工精度高的快速加工制造，并能够满足大规模个性化定制的智能柔性生产要求。这类零件专用数字化生产线在国内外均属首创，填补了该类零件一体化智能加工生产领域的技术空白。

该智能工厂中采用的大部分核心设备均实现了国产化，并将创新自主开发并应用4种伺服电机制造业转型升级急需的关键短板装备，该关键短板装备均由超同步自主设计开发，其中的核心部件——智能伺服电机、伺服驱动、车铣床电主轴、伺服刀塔、刀库、直驱转台等，全部为超同步自主研制，具有完全自主知识产权。实现了专业化、柔性化、智能化装备国产化。打造智能装备设计开发技术储备和人才团队，为未来高端智能装备发展提供原动力。

（2）自主开发大数据信息交互平台，提升“数字化、智能化、协同化”运营能力

各种数据后台交互互通，快速响应需求变化：在精确性上，生产执行管理系统采集从接受订单到制成最终产品全过程的各种数据和状态信息；在开放性上，生产执行管理系统整合数据、集成、应用三方面，可即时解决实际生产过程中各种资源无缝链接的问题；在承接性上，系统可将上层ERP系统决策管理与下层协调 / 跟踪并监控趋势的执行层二者有机联系起来，发挥信息桥梁作用。

（3）应用直流总线供给技术和液压总线控制技术，创新“绿色化、

数字化、智能化”制造方式

电能供给创新地采用直流总线控制方式，由直流母线统一为生产线中的每台设备供电，减少制动电阻的使用，提升快速响应性的同时，实现节能环保；液压供给创新地采用液压总线控制方式，整条生产线只设一个液压站，统一调配液压供给，成本低、噪声少，实现节能环保。

（4）创新应用工业互联网系统与设备，提升“智能化、协同化”管理水平

通过自主研发的网关系统、各种网络适配器融合各种通信协议，打造工业互联网平台，实现大数据收集、分析和利用。开放式多媒体工业网络（OMIN）系统，作为智能工厂生产设备与软件系统互联互通的桥梁。OMIN 系统在设备层实现了定制化的数控系统、现场总线 IO、PLC、机器人控制以及工厂自动化等控制功能，并且将这些功能映射到针对工厂生产活动所必要的流程中。最后，通过以太网或者 Wi-Fi，基于 HTTP 软件协议，将各种控制信息流传递给相关模块和功能单元。实现设备与软件系统的互联互通。

（5）全面应用工业设计、加工仿真软件，提升“数字化、柔性化”设计、制造能力

通过仿真和分析模拟，提高开发效率，试制样机成功率提高到 90% 以上；优化制造工艺、工具工装设计、控制代码，为生产制造提供完美方案，保证产品加工质量；同时可查找瓶颈工序，研究改善影响生产能力的关键环节，缩短生产周期，提高产量，可验证现有生产能力能否满足生产任务。

（6）大范围应用智能工厂管理软件及工业 App，提升“数字化、协同化”管理水平

建立覆盖整个智能工厂各业务环节的大数据信息交互平台，所有信息交换和传输都可以通过有线网络、无线 Wi-Fi、蓝牙、手机移动终端

App 进行内部和外部的信息交互及处理。公司管理和生产运行的每个环节均可通过内部局域网、互联网在大数据交互平台上进行数据共享、信息交换。自主研发的大数据信息交互平台，实现了多模块协同运行的智能化管理模式，为打造柔性化、智能化、信息化、数字化的立体化工厂奠定了坚实的基础。

三、主要成效

为确保智能装备核心功能部件智能工厂建设完成达到既定目标，公司从硬件设施到管理理念与方法，从人才引进到资金保障，均得到有效提升，从而完成企业转型升级。

与此同时，该智能工厂的建设进一步提升公司各项产品性能（见表 7-1），大幅提高生产效率，使公司产品更具市场竞争力，公司行业领先地位更加稳固。

表 7-1 超同步数字化转型主要成效

序号	综合指标	项目开始前	项目实施后	实施效果
1	经济效益	0.94%	6.25%	提高 5.31%
2	生产效率	0.0165 件 / 天	0.0228 件 / 天	提高 38.18%
3	运营成本	657.12 元	519.36 元	降低 20.96%
4	产品升级周期	135 天	60 天	缩短 55.56%
5	产品合格率	93.93%	100%	提高 6.07%
6	单位产值能耗	0.0080 万元	0.0049 万元	降低 38.75%
7	关键工序数控化率	75%	80.68%	提高 5.68%

另外，该智能工厂产生多项成果转化，多项制造设备及应用方案完成产品化，公司市场范围及应用领域进一步拓展，促进公司市场地位及行业影响力不断提高。

案例5　北京市春立正达医疗器械股份有限公司：打造骨科植入物数字化车间

一、企业简介

北京市春立正达医疗器械股份有限公司（以下简称春立医疗）成立于1998年，是民营高新技术企业，专精特新“小巨人”企业、单项冠军企业，在香港主板与上海科创板上市。公司拥有人工关节北京市工程实验室、国家企业技术中心等资质，是国内人工关节的生产销售龙头企业，2023年实现营收12.08亿元，主要产品为人工关节与脊柱假体及运动医学产品，产品销往全国5000多家医院，并远销全球50多个国家和地区。2020年与2022年，作为主承担单位承接了2项科技部重点研发计划，2022年与2023年4个项目成功入围工业和信息化部创新任务“揭榜挂帅”项目，是北京市经济和信息化局认定的产业链龙头重点企业。公司拥有发明专利119项，Ⅲ类产品注册证40项。

春立医疗成立20多年来，拥有千余名员工，包括博士后、博士、MBA、硕士、学士及拥有20年以上行业经验的专业技术人才。人才建设涵盖机械设计、材料、生物力学、临床医学、计算机等多学科的复合型专业团队。作为国产人工关节的领军者，公司多款产品在国内市场上享有独特优势和领先地位，填补了市场空白，提高了公司核心竞争力和行业认可度，提升了我国人工关节领域自主创新的水平。

二、企业数字化转型现状

1. 总体规划

公司从 2019 年开始启动数字化转型工作，经咨询专家制定了本公司的数字化车间建设的总体规划，于 2022 年建成了骨科植入物数字化车间（见图 7–8），并被北京市经济和信息化局认定为北京市数字化车间。

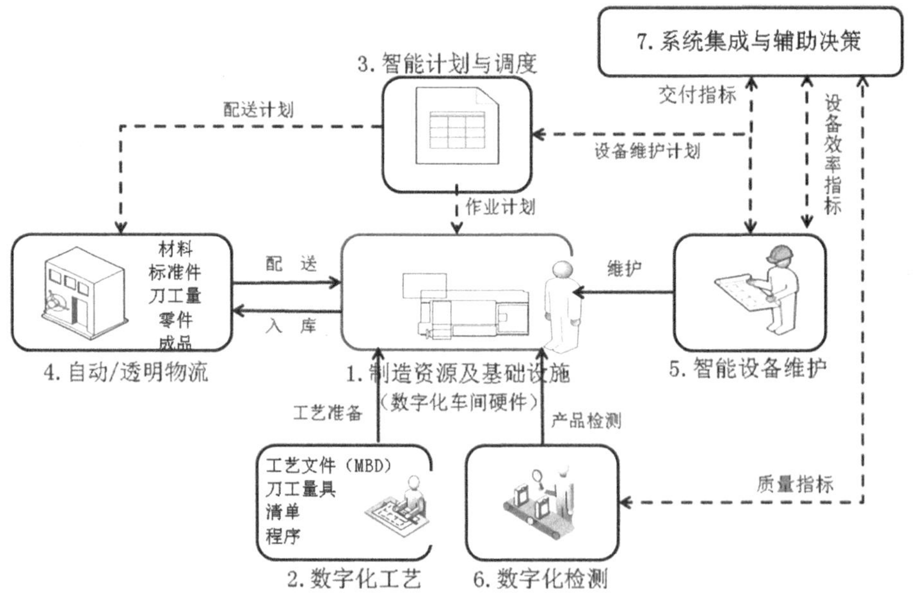

图 7–8 春立医疗骨科植入物数字化车间业务模型

建设之初的动因是，传统的人工模式无法快速提高产能，而数字化机床则可 24 小时运转，可成倍提高生产效率，而且还可降低成本。目前公司正开始建设数字化车间的二期工程，期待能再提高产值 1 亿元。预计二期工程项目将于 2025 年底建成。远期目标是朝着建设数字化工厂的方向迈进，实现全流程的数字化控制。

拟实现三大系统集成：基于 MDC 系统的关键设备联网，实现设备间的联网；物理系统与信息系统的集成（CPS 系统），主要靠各类传感装置和执行装置将物理设备连接到互联网上，靠各类传感装置实现对物理设备状态的“动态感知”，靠执行装置实现“精准执行”；信息系统间的集成，指运用信息集成技术实现产品数据管理（PDM）系统、企业资源计划（ERP）等信息系统集成，实现多个系统之间信息传递和数据交换，信息系统间的集成一般以接口方式相互调用，让车间业务系统具备可继承、可重用、可扩展的能力。

2. 建设内容

公司建成的是骨科植入物数字化生产车间，即通过数字化信息化手段生产制造骨科植入物产品，主要包括髋关节假体、膝关节假体、肘关节假体、肩关节假体及脊柱假体。数字化产品主要依靠外部采购，部分依靠内部研发。主要建设内容如下：

公司通过研究骨科植入物零件加工特点和工艺流程，按照“精益化+网络化+数字化”的设计思路，形成车间总体数字化建设架构（见图7–9）。

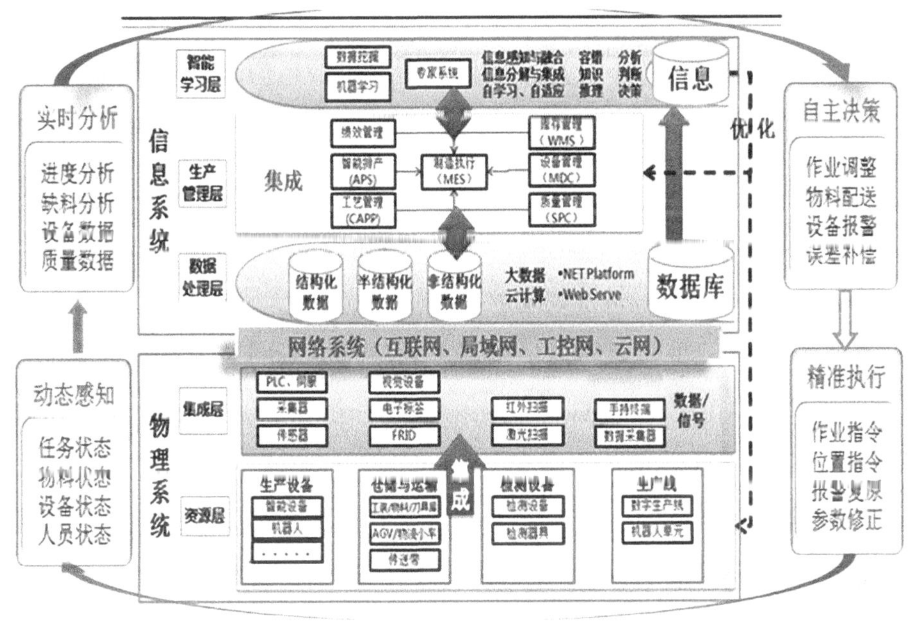

图7–9　春立医疗基于RAMI4.0的车间总体数字化建设架构

其中，软硬件设备主要包括资源层和集成层的基础设备。

资源层包括智能设备、自动化 / 数字化生产单元、3D 打印生产单元、机器人打磨单元、物流设施、检测设备在内的智能制造装备以及自动化 / 数字化生产单元等功能单元。智能制造装备是指具有感知、分析、推理、决策和控制功能的制造装备，它是先进制造技术、信息技术和智能技术的集成和深度融合，具备动态感知、实时分析、自主决策和精准执行四个智能化特征。智能制造装备主要包括智能生产设备与工业机器人、3D 打印装备、传感与控制装备、检测与装配装备、物流与仓储装备等智能制造关键技术装备，公司项目中应用了 3 种以上智能制造装备。

集成层包含采集计算机、采集软件、智能传感器、采集器、视觉设备、电子标签、扫描设备、手持终端设备等，该层为信息系统客户端持续采集数据和状态展示提供支撑，对下能够对各种类型数据采集设备进行通信连接，实现对资源层的数字化信息进行实时采集、监控、统计分析和存储等功能，为整个管控系统提供准确和值得信赖的底层数据。例如，设备信息包括电流、电压、温度、压力、图像及振动等数据，生产信息包括起止时间、实际工作时间、完成数量以及作业任务状态等；对上（赛博系统）实现现场数据库的共享以及系统数据指令的互相传递。

（1）通信网络架构和系统集成方案

骨科植入物数字化车间通信网络分为应用服务网络（上层）和工控网络（底层）两个网络层次。

工控网络要求系统的开放性、互可操作性、实时性与稳定性、智能与功能自治、环境的适应性。现场总线控制系统可以很好地适应工控网络的要求，其传输的数字信息主要包括生产运行参数的测量值、控制量、阀门的工作位置、开关状态、报警状态、设备的资源与维护信息、系统组态、参数修改、零点量程调校等。

（2）工艺流程及布局数字化建模与仿真

数字化车间建模主要是通过三维信息模型和三维数字化仿真技术，以设备以及工艺过程信息的相关数据为基础，在计算机虚拟环境中，对整个车间设备布局、生产能力以及物流进行仿真、评估和优化。

（3）产品数据管理（PDM）协同平台

建设产品数据管理（PDM）协同平台，对骨科植入物产品研制过程中涉及的产品设计及仿真、工艺设计及仿真、制造、质量、检验、试验、服务等业务环节产生的各类产品数据（包括三维模型、二维图样、技术文档、工艺、工装、标准规范、需求管理等数据）进行统一的存放和管理，确保数据的方便传递和有效组织，保证数据的一致性、有效性、完整性、可追溯性和安全性，最终为春立医疗建立完整、可控的数字化研发管理体系，推动产品的“三化”（标准化、通用化、系列化）设计与制造，缩短产品研发周期，提升质量，降低成本。

（4）自动化生产线、3D 打印生产单元、机器人打磨单元及数字化生产单元建设

骨科植入物数字化车间设计了 1 条自动化生产线，由精密数控机床、升降机、工控系统、上下料轨道、3D 打印生产机器、机器人打磨设备等构成。

（5）基于 MDC 的工业互联网平台建设

工业互联网平台是基于数控机床监控系统、信息物理系统集成和信息系统集成的互联互通网络化平台。运用 MDC 软件实现关键数控设备联网，运用物联网技术和无线网络技术实现物理系统与信息系统互联互通，通过统一数据接口实现信息系统集成，在三大集成的基础上构建的工业互联网平台实现了产品—设备—信息（包括现场作业状态、进度数据、设备参数、物料状态、质量检测数据）互联互通，并通过电子看板实现生产绩效指标的动态监控。

（6）硬件与系统建设

主要通过开展车间环保改造、安全监控、电路改造等工程，购置数控机床、机器人打磨机、膝关节磨损测试试验机、3D 打印机等设备，以及三维仿真设计与过程监控和智能制造软件。

三、主要成效

骨科植入物数字化车间建设成效显著。首先，使公司产能大幅提高 1 倍以上，以前产能每年生产产品约 5 万套 / 年，建成后产能提高到 11 万套 / 年。同时减少原有的劳动密集型生产人员，降低了生产成本，提高了生产效率。产品质量也得以提高，因为数控机床可以精确生产，使产品质量做到完全一致。

公司主要生产的Ⅲ类医疗器械，国家对其生产环境与生产方式有强制要求，必须通过 GMP 认证。近年来，公司每年都经受住了国家飞行检查的严苛考验，说明了骨科植入物数字化车间建设成效显著。

此外，骨科植入物数字化车间建设中的大规模定制场景被工业和信息化部评为智能制造优秀应用场景。

案例 6　北京德尔福万源发动机管理系统有限公司：数字化平台与零部件制造融合

一、企业简介

北京德尔福万源发动机管理系统有限公司（以下简称德尔福万源）是于 1994 年成立的中外合资企业，生产并销售发动机电子控制系统及关键零部件，并提供汽车零部件技术服务与咨询。公司所处行业为先进制造与自动化领域中的汽车及轨道车辆相关技术细分领域，聚焦于汽车关键零部件技术方向。公司是国家高新技术企业和北京市专精特新中小企业。

二、企业数字化转型现状

1. 整体架构

数字化平台及自动化生产线项目建设期从 2023 年 7 月到 2025 年 6 月。项目主要包括数字化平台、自动上下料设备、多条生产线的数字化投资及改造、MES 系统升级改造、AGV（自动上下料）系统、通信网络及信息安全保障。整体架构如图 7-10 所示。

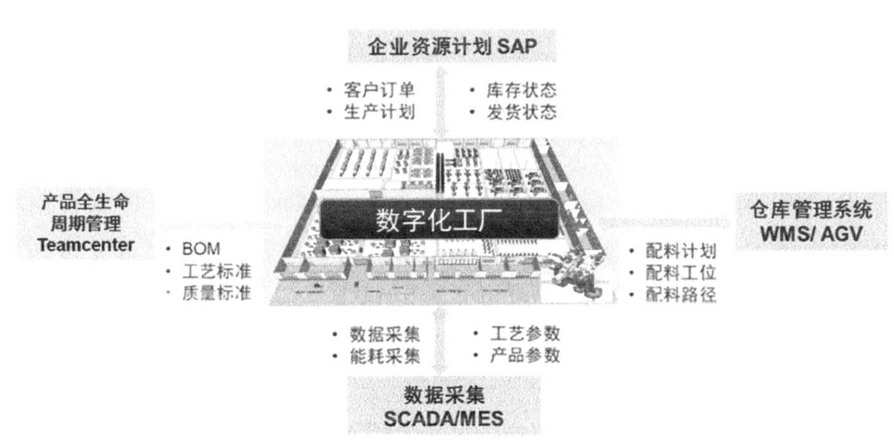

图 7-10 德尔福万源数字化系统整体架构

项目目标是 2025 年 6 月完成整个工厂数字化转型，满足数字化工厂的技术要求和绩效要求。实现工厂在数字化平台与制造全过程、全要素深度融合，推进制造技术突破和工艺创新，推行精益管理和业务流程再造，实现数字化设计、智能化生产、网格化管理、智慧化服务，构建柔性、高效、绿色、安全的制造体系。

数字化系统主要实现以下功能：客户订单信息实时共享、库存数据和物料信息及时更新、研发设计软件升级、设备自动化升级、生产计划通过数字化系统信息共享、系统下发和更新工艺文件、系统记录设备数据和安灯信息、系统记录生产数据、看板实时显示工厂生产数据和质量数据、供应链协同创新。

2. 典型场景

企业数字化的主要场景包括企业运营管理、产品设计和设备升级、生产制造等。

（1）制造执行系统（MES）

建立数字化工厂，让工厂数字化系统起到生产运营管理的枢纽作用，需要建设制造执行系统（MES）与工厂数字化系统和生产线设备互联互通。项目建设目标是MES与工厂数字化系统连接，与生产线的关键设备连接。

技术路径是采用国产MES软件，从工厂数字化系统获取生产计划（工单），将生产计划发送到生产线，生产线设备根据收到的生产计划自动换型，调取工艺参数，然后进行设备验证，验证合格后，将设备验证状态发送给MES，MES收到验证合格信息后，允许生产设备进入自动生产状态。在生产过程中，实时地获取设备的生产数量、产品合格率、产品生产时间、产品追溯编号、工艺数据、产品检测数据、设备状态、工装寿命、设备能耗等，将这些信息发送给工厂数字化系统进行分析和保存。MES实时监控产品数据，可以对产品的数据进行SPC分析。MES监控工装的使用寿命，达到使用寿命后，给设备发送指令，停止设备的生产，设备更换工装后，方可继续生产。

MES的建设投入了MES软件和硬件，软件包括数据库、数据采集系统、逻辑处理系统、数据发送系统、人机交互系统等，硬件包括服务器、数字交换机、不间断电源、中转电脑、显示器、桥架、网线等。

数字化系统底层包括用于工艺参数采集的传感器、测量仪表、控制器、测试板卡及其他硬件。中间层的处理包括可编程控制器（PLC）

及工控机（PC）。数据传输使用交换机及以太网。上层的数据处理包括MES和数字化系统。

通过该数字化项目的上线，成功地带动了设备供应商及原材料供应商的数字化转型。设备供应商方面，为了满足该数字化项目开发的需要，成立了MES工作组和数字化系统工作组，扩充了团队成员，开发了可用于推广的国产化数字化系统。另外设备的开发和制造实现了100%本土化，替代了国外设备供应商。原材料方面，由于公司积极推进数字化工厂的建设，也有效地带动原材料供应商的数字化转型升级，例如数字化物料标签的使用、工艺过程的数字化监控等。

（2）自动上下料（AGV）系统

工厂计划引入AGV系统，实现无人化自动搬运，覆盖全工厂自动配送上料及入库。AGV系统从数字化系统获取生产任务，通过数字化安灯系统触发上料及入库需求信息，并由AGV小车执行运输任务。AGV系统能够提高搬运效率，减少错误风险，提升运输安全性，并能节省人力成本。AGV小车在车间内自主导航和运输物料，通过预设的路径，使用传感器和人工智能技术来避开障碍物，进而优化运输路径和运输时间，实现更高效、安全和可持续的生产环境。

（3）上下游企业协同数字化转型

北京工厂使用ERP六大模块功能，包括财务会计（FI）、控制（CO）、销售与分销（SD）、生产计划（PP）、物料管理（MM）、质量管理（QM），其中SD段及MM段可实现端到端数据集成和全供应链自动化数据一体化管理。

客户EDI：通过ERP系统与客户端系统对接，可自动获取客户端需求信息，并根据客户需求制作提前发货通知（ASN），通过系统将发货信息和交付计划传递至客户端，客户可更迅速便捷获取交付状况。

供应商EDI：通过ERP系统与供应商系统对接，将需求传递至供应商系统端，供应商可在终端系统制作条码和送货单，并记录原材料批次信息，管理交付计划和交货数据。

EDI 可以集成信息流，优化业务流程，降低数据传输的成本与风险，提高供应链的韧性与敏捷性，并推动客户及供应商实施数字化转型方案，从而提升整个产业链的竞争力和效率。

三、主要成效

1. 经济效益

提高生产效率。数字化工厂通过引入先进的制造技术和自动化系统，可以显著提高生产效率，降低生产成本，降低单件能耗，提高数据自动采集率，降低产品不良率。具体如图 7-11 所示。

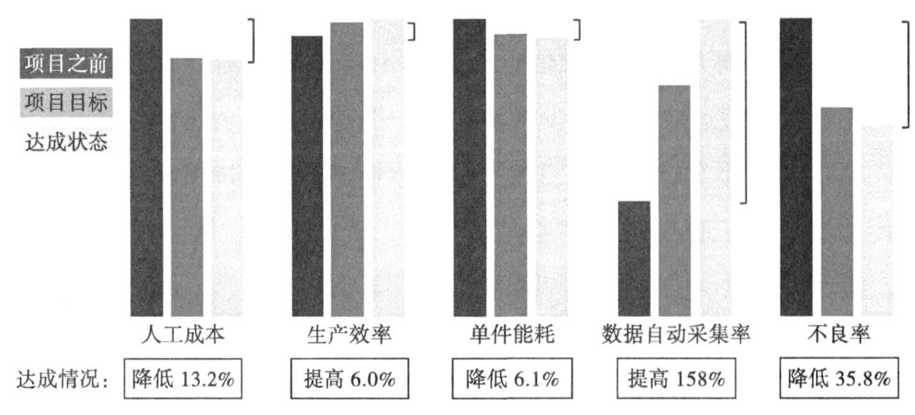

图 7-11　德尔福万源数字化转型综合指标及效益

2. 促进创新

增强产品创新能力。数字化研发工具可以缩短产品开发周期，提高研发效率，加速新产品的市场推出。

扩大市场份额。通过改善产品质量和客户服务，数字化工厂能够帮助企业扩大市场份额，增加收入。

3. 绿色低碳

推进产业数字化的过程中，新一代信息技术加速传统能源产业与数字产业深度融合，打造具有国际竞争力的数字能源产业集群，优化厂区能源需求与能源消耗两侧的供需平衡，将产品单耗从 0.53 千瓦时 / 件减低到 0.52 千瓦时 / 件，每件能源消耗减少 1.9%，从而减少能源活动产生的碳排放量，促进工厂绿色低碳生产。

4. 促进供应链协同创新

通过数字化转型，实现与客户及供应商之间的数据共享和业务协同，促进整个供应链的协作和创新，带动上游客户及下游供应商的数字化转型。

案例 7　北京亿华通科技股份有限公司：多系统集成推动燃料电池产品业务一体化

一、企业简介

北京亿华通科技股份有限公司（以下简称亿华通）成立于 2012 年，是一家专注氢能与氢燃料电池研发与产业化的国家级高新技术企业，是国内第一家同时在“A+H”股上市的氢能及燃料电池系统企业。公司经过 10 多年的探索和发展，现已形成氢能和燃料电池两大业务发展格局，构建了“双轮驱动”发展战略。在燃料电池领域，亿华通形成系列化燃料电池产品体系，功率覆盖 30~240kW，满足车用多种应用场景需求。在氢能领域，亿华通拓展 PEM 电解槽、热电联供等技术路线，同时布局绿电制氢一体化项目。推广应用方面，亿华通核心产品全国市场占有率不断提升，2023 年为 24.29%，2016 年至 2023 年平均市场占有率达

22.10%，居国内第一。公司与福田汽车等 30 余家企业合作，在全国 30 个城市批量化开展商业运营，累计推广车辆 5300 台。

二、企业数字化转型现状

1. 总体规划

公司的数字化转型与公司的发展同步开展。公司的数字化建设始终遵循着“战略导向、业务导向、价值导向”的原则，持续稳定发展。近年来，随着公司在车用燃料电池系统产业布局的扩大、逐步在全国各地建立生产基地、产品系列逐渐增多、市场保有量持续增长，以及近期推出的战略转向“双轮驱动”，都对数字化转型提出了更高的要求。

公司于 2021 年重新对数字化转型进行了中长期规划，如图 7–12 所示，计划用 3~5 年时间，逐渐完善公司的数字化体系，使公司各项业务能够运用高效灵活的信息系统，实现不同发展阶段的数字化需要，解决业务痛点，完成公司的数字化转型，助力亿华通业务腾飞。

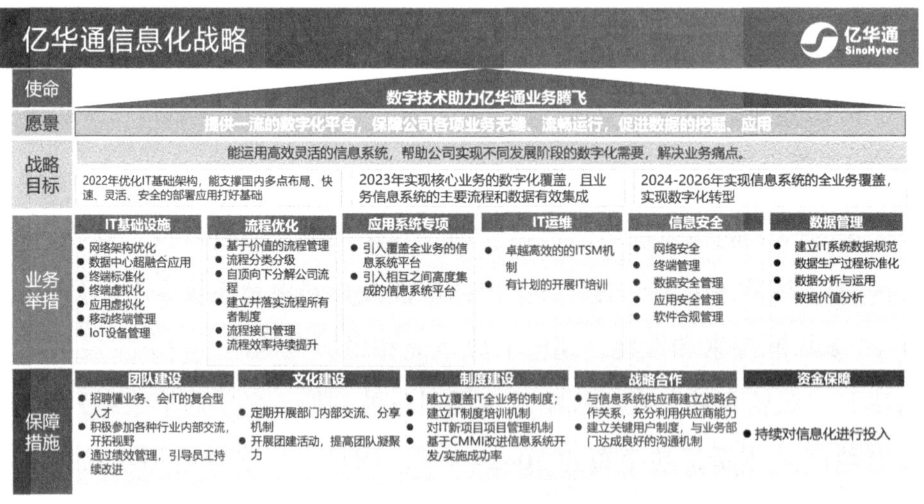

图 7–12　亿华通信息化战略

根据规划，公司将从 IT 基础架构、信息安全、流程管理、应用信息系统建设与运维、数据管理等方面开展业务举措，并配合IT团队建设、文化建设、制度建设、战略合作、资金保障等方面，有力保证战略目标的落地和各项业务举措的顺利开展。

2. 主要阶段

由于亿华通所处行业为较新行业，存在较大的不确定性。因此无法从公司一成立就走系统规划、分步实施的路径，而是采取了适合自己的路径。亿华通的数字化转型，总体上分为以下两个阶段。

（1）自由发展阶段

第一是初始阶段（2012—2016）。2012年公司成立初期，燃料电池行业处于刚起步阶段，公司资金有限，加上规模虽较小但团队分布比较散，造成协同工作难和流程制度不健全等问题，为此初步设立采购部，以改变粗放的采购成本管理模式。随后在业务部门（采购部）的强力推动下，公司初步建立了OA和ERP系统，这些项目有效地解决了团队沟通协调难，采购过程、库存管理的标准化以及业财一体化问题，并初步建立了公司的物料库及相关主数据规范。总之，这些数字化基础保障了公司各项业务顺利开展，并为公司2016年新三板成功上市奠定了坚实的基础。

第二是生产扩容阶段（2016—2020）。从2016年起，燃料电池行业迎来了快速发展期，公司规模的快速扩大、研发需求多、产品定制化程度高，对技术状态管理、生产管理带来了调整。因此，公司分别于2017年、2019年实施了生产管理ERP系统、产品生命周期管理（PLM）系统。并集合着系统实施，同步推广了CM2技术状态管理方法，初步建立了产品数据相关的数据规范，有效地促进了产品开发管理、技术状态管理逐渐规范化，促进了设计数据的重复利用，降低了人员的冗余投入。

（2）统筹规划及建设阶段

进入2021年后，公司规模指数级扩张，并随着燃料电池产业化浪潮的来临，公司在全国多个地方建立了生产基地。同时，公司于2021年正式设立了信息技术部，专门负责原有的信息系统和统筹负责公司的数字化转型建设。信息技术部根据公司战略结合对业务的分析，2021年对IT系统进行了总体规划，然后分步实施。根据规划，结合紧迫性、实施风险，对项目进行排序，决定通过“三步走”（见图7–13）逐渐完成公司的数字化转型。

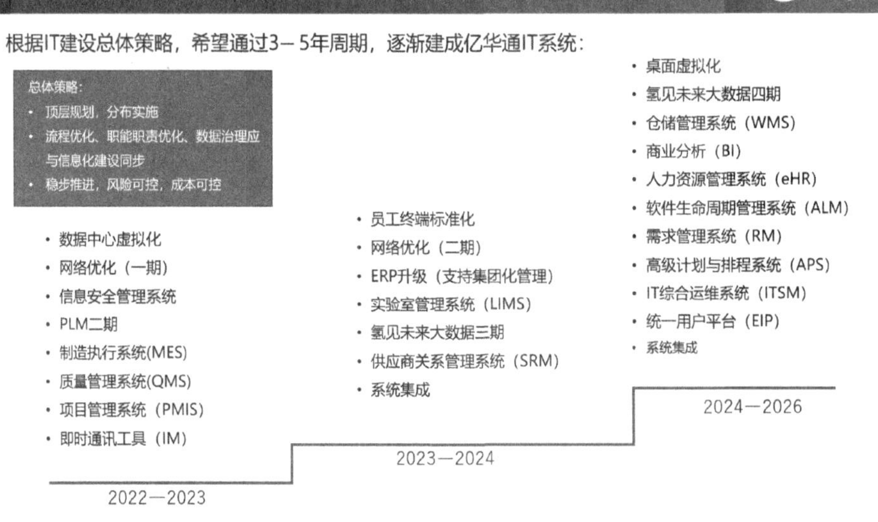

图7–13　亿华通数字化转型重点项目规划

3. 数字化转型实践

根据IT总体规划以及实施策略，自2021年起，亿华通开展了有计划的多个IT项目实施。

（1）IT基础服务架构优化

2022年，公司对数据中心、服务器统一进行了规划，结合各业务系统的特点，对服务器选择了“本地部署＋云端部署”的混合方式；利用超融合技术，率先对本地服务器进行了改造，实现了计算、存储、网络的虚拟化，大大提高了IT硬件资源的利用率，并为业务系统的建设提供了坚实的基础；对国内各基地的网络架构进行整合，实现国内异地组网。

（2）信息安全建设

2022年起，公司对网络安全进行优化，通过对网络架构的重新部署，确保了敏感数据的物理隔离；通过网络准入、运用防火墙、上网行为管理等技术手段，对网络安全边界、网络行为进行了有效管理控制，进一步提升了网络安全。对终端采取网络准入，统一部署企业级防病毒软件、电子文档加密（CDC）、终端数据防泄漏（DLP）系统，保证了终端安全、软件合规及数据安全。

4. 应用系统建设及整合阶段

（1）产品服务体系数字化转型

2022年起，通过“氢见未来”大数据系统专项的持续投入，逐步实现了产品的售前、售中、售后服务的数字化转型，以及产品在市场端运行数据的采集，并利用大数据分析、燃料电池系统自诊断模型等技术，已初步实现了燃料电池发动机在市场运行期间的故障上报、故障预警以及趋势预测。有力地保障了产品生命周期质量的持续改进，并为公司下一代的新产品、新技术研发提供了宝贵的数据支持。通过“氢见未来”与内部ERP系统、追溯系统的集成，实现了产品生命周期追溯，从零部件入厂、装配、销售发运、装车直到客户使用期间的维护、保养、故障维修、更换件的全过程追溯，大力提升了公司产品的运维能力。

（2）质量管理系统（QMS）建设

2023年公司实施了质量管理系统，实现了产品的来料检验、过程检验、成品检验、出厂检验以及不合格品处理、纠正预防、持续改进业务的数字化转型。

（3）实验室信息管理系统（LIMS）建设

随着新产品开发型号越来越多，测试能力的逐渐完善，实验室管理、试验过程管理对产品开发的支持愈来愈重要。为此，2023 年建设了实验室信息管理系统（LIMS），目前已初步实现了产品开发试验业务的数字化，并通过 LIMS 与测试台架的集成、分析模型的植入，实现了测试数据采集、试验数据在线实时监测、试验数据在线分析、报告生成的在线作业，有效保障了研发测试验证业务的顺利开展。

（4）多组织型 ERP 系统切换

2023 年，由于公司子公司日益增多，原有的用友 U8 仅适用于单组织业务，无法支持越来越多的跨组织业务协同、集团化经营模式，因此公司实施了 ERP 系统切换项目，目前已实现集团 11 个子公司之间的销售、采购管理、库存管理、生产管理在同一系统中的业务协同、数据共享以及业财一体化，并实现了预算管理、员工报销等业务的有效运行，大幅提升了工作效率和数据的合规性、准确性。

（5）内部业务系统的集成

由于公司的业务系统越来越多，为了打通各信息系统的数据，减少“数据孤岛”、业务衔接不畅，公司从 2021 年起，陆续实施了系统集成项目，目前已实现了 PLM 系统、MES、ERP 系统、“氢见未来”、OA 系统等的系统集成，实现了产品设计—工艺设计—生产制造业务的一体化以及产品生命周期追溯，这些有效地保证了业务的连续性，也为公司各项数据应用奠定了较好的基础。

（6）数据治理

在业务系统建设的同时，公司同步开展了对 IT 系统所用数据的治理工作，逐步建立的物料数据、供应商数据，以及文件类数据的标准化工作，有效地保证了各系统运行数据的统一、完整。

为了确保公司的各项业务数字化转型，需要持续地开展信息系统建设、改进及数据治理工作，将来，公司将根据战略需要，结合企业发展的阶段，适时、适度地建立相关信息系统，持续开展数据治理，不断优化 IT 管理机制，以确保公司的战略落地及各项业务目标的达成。

三、主要成效

一是降本增效。实现了从客户需求管理、产品设计开发、过程设计开发到供应链管理、生产制造、质量管理、售中和售后服务、人力资源及行政管理等全业务流程的数字化。提升了各项业务的协同效率，实现了全集团、全地域、全天候的业务流程协同。提高了数据的完整性、准确性和可用性，显著降低了运营成本。

二是效益提升。通过各业务系统，公司积累了燃料电池产品全生命周期的数据，初步实现了数据标准化，并进入了数据综合分析与决策的新阶段，为公司各项经营活动创造了价值。

案例 8　电信科学技术仪表研究所有限公司：推进 SMT 产业生产管控和管理数字化

一、企业简介

电信科学技术仪表研究所有限公司（以下简称仪表所），始建于 1958 年，目前隶属于中国信息通信科技集团，是国务院国资委直属的中央企业，属于中型企业。荣获国家级服务型制造示范企业、国家级众创空间、工业和信息化部制造业双创平台、工业和信息化部知识产权试点企业、国家级高新技术企业、专精特新“小巨人”企业、北京市军民融合试点园、北京市中小企业公共服务示范平台、碳中和企业等，目前在申请北京市绿色工厂、数字化车间。

仪表所的主营业务为科研中试检测，其在电子中试制造这一细分领域已从业20余年，具有深厚根基，北京市场占有率约83%，行业领域排名第一。仪表所的营业收入每年稳步增长，2023年实现营收12646.55万元，纳税1097万元。

二、企业数字化转型现状

1. 总体架构

仪表所专注于电子中试制造这一细分领域，属于典型的离散型制造企业。由于客户需求的多样性，生产制造为多品种小批次。生产过程相对复杂，涉及多个零部件的加工和装配，每个产品的工艺过程可能都不一样，上述情况致使生产计划的制订与生产任务的管理面临着繁重的任务量。仪表所为解决上述问题，通过对生产管控、运营管理等关键环节开展数字化转型，提升生产效率。

仪表所在公司“十四五”战略规划中，将数字化转型列为一项重要的工作，紧密结合经营管理和产业发展需求，补齐信息化短板，夯实数字基础，目前在生产管控、运营管理等主要业务环节初步实现数字化转型，目前数字化水平处于二级阶段。后期仪表所将持续在集成供应链管理、协同制造、数字化管控方面深入开展数字化转型工作，实现绿色低碳循环发展。

仪表所结合公司实际，通过打造“一个门户，一个基础，两大主体”（OA办公系统为统一登录门户，企业经营管理ERP系统为数字基础，智能工厂和智慧园区为两大业务主体），如下图7-14所示，全面提升企业数字化程度，实现经营业务数据的互联互通，为公司经营决策提供可靠支持。

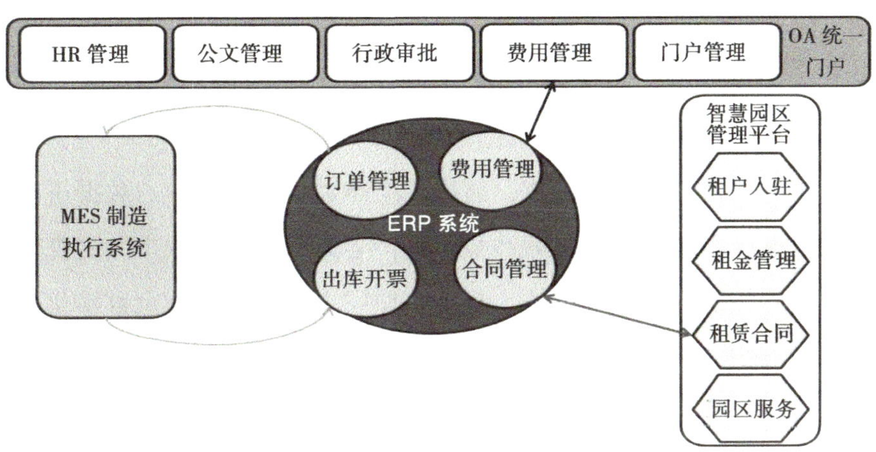

图 7－14　仪表所数字化架构

2. 主要场景

（1）生产、管理和市场

依据仪表所"十四五"战略规划中"流程信息化""管理数字化""生产智能化"三个阶段建设指导，经过两期 MES 建设，实现 SMT 生产订单管理、库房管理、生产管理、工艺管理、质量管理、设备及环境管理全流程数字化管理，实现管理需求 373 条及 MES 一期优化需求 35 条，整体生产运营效率和质量得到较大提升，基本实现 SMT 产业全流程生产经营管理数字化。2023 年以提高生产运营效率为目的，成立了智能制造工作小组，启动了第三阶段工作，积极打造"智能工厂"。

2022—2023 年进行了 ERP 系统升级，供应链部分优化订单合同管理，实现订单、合同、任务的关联对应及线上审批。满足公司小批量多品种及研发订单变更多且反应迅速的需求。销售、采购、开票、回款等业务数据在系统内实现关联，财务模块亦被打通，避免出现"信息孤岛"。实现多业务流并行管理，满足销售单的异地下单、生产的异地组织，以及 SMT 及自有产品等多业务类型并存。形成 ERP 系统与 MES 间的数据交换方案，克服两个系统物理隔离的困难。目前 ERP 系统升级一期供应链部分正在进行各业务板块的统一报表的编制，以提供经营分析及管理决策依据。未来会增加授信管理模块的应用和供方协同功能，进一步防范风险和规范商务活动。

因此，仪表所在生产环节，解决了生产数据多而分散、数据不同步的问题，通过引入 MES，有效减少了生产各环节的沟通成本，提高了生产效率，由传统管理方式变革为扁平化协同方式，形成信息数字化高效运转、需求快速响应机制，公司的精细化管理更加充分，从而提高了核心竞争力。

（2）行政管理

在行政办公环节，目前是通过引入 OA 协同办公系统，实现了跨部门之间的业务协同，大幅缩短了审批环节的时间成本。

（3）财务管理

当前数字化转型帮助仪表所打破内部数据壁垒，提升业财数据贯通水平；实现异地报销互通互联，有效提升业务效率水平。未来计划搭建银企互联平台，实现公司财务报表系统、银行资金系统、集团财务中心系统深度对接，有效提高流程运作效率以及智能服务水平。

三、主要成效

持续完善公司 OA 办公系统，持续扩大线上流程审批的覆盖范围，进一步提高了日常行政办公的数字化水平。顺利完成了企业经营管理 ERP 系统的升级及外网迁移工作，全力打通业务流与财务流的数据屏障，实现互通互联，提升了财务服务效率，有力支撑业务发展。仪表所数字化转型取得的主要成效指标如表 7-2 所示。

表 7-2　仪表所数字化转型主要成效

绩效指标	数字化转型效果
人均机器人拥有量	提高 14.01%
生产设备联网率	提高 43.54%
关键工序数控化率	100%
生产效率	提高 5.51%
交付周期	缩短 74.67%

扎实推进 SMT 数字化智能工厂的建设，本着“先精益，后建设”的思路，坚持需要导向和问题导向，按计划完成 MES 二期建设，基本实现 SMT 产业全流程生产经营管理数字化，初步建成“数字车间”。

通过企业资源计划（ERP）系统与生产制造执行系统（MES）的集成实施与部署，建立长效的数据采集和分析运行机制，通过打通设备与工序间的数字接口，实现对车间产能效率的进一步优化，提高生产过程的数字化、可视化程度，强化现场协同管理。

案例 9　北京创元成业科技有限公司：生产和管理数字化促进企业效率提升

一、企业简介

北京创元成业科技有限公司（以下简称创元成业），成立于 2011 年，是北京市专精特新中小企业和双高新企业。拥有十余年 ODM/OEM/EMS 产业经验积累及超 2000 款产品研发制造经验，融合国内外大型半导体产业集群，形成完整的生态链、设有完整的批量产线，提供产品整机制造、嵌入式软硬件开发、信创设计、工业结构设计、集成电路设计等服务。覆盖航天军工、医疗器械、新能源、机器人、智慧物联等多个领域。公司累计服务客户超 1300 家，深度合作客户 273 家，含多家世界 500 强企业。

公司近三年主营业务额持续增长，自研智能制造平台荣获“北京工业 App 和信息消费创新大赛”——信息消费 5G 创新奖、“创客北京”大赛优秀奖，在集成电路制造细分市场占据了较大的市场份额。

二、企业数字化转型现状

1. 总体规划

创元成业数字化转型的近期目标是完成核心业务流程的数字化改造，提高业务处理效率；搭建初步的数据分析平台，为决策提供数据支持；实现关键业务领域的数据可视化展示，增强数据洞察力。中长期目标是构建完善的数字化生态系统，实现跨部门、跨领域的业务协同；利用大数据、人工智能等技术，推动产品创新和服务升级。

创元成业数字化转型整体规划如图 7-15 所示，包括基础设施升级、数据资源整合、数字化平台搭建、系统集成与协同等。目前公司已完成自动化、数字化、网络化系统第一阶段，解决了产品数据、订单数据、生产数据、生产排单、工艺管理、供应链管理、生产过程数据等问题。

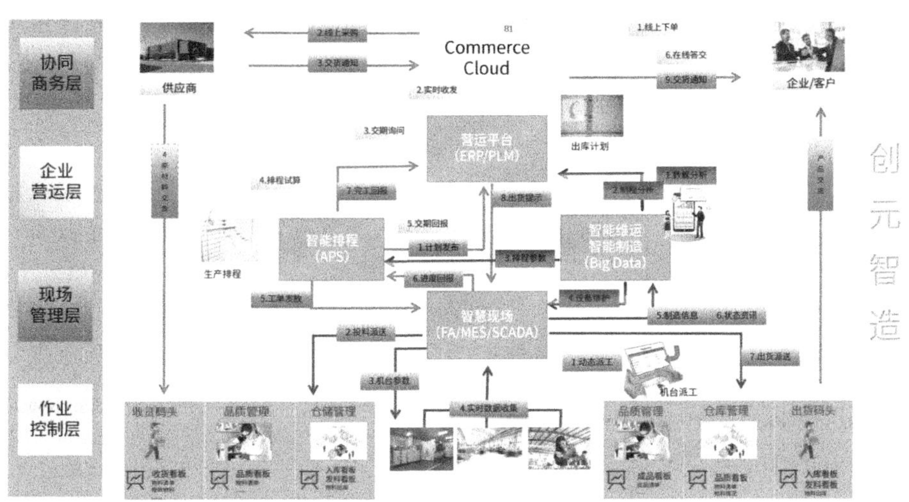

图 7-15　创元成业数字化转型整体规划

2. 应用场景

数字化转型主要应用场景如下图 7-16 所示。

图 7-16　创元成业数字化转型场景

（1）客户端管理

客户在线下单，通过客户端可上传生产工艺文件满足定制化生产需求，可在线查看下单状态、生产进度、质检结果、合同管理、售后管理等需求满足客户下单的繁琐过程，历史数据检索大大降低客户下单成本。

（2）销售管理

销售管理模块满足销售部门从线索收集、分配、跟进到转化，全程可追溯，精准校正市场营销策略自定义客户标签，跟踪、记录客户行为，识别高价值线索，从线索、商机、订单到回款，实时追踪，实现销售全流程自动化、精细化管理分析销售行为，优化销售流程，提升成交转化，缩短成交周期自动生成销售业务 BI 报表，以数据驱动销售管理决策，定制可视化的销售漏斗，销售节奏有把控，销售效能可分析，销售业绩可预测。满足客户管理、产品管理、报价管理、合同管理、回款管理等销售需求。

（3）采购管理

采购管理模块与 ERP 系统数据、电商供应链物料 API 接口相结合，实现数据集成，可快速完成智能优选供应商与国际一线品牌的代理商紧密合作，产品 BOM 一键匹配生成标准 BOM 型号，满足强大的业务流程处理能力、采购能力、货物跟踪、采购对账管理等采购需求。

（4）仓储管理

仓储管理模块结合 ERP 系统数据完成 MRP 运算多种净需求计算方式，满足物料替代料、最小采购、生产损耗计算等需求；存货档案管理可实现所有物料条码管理从采购入库到生产领用、从完工验收到销售出库，条码适用于整个完整闭环，可为生产环节提供可追溯依据、采购任务下单等需求，满足仓储物料出入库、成品出入库管理、通知等需求。

（5）工艺管理

工艺是连接设计与制造的桥梁，工艺管理是对工艺相关信息的组织和处理过程的管理，工艺管理水平的高低将直接决定产品的成本和质量。电子制造企业大多都存在着产品种类繁多、工艺文件版本混乱、工艺设计人员查找资料困难，以及大量的时间和精力耗费在无谓的重复劳动中等问题。工艺管理解决方案实现了产品设计、工艺设计的一体化管理，为ERP系统、数字化平台提供完整的基础数据。

（6）品质管理

品质管理涵盖来料检验记录、分析，LQC（产线品质控制）生产检验缺陷采集、PQC（制程品质控制）制程缺陷采集、制程品质能力评估、OQC（出货品质控制）出货检验缺陷采集、抽检等。

（7）生产管理

生产管理模块实现扫码式进度汇报，针对生产派工、工序、人员通过条形码即可录入、保存汇报信息，自动下一步生产汇报，提高精准度，掌控每一道生产工序。在生产管理模块中提供工作台统计看板，一个界面实时呈现生产订单所有执行过程，通过工序管理、进度查询等查看生产全过程，减少沟通成本、保证生产交期，并通过生产管理模块与钉钉数据打通，可向生产车间下达生产指令、沟通生产异常处理情况，实现快速沟通并做沟通数据保存，可实现历史追溯，满足生产管理需求。

三、主要成效

1. 提升数据驱动的决策能力

解决了产品数据、订单数据、生产数据、生产排单、工艺管理、供应链管理等关键数据的管理问题，实现了数据的集中化、标准化和实时化。实现了生产过程数据的全面采集与分析，提升了数据驱动的决策能力。

2. 提升生产效率

实现库房物料管理和智能工位的硬件通讯及传输。解决生产效率低下，不能按时交货，产品质检不到位、合格率低，生产成本高，资源浪费严重，生产进度难以掌控，产品溯源难，物料分析不准确，退料、废料无管理等众多问题。提高了生产效率，加强了服务质量，为公司实现全面数字化奠定了基础。

案例 10　北京格雷时尚科技有限公司：业务和数据“双中台”驱动数字化决策

一、企业简介

北京格雷时尚科技有限公司（以下简称格雷时尚）是集高级成衣设计、研发、生产、销售于一体的现代化男装企业，主导产品为中高档男式西服套装，拥有主品牌 VICUTU 威可多、年轻化副品牌 RED VICUTU 和高端化副品牌 GORNIA 格罗尼雅三大男装品牌，业务网络遍及全国 100 多个城市，近 500 家门店，年销售额逾 16 亿元。公司先后获得国家高新技术企业、北京市重点总部企业、工业和信息化部重点跟踪培育的纺织服装百家品牌企业、北京市高精尖产业设计中心、北京市设计创新中心、北京市企业技术中心、北京市专精特新中小企业、国家级工业设计中心、国家智能制造标准应用试点等资质荣誉。

截至 2023 年 12 月 31 日，VICUTU 威可多品牌累计生产销售高档男士西服超 1375 万件，市场份额长期位居国内中高端男装市场前列，自 2013 年起连续入围中国服装协会“年度服装行业百强企业”。2023 年入选中国服装行业百强企业、北京企业百强 2 项百强企业榜单。

二、企业数字化转型现状

1. 总体架构

随着科技的发展，数字化转型已成为各行各业发展的趋势，服装行业作为与人们日常生活息息相关的一个行业，也迎来数字化转型的浪潮。随着互联网的普及，消费者的购物习惯和偏好发生了很大变化，行业的竞争环境也在不断变化，直播、短视频等新兴的销售渠道让品牌有了更快的传播速度以及曝光度；同时，由于传统行业受到时间、地点的限制，服务范围有限，而技术的快速发展让企业与消费者之间的距离不再是问题。所以企业的数字化转型势在必行，这不仅是技术进步的体现，更是行业发展的必然选择。

格雷时尚的数字化转型利用信息技术、大数据、人工智能等先进技术手段，对公司从服装设计、生产、销售、运营等各个环节进行全面的升级和改造，通过优化公司流程，降低公司成本，最终达到提高生产效率、优化消费体验、拓展消费渠道的目的。格雷时尚数字化整体架构如图 7-17 所示。

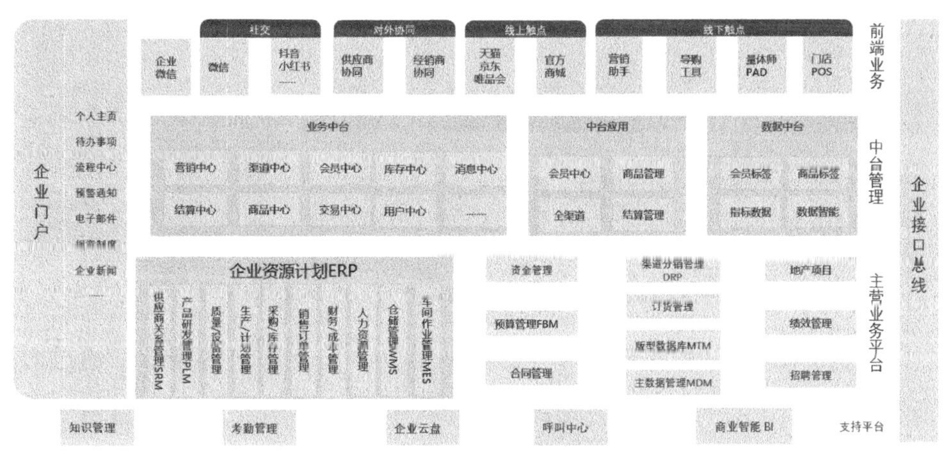

图 7-17 格雷时尚数字化整体架构

2. 主要阶段

格雷时尚的数字化经历了三个阶段。

（1）阶段一：信息化——业务数据化

数字化阶段，又叫信息化，这个阶段的工作重点是将业务数据化，将企业在生产经营过程中产生的业务信息进行记录、储存和管理，并通过电子终端呈现，便于信息的传播与沟通。格雷时尚的信息化，最早开始于2005年，持续到2014年，期间都在进行信息化的建设，此阶段主要建设内容有ERP系统、OA系统、会员管理系统、终端零售系统等。

（2）阶段二：数字化——数据业务化

公司在完成信息化建设之后，数据记录好了，但是各系统之间缺乏互通互联，不能进一步指导经营决策，在此阶段，公司的重点工作主要是让数据用起来，真正落实到能够帮助企业降本增效上来，重点建设了公司的业务中台和数据中台的"双中台"模式，如图7-18所示。

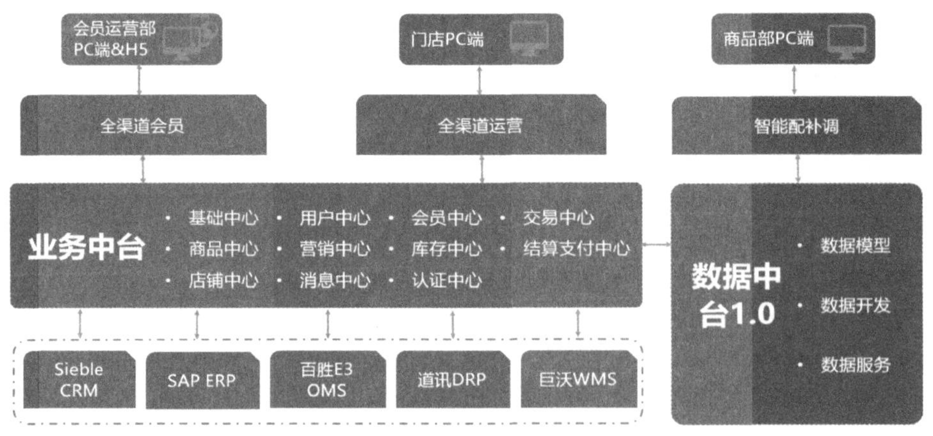

图7-18　格雷时尚"业务+数据"双中台架构

业务中台：为了快速响应、探索、挖掘、引领用户的需求，通过对现有业务流程进行整合，公司搭建了基于订单、库存、商品、渠道等信息中心的业务中台。

数据中台：为了解决"数据孤岛"以及各系统之间数据不一致问题，基于数据接入、数据开发、数据资产管理、数据分析、数据服务等能力的数据资产管理和服务平台应运而生。数据中台的建立，增强了数据的共享能力，为数据驱动决策提供科学依据。

（3）阶段三：智能化——“数据＋业务”

智能化、数智化是企业数字化转型的关键阶段，在数字与智能技术手段的支持下，建立决策机制的自优化模型，实现状态感知、实时分析、科学决策、智能化分析与管理、精准执行的能力。格雷时尚根据自身服装行业的特性，聚焦典型的数智化设计研发、供应链、营销等业务场景进行了定制化的智能化实践。

根据大数据分析，分析各渠道货品的销售情况，同时根据历史的销量，自动判断货品是否支撑未来销售，达到全国货品的智能配调。

利用 RPA 工具，依赖自然语言处理（NLP）、机器学习（ML）和流程自动化等核心技术。这些技术使得机器人能够理解和解析业务文档，具备自我学习和优化的能力，实现业务处理的自动化和智能化。

三、主要成效

1. 生产效率显著提升

引入自动化流程和智能化系统，打通物理流程与时间平衡的卡点，实现了数据驱动生产、精益促进发展的状态，生产效率提升 20%。

2. 成本有效降低

通过数字化转型，从产品设计到交付的周期缩短 50%，日产能提升 34%，产品制程良率达到 95%，实现了降本增效。

3. 提升销售转化率

新零售营销管理的数字化转型，通过会员画像进行精准营销，成交率提高了 15%。

4. 降低物流成本

建设全渠道及物流系统数字化，实施货品就近发货，利用系统自动比对物流方式的费用，选择最合适的物流方式，每月节约物流成本近 3 万元。

第 8 章　流程型制造业案例

案例 1　北京天罡助剂有限责任公司："三数"管理目标引领数字化转型

一、企业概况

北京天罡助剂有限责任公司（以下简称天罡助剂）是一家专注于高分子材料高端助剂研发与生产的国家级高新技术企业和专精特新"小巨人"企业。公司成立于 1998 年 6 月 15 日，注册资本 26270.67 万元。公司的高端助剂系列产品在国内外市场中均具有较高的声誉，并在关键市场中处于领先地位，产品远销欧洲、北美及亚洲等多个地区，为众多国际知名企业所选用。

公司主营业务为高分子材料防老化助剂及其中间体的研发、生产与销售，属于高端新材料行业中高端专用化学品（高性能助剂）子行业。高端新材料行业产品种类多、附加值高、用途广、产业关联度大，直接服务于国民经济的诸多行业和高新技术产业的各个领域，是化学工业中最具活力、最具潜力的新兴领域之一。大力发展高端新材料已成为世界各国调整化学工业结构、提升化学工业产业能级和扩大经济效益的战略重点。随着全球产业升级及经济发展，各种高分子材料需求不断增加，从而带动了全球高性能助剂行业持续发展。

二、企业数字化转型现状

1. 转型目标

公司在进行数字化转型前，大幅提升了集团生产自动化水平，但是公司经营管理信息化系统仅仅局限于用友财务系统、库存管理系统以及质检中心化验结果记录系统，生产自动化系统与经营管理信息化系统没有实现数据融会贯通。基于各个单一系统，基本上很难为公司管理层提供全部的核心经营数据，也很难为市场、客户价值、成本驱动这些方面提供有效的管理分析决策依据。同时外部市场环境的竞争进一步加剧，基于内外多因素考虑，公司于2022年启动数字化转型的工作。

结合公司三年战略目标（进一步提高市场占有率、核心运营流程行业领先、制造成本可控），经过与SAP、用友和北京西西科技有限公司三家沟通交流和询价比价对比分析，公司最终确定与北京西西科技有限公司达成合作，提出了数字市场、数字运营、数字成本的“三数”管理目标，平台架构如图8-1所示，希望通过数字化转型，实现如下目标。

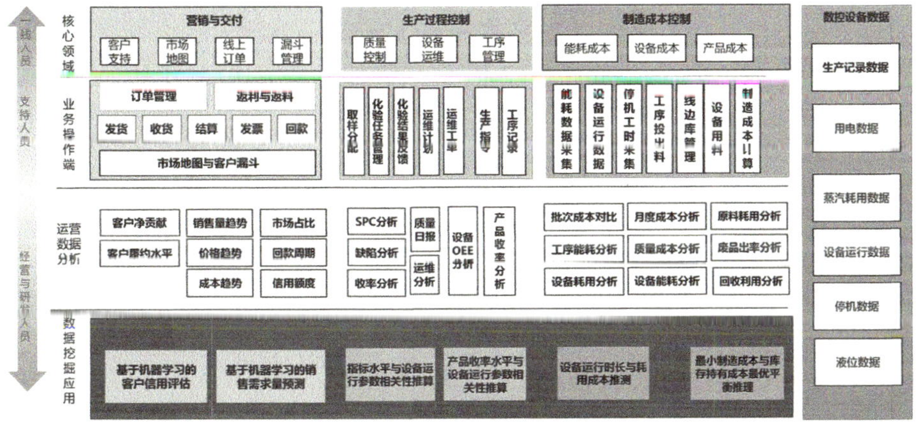

图8-1　天罡助剂数字化平台架构

市场营销数字化。构建数字化营销体系，通过数字化地图清晰指导公司的市场开发工作，构建一套数字化客户价值净贡献管理模型，用于对客户进行分层，分级管理，帮助公司实现市场目标。

化工生产经营数字化。结合精细化工行业的业务特点，对化工生产、质检、设备管理三个重点环节进行全面数字化，通过对过程数据分析与挖掘，抓出生产瓶颈与成本优化点，按每年三个大项、九个小项，推动公司运营过程优化，力争三年实现核心运营流程的三轮优化，推动公司生产过程与设备运维能力达到行业领先地位。

批次成本数字化。实现公司成本的流程可视化，成本要素可以分解到每个生产批次的每个生产流程的每个工序，实现工艺级别的制造成本数字孪生。

2. 实施路径

公司的数字化转型实施采取了先容易、后困难的总体策略，在实施过程中，采取将大目标分解为小目标，每个季度都上线一个小模块，半年业务上有实质性的落地进展这样的策略，力保系统的上线与业务的改进变革速度之间互相配套，避免系统上线过快、模块过多，各业务部门变成应付差事的实施风险。整个系统的上线过程具体如下。

（1）第一阶段：市场营销数字化

客户数字化分层。通过数字化客户管理平台，整理并导入了全面的客户数据，通过系统绘制了多维度的全国的客户市场地图，将客户进行重新分类、分级、分行业，结合对客户 2019 年、2020 年、2021 年、2022 年四年订单交易数据，通过数字化定量方式，对原来客户、潜在客户、休眠客户进行新的划分，重新制定了全新的目标市场分层管理策略，并依分层策略，实施不同的客户产品价格、服务、技术支持响应等级。

客户净贡献管理。基于客户交易全方位的数据化，实现了对每个客户、客户组、集团客户进行客户的价值贡献计算分析，以及客户价值贡献的变化趋势，实现对客户的季度、半年度动态分层分类调整。

数字化销售漏斗管理。使用数据定义并明确销售漏斗的各个阶段，包括潜在客户识别、需求分析、产品介绍、报价等，确保每个阶段的目标和产出清晰明确，便于衡量和跟踪。

建立起了有效的目标销售数据库，用于记录和跟踪潜在客户和现有客户的销售活动。实现了每周对销售漏斗中的数据进行深入分析，了解各阶段的转化率和滞留时间。为每个销售阶段设定具体的目标和指标，确保销售团队有明确的工作方向。建立了以转化率为重要指标的考核机制，对销售人员在销售漏斗管理方面的表现进行奖惩，激励他们更好地执行管理策略。

（2）第二阶段：化工生产经营数字化

质检管理数字化。建立了数字化化验管理平台，实现了从化验申请、取样接收、任务分解、化验结果反馈的全流程线上协同，如图 8-2 所示，减少了人工操作和人为错误，提高了化验分析的准确性和效率。通过精确的数据分析和监控，数字化化验管理确保产品质量的稳定性和一致性，提高了公司的产品竞争力。借助于精确的数据分析和监控，平台也帮助公司及时发现和解决了许多产品质量问题。通过对历史数据的分析和挖掘，一方面帮助公司进行了产品技术研发的分析工作，另一方面也帮助优化了化验流程和各类参数，提升产品收率与生产过程的稳定性，减少因错误和返工带来的额外成本。

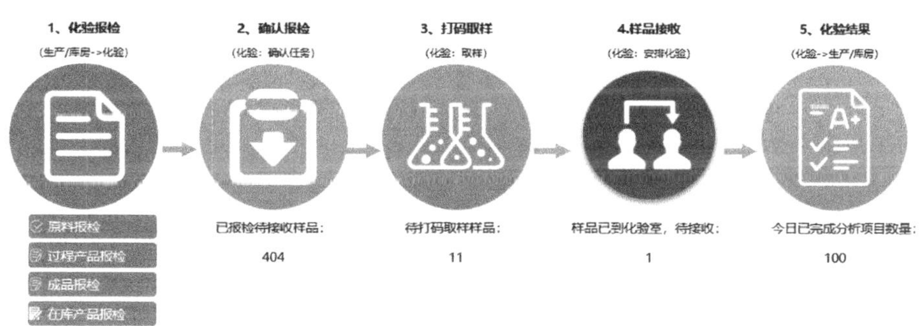

图 8-2 数字化化验管理

设备管理数字化。一是实现设备档案信息的全部线上化，建立了全面的设备树，实现与备品备件及物料与库存的联动，建立了公司主要设备的计划维护日历表，实现了设备维护和检修工单电子化；二是实现对设备健康状态动态跟踪，建立起了设备维修保养的知识库模块，能自动分析设备及零部件是否为异常维修、异常损坏、异常停机；三是针对一定范围内同类设备出现同样的问题，能反推各个车间故障设备占比，进而了解车间使用情况；四是对计划性维修维检，实现了任务的自动化派单、智能化跟踪，通过控制系统直接通知修理人员，节省安排和传递时间；五是实现了整个五金库的条码化管理，所有备品备件及物料，扫码出入库管理，库存动态做到了实时更新。

生产批次记录数字化。通过与生产自动化系统的集成，实现对每个生产批次的全面数字化管理，系统精准采集了整个生产过程中，每个工序设备、每个环节的操作参数、批次投料、批次出料、批次设备余料、批次化验数据、批次三废数据、批次物料成本数据，做到按批次跟踪物料投入情况；可实时盘点在线余料及投料数据情况。生产批次管理的数字化大大提高了公司对生产过程的过程控制与分析能力，这是在手工记录条件下无法实现的一个全新能力，在化工行业也是一个创新的变革尝试，随着时间的积累，会有效地改进公司产品品质与成品率。

（3）第三阶段：批次成本数字化

基于生产批次数字化、ERP 系统、库存系统、设备系统的基础数据，公司建立了面向批次的制造成本核算能力；实现了对电费、燃气、蒸汽、水、设备及物料耗用，以及三废处理、安全措施保障等全面的成本细化分解管理能力，通过系统自动将相关费用成本全部落实分解到每个生产批次上。随着批次成本的上线，公司可实现对每个生产批次的成本动态跟踪，对成本要素出现的异常波动，第一时间进行分析，找出问题，做出调整。

三、主要成效

经过两年多的数字化转型工作推动，公司目前已经取得了一定的成绩，特别是批次化管理数字化方面，在行业内应属于创新应用。具体成效如下。

客户营销的数字化帮助公司在客户服务能力上有了明显的改进，特别是重点客户的问题处理及时性上，相较过去，响应效率有一倍以上的提高，并且客户服务满意度上也有明显的改进。

设备管理的效率与有序性大大提高，设备的保障率有了明显提高，特别是因设备保养产生的停工明显减少 50% 以上。

设备备件与物料的库存管理能力得到提高，经过两年时间运行，库存规模下降了近 25%，大大地节约了库存资金。

批次管理数字化的上线，很好地推动了公司对生产过程的控制能力，明显提高了产品的效率与质量。

通过数字化运营平台赋能，合理分配公司内部资源配置、提升管理效率、精简管理流程、降低成本，预期可以每年为公司节约 300 万元的各类成本，进一步提升公司市场竞争力。

案例 2　美巢集团股份公司：“环保 + 智能”双轮驱动打造智能制造标杆企业

一、企业概况

美巢集团股份公司（以下简称美巢集团）成立于 1996 年，近 30 年来始终专业、专注于室内装饰辅料的研究、开发和制造，是国家高新技术企业，获评国家级和北京市“绿色工厂”、国家级“绿色供应链管理企业”、北京市智能制造标杆企业。已在全国布局36家法人公司。旗下华彩、易呱平、墙尼、墙锢、坊水固、占瓷宝六大核心品牌绽放神州，产品全部通过世界四大严苛环保认证。美巢集团在产品环保和环境管理、智能化管理与世界领先水平并跑，凭借“精致小巧”的独特定位已成为家居行业中的“公务机”。美巢集团长期保持高速增长，近四年来一直处于盈利状态。

二、企业数字化转型现状

1. 总体规划

随着工业智能化时代的到来，美巢集团制定了“环保 + 智能”双轮驱动的公司发展战略。其中“智能”即指美巢集团智能工厂的全面建设。美巢集团将智能制造作为公司的核心竞争力，坚持公司要全面实现制造一体化、管理智能化、数据信息化、控制自动化。

对公司生产设备及数字系统进行智能化升级改造是美巢集团数字化转型的近期目标。以ERP系统为核心，结合MES、WMS及TMS（生产、仓储和物流管理系统），DCS自动化系统，PLM/ELN研发管理系统，工业互联网平台（IIOT），供应商关系管理（SRM）系统，集成智能化生产设备，建设生产制造、仓储及发运的自动化及智能化平台。同时，推动研发系统升级改造，打造智慧园区，完善基础架构、信息安全及信息系统建设，实现产业结构优化，达到“高起点、高质量、节能降耗、增强竞争力”的目标。

美巢集团本着“一张蓝图绘到底”的原则，逐步开展智能工厂建设，摒弃传统型加工制造业的弊端，未来将把所有产品的生产环节全部打通，最终实现精益生产、工业自动化控制和信息技术的有效结合，实现完全智能化生产，成为全球行业内的标杆和高地。美巢集团数字化转型整体规划如图8–3所示。

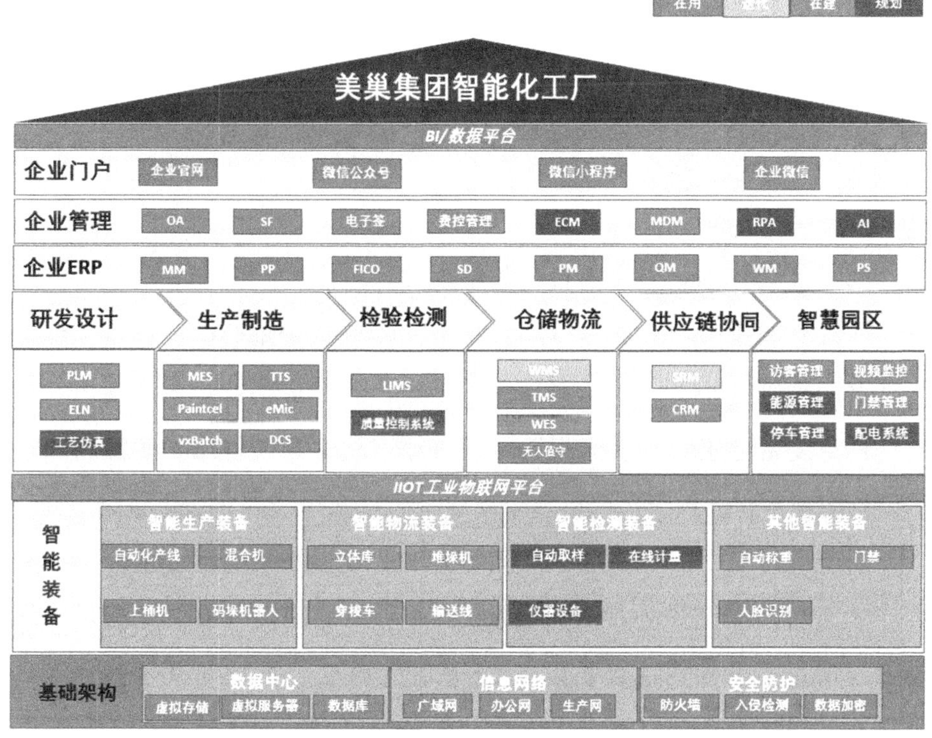

图 8-3 美巢集团数字化转型整体规划

2. 实施路径

2018 年始，美巢集团着力打造以 ERP 系统为核心实现内外部系统集成的智能管理模式，建立基于工业大数据和互联网的智能化工厂，项目分三期建设。

（1）项目一期：生产过程智能化升级改造

项目一期建设利用现有场地，对企业生产过程进行智能化升级改造。以 ERP 系统为核心，结合 MES、WMS 及 TMS 和 DCS，建设生产制造、仓储及发运的自动化及智能化平台，实现条码化管理，配合 TTS 追溯系统实现对货品的可追溯管理；全面业务系统集成，数据共享、内外协同的智能化、移动化业务平台，提升效率与竞争力。主要建设内容包括水性黏合剂生产线智能化改造、TTS 产品追踪追溯系统、原料入场收货无人值守系统、智能仓储系统改造。

在进行数字化改造一期项目之后，公司水性建材产品改变原有的生产模式，实现生产数据与上层信息系统的初步贯通，但仍需继续完成相关的设备及配套设施建设，持续提高生产效率，提高智能化程度，以满足公司智能化发展需要。

（2）项目二期：完成信息化系统集成与控制

项目二期建设在一期建设的基础上，购置自动罐装生产设备、桶装产品自动码垛机器人、MSK 自动套膜系统，并完成信息化系统集成与控制，具备设备健康管理、远程运维、自动点检、预防性维护等能力。这些设备均来自欧洲顶级厂商，整个系统集成了多个业内顶级设备制造商。

同步进行 CRM 系统建设，全面提升公司业务系统集成水平，提升生产效率与产品竞争力。美巢集团 CRM 系统的建设，不仅能满足市场发展与渠道开发的需求，更以 CRM 系统为核心，形成与其他营销工具和服务工具的整合与交互，形成数字化营销平台，全面构建起美巢集团的营销路径，从企业端向 B 端、终端进行覆盖。

（3）项目三期：生产设备及数字系统智能化升级改造

项目三期建设将对企业生产设备及数字系统进行智能化升级改造。结合 MES、WMS 及 TMS，DCS 自动化系统，PLM/ELN 研发管理系统，工业互联网平台（IIOT），供应商关系管理系统，集成智能化生产设备，建设生产制造、仓储及发运的自动化及智能化平台。

同时，继续加强研发能力建设，推动研发系统升级改造，提高研发创新能力，打造智慧园区，完善基础架构、信息安全及信息系统建设，实现产业结构优化，达到“高起点、高质量、节能降耗、增强竞争力”的目标，极大提高企业经济效益、社会效益和环保效益，成为高精尖技术转化落地的标杆案例。

三、主要成效

美巢集团智能工厂的建成，为公司未来的业务快速发展提供了生产能力保障，也为公司实现由区域化品牌向全国品牌转身提供了基础。

经济效益方面，自 2019 年，美巢集团打破新冠疫情造成的层层阻碍，持续逆势上涨。

质量管控方面，实现了产品质量精准追溯和产品质量不断优化，产品的一次校验合格率逐年提高，近 3 年产品一次校验合格率均超过 99.9%。

设备管理方面，生产设备联网率 100%，关键工序数控化率 100%，实现在线运行监测与故障诊断。

生产效率方面，劳动生产率较原水平提升 76.6%，属于行业标杆水平。同时，促进提升产品品质、提高生产效率、稳定生产工艺、降低能源消耗，实现生产过程污染物的近零排放。

案例 3　北京康辰药业股份有限公司：生产和研发数字化驱动产品优化创新

一、企业简介

北京康辰药业股份有限公司（以下简称康辰药业）创立于 2003 年，是一家以创新药研发为核心、以临床需求为导向，集研发、生产和销售于一体的创新型制药企业，2018 年在上交所主板上市，企业规模属于中型。公司多年以来的科技创新工作和成果获得了各界的高度认可，被认定为国家制造业单项冠军企业、国家级绿色工厂、国家知识产权示范企业、国家级博士后科研工作站、国家高新技术企业、北京市级企业科技研究开发机构、北京市企业技术中心、北京市工程实验室等。公司主营产品注射用尖吻蝮蛇血凝酶是一种高纯度、单组分血凝酶临床止血药物，是目前国内血凝酶制剂市场唯一国家一类创新药，也是“国家863计划”自主开发项目，2012年至今销售收入始终稳居血凝酶领域全国第一。

二、企业数字化转型现状

1.总体情况

在数字化发展的浪潮下，康辰药业需要打造一个满足具体业务管理与集团长期战略管理的管理信息系统；快速、实时、集成地反映康辰药业的人、财、物及其相关信息的变化，充分实现物流、资金流、信息流三流合一，从而提高企业整体管理水平；全面实现信息共享，加快对市场变化的响应速度；为企业领导决策提供更为可靠的、及时的、准确的、全面的信息支持，提高企业战略决策和市场经营运作决策的水平，从而提升康辰药业的核心竞争力，保证康辰药业的良性可持续发展。

为此，康辰药业通过ERP系统、MES、LIMS等多个系统的应用与协同，配合智能传感与控制装备、智能检测装备等基础设施配套，初步完成产品研发、计划调度、生产作业、质量管控、设备管理等多个环节智能场景的建设与实践。

通过数字化转型的实施，将企业各项管理信息系统与过程控制系统有效整合，对生产数据采集、传输与处理，产品质量跟踪与动态成品控制，在线质量监控与管理，实施在线优化调度与成本管理等功能进行集成，从而实现了产品制造的全程跟踪。有效降低无效活动，提高生产设备利用率、产品质量，缩短供货周期，降低库存，最终使得企业的盈利水平得以提高。

2. 典型场景

（1）场景 1：计划调度环节生产计划优化

本场景建设 SAP 系统和 ERP 系统，集成制造执行系统（MES）、高级计划排程（APS）系统等系统功能，重构财务、销售、生产、采购及仓储模块的运行流程；利用商务智能 BI 系统打破模块间“信息孤岛”，有效提取不同数据库中的核心数据，建立企业级数据库。最终通过上述两系统的信息互通、资源共享，搭建生产计划优化场景。该场景中，搭建一套生产计划制定与执行体系，建立与生产相关的主数据企业资源管理系统，通过计划策略和系统数据分析，实现基于市场需求、安全库存、采购提前期等多维度的需求管理要求，通过运行 MPS 系统、MRP 系统实现及时预警以及供需平衡，通过批次生产指令监控生产执行全过程，实现产品按批次的可追溯以及成本核算体系的集成。

该场景集成 MES、APS 系统功能的 ERP 系统，可根据不同批次受多因素影响的生产需求，确定生产资源和工具、流程参数、物料配给等核心生产因素，解决了以下问题：物料种类多、采购周期长、生产工艺流程复杂，各阶段物料无法实现协同调配；面对复杂突发情况如生产异常、订单调整、采购延期时，生产计划调整速度缓慢且人工成本高，无法评估计划调整对其他订单的影响；库存成本比较高、库存周转率提升困难，无法实现精益生产、精益采购；产能评估困难，产品交期不确定，订单周期长；车间级生产计划安排速度慢，生产进度监控时效差。

该场景的建设依托 ERP 系统搭建的统一化平台（见图 8-4），销售端完成销售主数据管理、合同执行管理等流程覆盖，实现销售、市场需求数据输出；采购端完成采购主数据管理、过程监控等流程覆盖，实现采购数据输出；仓储端完成物料主数据管理、库存盘点等流程覆盖，实现库存信息输出；利用商务智能 BI 抓取采购、销售及库存数据，基于

APS 系统、SCP 系统等功能，采用约束理论、寻优算法等分析后优化输出主生产计划；在生产端集成 MES 功能完成生产主数据管理、生产版本管理、计划策略、需求管理、MPS、MRP、批生产作业指令等流程覆盖，最终实现生产流程控制和生产计划实施。

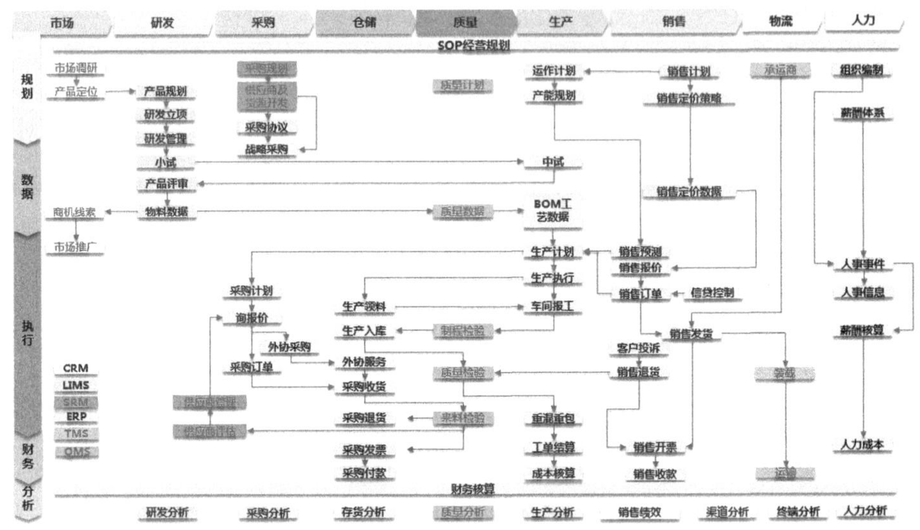

图 8-4　康辰药业 ERP 统一化平台

（2）场景 2：产品研发环节产品数字化研发与设计优化

在研发活动中使用 LIMS（实验室信息管理系统），搭建知识成果数据库和模型库，协同化合物虚拟筛选等设计软件的使用，搭建数字化协同设计环境，加速靶点和药物的发现速度。连接 ERP 系统和 LIMS 的信息接口，打通产品研发、生产作业、售后服务等环节数据，利用 ERP 系统，通过大数据分析驱动产品优化创新。

该场景解决了创新药研发临床前阶段药物筛选周期长、成本高、成功率低的问题；同时利用 LIMS 全流程管理的功能，解决了人工操作产生的偏差风险，保证了数据的原始性和可追溯性。ERP 系统和 LIMS 的综合应用，通过大数据分析解决了真实世界研究过程中“数据孤岛”和数据质量低的问题。

该场景建设以LIMS为核心，与实验室仪器设备和控制系统对接，整合其他开放信息系统、第三方信息系统，以及公司内部ERP系统等。依托LIMS中科研数据管理模块，搭建知识成果数据库和模型库，配合公司采购的JMP软件以及其他设计分析软件，加速临床前研究阶段中的化合物筛选等工作。依托ERP系统的企业级数据仓库和商务智能BI模块，整合真实世界研究过程中的各项数据，通过大数据分析和相关监控，助力药品真实世界研究进程的推进。

三、主要成效

产供销存一体化运营管理瓶颈得以突破，实现了物料的协同调配，增强了数据分析和快速决策能力，有效缩短订单周期，促进了生产运营系统的规范化建设。单位产品综合能耗降低25.27%，供应商及时交付率提升4.49%，订单及时交付率提升7.07%。

基于销售预测、库存、采购提前期等数据制定高效、自动、准确的生产计划，推动其他业务变更。单位产品成本下降11.19%。

基于MPS（主生产计划）计算物料需求，实现线边配送，节省仓库空间，库存周转率提升22.78%。

创新药研究全流程得到有效管控，研发项目质量缺陷数目减少53.03%。

通过建立知识成果数据库和模型库，借助专业设计软件进行数字化协同设计，研发项目结题时长减少13.73%。

案例4 北京诚济制药股份有限公司：打造“两化融合”的数字化车间

一、企业简介

北京诚济制药股份有限公司（以下简称诚济制药）成立于2011年，是一家集研发、生产、销售为一体的综合性企业。诚济制药与多家知名大学及国内顶级研发机构合作，长期、持续地投入新药及高端特色仿制药研发并取得了突出的科研成果，设立博士后科研工作站、北京市级职工创新工作室。获得北京市专精特新中小企业、北京市企业技术中心、北京市企业研究开发机构、北京市知识产权试点单位、北京市共铸诚信企业、顺义区和谐劳动关系先进单位等资质或称号。

公司一直深耕于呼吸系统用药领域，尤其是儿童祛痰药方面，已经形成了具有一定特色和市场认可度的品牌。在治疗咳嗽和化痰的药物市场中，羧甲司坦口服溶液以其显著的市场份额优势，稳居市场领先地位，与此同时，氨溴特罗口服溶液和福多司坦口服溶液作为止咳化痰的同类产品，在市场中也展现出了显著的销售业绩。在羧甲司坦口服溶液儿童用药领域，依托自主研发的儿童给药技术平台，针对儿童选择合适剂型，通过矫掩味、口感评价体系、颜色接受度筛选，降低给药频率，有效解决了儿童给药困难的问题。

二、企业数字化转型现状

1. 问题和困难

在企业生产和管理过程中，公司主要面临以下困难。

（1）生产过程监控难度大

持续设备升级和精益管理，设备数量及种类多，生产各设备状态、参数无法实时监控；生产过程监控数据分散且庞大，未能集中有效利用；大量数据手工填写，人工核对防错占用大量时间，影响产品数据质量。

（2）质量体系要求高

国家监管趋严，尤其对药品生产过程质量管控提出越来越高的要求，而公司内的系统间交互弱。信息化系统供应商不同软件架构不同，接口开发难度大，各系统之间数据无法交互，数据利用率低下，总控制对下属单元管理标准执行效率低，管理效率和风险控制需进一步加强。

（3）数据类型多、追溯分析困难

生产质量管理涉及产品质量和运营指标等数据，类型复杂，且缺少过程数据支撑业务分析。制药生产过程有大量蒸煮烘作业，需要消耗大量燃料、电力、水、蒸汽，能源建设未能有效结合生产班次安排、工艺路线进行能耗及成本分析。

2. 解决方案

为解决以上难题，公司在开展药品质量管理活动过程中，围绕生产管理、质量管理、实验室管理等模块产生大量数据，将数据转换成业务需要的新形态。数字化建设遵循“整体规划、问题牵引；明确路径、夯实基础；重点突破、分步实施”的思路开展，分三个阶段建设。

（1）实现典型场景的数字化管控

夯实数字化基础能力，打造互联互通的数字化车间；实现口服液车间，自动化设备、设施、仪器仪表数据采集和统一存储管理，为后续数据应用、数据分析提供基础，并实现设备、环境、公用工程参数监控；通过 SCADA 数据采集集成平台，集成产线自动化设备、环境监控系统、公用工程系统以及物联网设备，确保数据的集中管理和实时监控。接着，利用 MES（制造执行系统）、LIMS（实验室信息管理系统）、WMS（仓储管理系统）等系统，实现生产业务的数字化管理，包括工单管理、生产任务管理、生产过程指导、质量管理、物料管理、设备管理、能耗管理、电子批记录生成与放行、成品仓储、出入库等典型业务场景的数字化管控，如图 8–5 所示。实现生产过程数据应采集、尽采集。

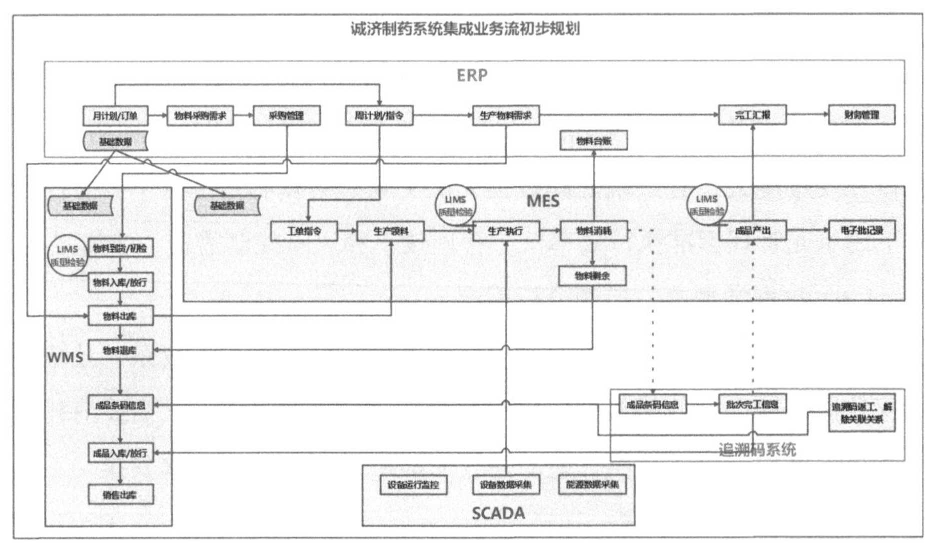

图 8–5　诚济制药系统集成业务流程规划

（2）系统集成建设

纵向集成，打造数字集成工厂；实现工厂各业务场景的数字化管理，并积累大量的数据，通过过程数据分析、云计算等技术，实现对数据的进一步利用，员工劳动强度不断降低、生产效率不断提高、不良品率持续降低、产品质量稳步提升、万元产值综合能耗超标准降低、能源利用率提升和资源利用率大幅增加，实现已采集数据可统计、可分析，增强了企业产品的核心竞争力。

（3）数字化应用建设

打造智慧运营的工厂，实现企业运营指标监控和优化，通过工业互联网平台，将企业横向的供应链、营销、研发和生产等场景全面贯通，实现多工厂乃至产业链的集成和数据商业应用，并利用大数据、人工智能、大模型等先进技术，挖掘可优化场景，提升企业智慧运营和智慧管理整体水平，向国家提出的“双链”“双碳”战略目标推进。

3. 典型场景

数字化车间通过和利时卡优倍公司的多个信息化系统实施和集成，实现了从原材料到生产加工再到产品包装入库的产品生命周期管理及过程数据采集，如图 8-6 所示。

图 8-6　诚济制药数字化场景

基础主数据同步：在生产执行流程开始之前，通过 ERP 系统下发或者在 MES 和 WMS 中手工录入的方式，将物料、配方、人员、部门、客户、供应商、生产厂家等的基础数据在 MES 和 WMS 系统中创建，用于生产过程、物料流通过程的管控。考虑本次项目的复杂程度和企业已有的主数据，项目的主数据管理以 ERP 系统为主，并同步给 MES 和 WMS。

物料采购到货流程：计划部门人员根据月计划和库房实际库存，综合考虑当月所需的物料采购需求，并生成采购需求单；采购部门人员根据采购需求单下发采购订单。物料到货后，根据采购订单生成物料到货通知单，并通知 WMS 进行物料到货初检并以“待检”状态收料入库；物料入库后，未来可通过 LIMS 实施物料的检验并放行，在没有 LIMS 的情况下，线下完成检验并放行。放行后的物料在 WMS 中由“待检”状态变更为“合格”状态。

生产工单下发：生产调度员根据实际的生产情况安排生产周计划并下发生产工单指令，车间管理员在 MES 中接收 ERP 系统的工单或者自建工单。

生产物料出库：ERP 系统根据生产计划下发物料理论需求量给到 WMS。库房人员考虑车间线边库的剩余物料量和库存的最小包装量，调整实际出库的物料量，并通过接口将出库物料信息给到 MES，然后由 MES 完成领料至 MES 线边仓。同时 WMS 通过接口将出库物料信息给到 ERP 系统，调整 ERP 系统的库存物料台账。

生产过程执行：领料完成后，选择工单，进入生产执行流程，包括物料称量、配制、灌轧、外包等操作；关键工序完工以后，由工序负责人将工时、物料消耗数据上报至 ERP 系统；包装过程中，追溯码系统将已关联好的大箱码信息发送给 WMS，使 WMS 可通过识别追溯码条码完成产品入库；生产完成时，追溯码系统将批次产量信息发给 MES 和 WMS，作为批次完工数量依据；生产完成后，成品入库由 MES 或 WMS 完成入库过账。整个生产执行过程的数据自动生成电子批记录。

设备数据采集：生产过程中，由 SCADA 记录设备运行数据，提供给 MES 的电子批记录填写使用，以及能源管理、报表应用等场景使用。

仓储管理系统（WMS）实施涵盖所有仓库，完成整个仓储流程的数字化，目前覆盖原辅料库（含阴凉库）、包材库、成品库（含阴凉库）、中药材库，业务功能包括入库管理、出库管理、盘点管理、查看库存、物料到货台账，通过报表和看板的形式提供有效数据，指导仓库业务管理和库存指标分析、优化；制造执行系统（MES）实施涵盖生产管理全过程，目前覆盖九大业务场景，包括生产计划、工单管理、物料管理、工艺管理、配方管理、生产执行、生产报工、质量检验、设备管理；MES 用户涵盖多个部门，包括生产部、设备工程部、质量部、工艺技术部、口服液生产车间。

能源管理系统（EMS）实现 19 台智能仪表的物联接入；采集数据点数 300 多点，完成可视化组态监控页面 2 张，包含智能水表、智能电表各画面 1 张；能源管理系统实施涵盖口服液车间能源仪表物联接入，实现数据采集、能源仪表台账、能源数据统计分析；本系统用户涵盖多个部门，包括生产部、设备工程部、口服液生产车间。能够通过报表和看板的形式提供有效数据，指导生产运营管理和后期能源耗用指标分析、优化。

实验室信息管理系统（LIMS）实施涵盖 QC 生产过程实验室检化验业务全流程，实现检化验业务数字化管理，目前覆盖九大业务场景，包括物料管理、检验项目维护、检验申请、分配检验任务、取样管理、检验结果录入、质量回顾、库房管理、仪器管理等。

三、主要成效

1. 实现医药制造“工业自动化 + 信息化”

结合国家“两化”改造的要求，公司实现医药制造“工业自动化 + 信息化”。第一点是实现自动化，提升产品均一性和工艺水平，提高产品质量可控度。第二点是实现信息化，通过信息化的系统和手段，规范和固化业务操作，提高数据质量，打造工业化与信息化两化融合的数字化车间，实现人、药、设备以及整体车间的智能管理，做到生产标准化、管理流程化、分析数字化、运营智能化；通过整体供应链的横向打通来实现透明化的管理，最终实现了全产业链上、中、下游业务分析，从“制造升级”方向出发，不断夯实智能制造基础。

2. 数据实时监测及预警

公司质量管理部、生产管理人员可通过大数据看板实时“直观、可视化”监测生产动态数据和质量趋势，对异常趋势进行及时预警、组织调查或采取干预措施，避免不良趋势发展成更严重后果，从而使生产、检验过程更加受控，产品质量得到有效保障，促进质量管理不断改进和提升。

3. 异常信息快速调查和处置

在日常偏差调查中，如产品稳定性试验考察检测结果异常，传统调查方式涉及多个部门，数据申请流程繁琐，导致调查进度缓慢，耗费大量人力物力。全过程管理系统可快速一键查询原辅料、中间产品、成品相关检测结果以及批次异常质量信息，并能快速追溯到其他受影响的产品批次信息，做到不漏掉任何一个有质量隐患的产品流入市场，同时获得产品发运、市场投诉、不良反应等情况，实现第一时间迅速全面掌握产品生命周期关键质量数据，帮助管理者进行判断和处理。显著精简了调查流程、减少了调查时间，节约了大量人力成本，有效提升异常处理效率。

案例 5　北京万泰利克药业有限公司：智能化煎药生产线促进降本增效

一、企业简介

北京万泰利克药业有限公司（以下简称万泰利克）成立于 2013 年，是一家专注于中药饮片和制剂的智能化深加工、代煎服务，集中医药和中医药文旅于一体的国家高新技术企业。

万泰利克总部坐落于中关村自主创新示范区的阳坊工业园区，作为昌平区首家智慧中药房和新版GMP认证的饮片生产企业，在京津冀、长三角地区拥有广泛的市场覆盖，服务20余家三甲公立医院和近300家客户。公司年产中药饮片2000吨、中药制剂1000吨，代煎服务日处理能力达16000剂，连续十年在北京市中医药管理局质量抽检中位列第一。2023年，公司营业收入达29192.78万元，同比增长20%。经过多年发展，公司荣获国家高新技术企业、中关村高新技术企业、北京市专精特新中小企业、北京市示范中药房等多项荣誉，拥有2项发明专利和9项实用新型专利。公司注重中药材源头品质控制，以十三陵药王谷林下种植基地为核心，实现从种植到深加工研发的全程质量控制。

二、企业数字化转型现状

1. 总体情况

万泰利克积极响应国家中医药振兴战略，通过现代化煎药中心智能化升级改造项目，解决中药饮片人工调剂面临的劳动强度大、工作效率低、存在人为出错等问题。

在数字化转型的征程中，公司设定了清晰的短期和长期目标。短期内，通过智能化改造，将传统的中药调剂流程转变为高效的自动化操作，从而提升产能、效率、精确度等。长期而言，公司旨在通过持续的技术投入和创新，保持在行业中的领先地位，并推动中医药产业的整体进步。

公司数字化转型的整体规划围绕现代化煎药中心智能化升级改造项目展开，通过运用计算机控制、物联网及互联网技术，实现煎药工艺流程的全过程控制与管理。项目包括解方审方系统、智能调剂系统、自动加水泡药系统、输送清洗系统以及自动包装贴标机等，形成了一条完整的智能化煎药生产线。项目资金总投入500余万元。

在数字化基础设施建设上，公司投入大量资源，建立了包括调剂后台管理系统、智能调剂控制系统和 PDA 手持终端系统在内的多个平台，这些系统不仅实现了数据的实时监控和管理，还通过加密技术确保了数据的安全性。此外，煎药控制管理系统的部署，实现了与医院信息系统的无缝对接。

2. 主要阶段

（1）改造设计方案提出

评估现有煎药中心的运营状况，提出“腾笼换鸟”策略。该策略旨在不增加土建内容和避免新增排放、污染的前提下，对目前的煎药中心进行智能化升级改造。

（2）改造设计方案确定

细化并确定改进方案，决定新增全自动智能煎药生产线 1 条，设备 94 台；升级改造后累计产线 2 条，设备 638 台。所选设备是中药设备行业第一品牌。同时，公司将运用计算机控制、物联网及互联网技术，以煎药、包装设备为中心，严格煎药工艺流程（包括处方管理、调剂、浸泡、物料传输、煎药、包装、配送）、终端客户服务、煎药质量控制、设备和人员管理等多环节进行全过程控制与管理的创新煎药全周期管理，确保每一个环节都能达到最优状态。

（3）设备安装和调试

完成这些新设备的安装和调试后，代煎中心的设备和设施总数达到了 535 台。其中包括智能调剂系统（见图 8-7）、自动加水泡药系统、输送清洗系统、自动包装贴标机等。生产线如图 8-8 所示。

（4）设备联网和试运行

设备安装调试完成后，公司进行了联网和试运行，联网设备数量增至 348 台，占比提升至 65%，略高于北京市智能化技术改造项目绩效要求中生产设备联网率改造前生产设备联网率 <70%，提高 5% 以上的要求。

试运行完成技术水平指标，单味药调剂时间小于 15 秒，单个处方调剂完成走箱时间小于 150 秒 / 处方；系统出药误差控制在 2% 以内。

图 8-7　万泰利克智能调剂系统

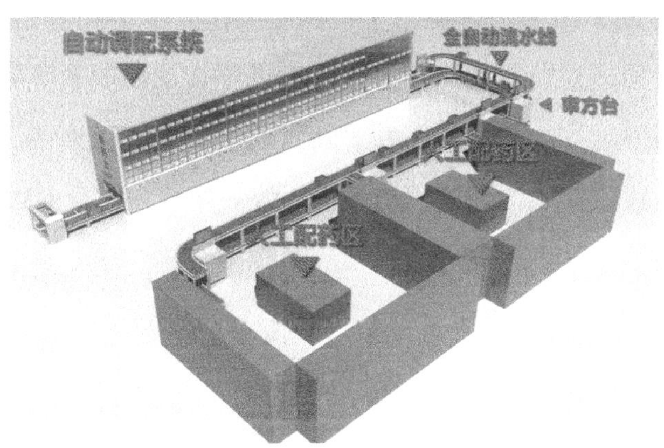

图 8-8　万泰利克煎药生产线示意图

（5）设备验收和方案论证

煎药产能从 8000 方 / 日增加到 16000 方 / 日，人员减少约 30 人。自动调焦平均用时缩短至 2 小时 16 分 23 秒，较人工调剂的 3 小时 39 分 16 秒缩减了 37.8%，高于北京市智能化技术改造项目绩效要求中产品交付周期缩短 5% 以上的要求。

（6）项目完工

现代化煎药中心通过智能化改造升级，实现自动化设计，设备能连续处理150方/时，实现“人歇机不歇”的高效状态，可达到大型中药集中调剂中心水平，杜绝因公司产能扩大，不断更换设备的费用，一步到位，减少设备小步迭代成本，直接节约设备成本约560万元。项目投产后，人员共减少28人，减少了人力需求和人为操作错误，保障了患者的利益和员工的健康。预计每年可增加经济效益超过7590万元，实现了效率提升和成本节约的双重优势。

在智能化改造完成后，2023年第四季度的产值同比增长了28.1%，环比增长了16.1%。同时充分发挥了带动上下游链条经济共同发展的作用。设备采购厂商均为昌平区内的企业，固定资产投资也落在昌平区，间接纳入区内GDP，为产业链“补链、延链、强链”搭建了平台。这使得区内企业形成了内循环，带动了区内中医药上下游产业链的发展。

此外，公司还对所有代煎中心人员进行了自动调剂系统的熟练掌握培训，使他们可以独立操作系统，并对新入职的员工进行培训。保证设备正常运行，提高代煎中心的整体生产效率，统一规范，符合GMP标准。

三、主要成效

实现“人歇机不歇”的高效状态，提高效率并减少人力。产能从8000方/日增至16000方/日，人员减少约30%，自动调剂系统峰值调剂速度达10秒/方，极大地提升工作效率。

煎药中心通过全自动智能生产线和精准控制流程，确保产品质量一致性和可靠性，调剂精度满足处方总重 ±2%。

2023年第四季度产值同比增长28.1%、环比增长16.1%。此外，智能化改造为公司节约设备成本约560万元，预计未来每年带来约7590万元的经济效益增长。

实现全密封自动煎药生产线，降低能源消耗和废弃物排放，减少噪声，保护环境与员工健康。

带动上下游链条经济共同发展，设备采购和固定资产投资均在昌平区，带动区内中医药产业链发展，提高产业链效率和竞争力。

案例6　北京微构工场生物技术有限公司：打造PHA数字化车间

一、企业简介

北京微构工场生物技术有限公司（以下简称微构工场）成立于2021年2月，是一家拥有前沿合成生物技术的创新科技公司。公司通过对嗜盐微生物的改造和工程化应用，构建了“低碳+智造”绿色生产模型，进行“平台+产品”双矩阵发展，产品以生物降解材料PHA（聚羟基脂肪酸酯）为主。公司已经完成三轮近7亿元人民币融资，投资方包括中石油昆仑资本、红杉中国、混改基金、富华资本等机构。

微构工场是北京市专精特新中小企业、国家高新技术企业，入选“2022年中国潜在独角兽企业”，获批设立博士后科研工作站，还被评为《麻省理工科技评论》“50家聪明公司”、2022年《财富》中国最具影响力的创业公司，在“创客中国”“中国创翼”“创青春”“海科中国”等全国创业大赛中多次获得一、二等奖。

二、企业数字化转型现状

1. 总体情况

2022年，微构工场决定在北京的PHA千吨生产示范线建设中应用数字化分析控制技术，减少生物基产品在规模化生产过程中对操作者经验的依赖，推动规模化生产。

微构工场数字化转型总体规划如图 8–9 所示。微构工场的 PHA 制造数字化车间于 2023 年验收完成。整体设计采用灯塔工厂的先进理念，结合云制造的技术优势，专注于高效、可持续的生物合成 PHA 生产。项目充分利用数字化、自动化、智能化技术，以及云计算和大数据分析等现代信息技术，通过智能设备和先进的数据分析能力，打造高度集成和互联的生产系统，覆盖发酵、分离提取、干燥包装、水循环、能耗等多个工艺流程，创建一个高效、透明、灵活的生产环境。运行以来使微构工场北京千吨生产示范线的发酵产量提升 10% 以上、提取周期缩短 20% 以上、成本下降 30% 左右。同期利用生物传感器捕获 1 万 + 组发酵数据用于精密发酵，形成精密生产策略，基于大数据优化进料、温度、发酵时间等策略，制定提升 OD 值最优方案。

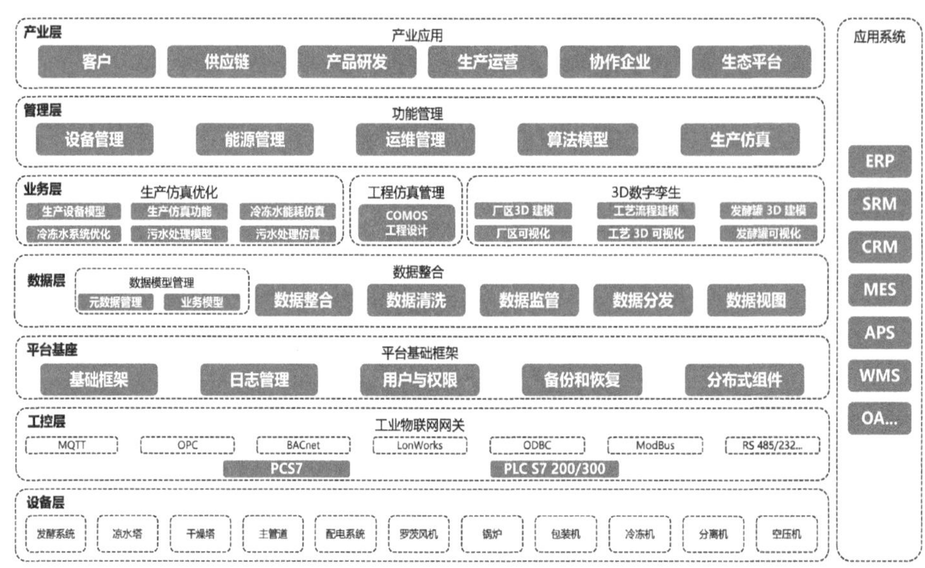

图 8–9　微构工场数字化规划

2. 典型场景

（1）发酵系统数字孪生场景

场景开发出了合成生物学数字化双胞胎生产管理系统，通过数字建模搭配实时漫游的方式整合生产工艺设备、工艺辅助设备、能耗能效、控制逻辑、碳排放数据等相关信息，实时监控并记录生产过程以及工艺开发流程节点，最终以数字的方式重构生产过程并展现在数字平台上，如图 8-10 所示。由此来服务相关人员进行更加便捷、快速的实验设计，优化生产流程，达到缩短研制周期、提升生产效率以及降低单位产品二氧化碳排放量的效果。

厂区可视化

厂房可视化

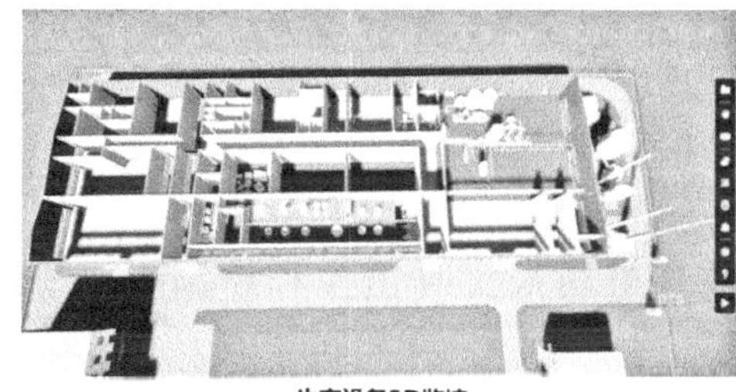

生产设备3D监控

生产辅助设备3D监控

图 8-10　生产数字化孪生场景

应用 BIM 技术对厂区，厂房外立面，厂房内部布局，发酵罐、锅炉，罗茨风机，冷冻水及污水处理等设备及管路，以及酵罐的驱动电机、搅拌、盘管等内外部件进行 3D 建模。基于物联网及数据集成技术，整合生产工艺设备、工艺辅助设备、能耗能效、控制逻辑、碳排放数据，可实时监控 PHA 材料生产过程，并以数字的方式重构罐体生产过程，完成更深层次建模。解决在生物制造生产过程中，人为控制的差异，人工操作时间、频率等因素对生产结果的影响，实现生产过程全流程进行实时监控，更精准、更客观地控制生产过程，降低人为控制的失误风险。

（2）CIP 清洗

发酵制造产业对环境及设备清洁度的要求极高，些许的杂菌、残留污染都可能严重影响生产能效，特别是公司的开放式发酵体系，生产环境与外界高度相连，更需要保持设备及环境的卫生，所以需要投入较多的人力进行设备清洗和灭菌。而 CIP 清洗系统（原位清洁系统）通过自控设备的配置，将清洗过程模式化、自动化，实现一键式的系统清洗，极大地节省了设备清洁的人工成本。

（3）产品全价值链数字化管理

推动数字化从生产过程延伸到 PHA 产品的整个价值链，从原材料采购到最终销售和回收，从研发至客户反馈。

原料追踪与管理：通过云平台，可以实现对原材料的全程追踪。从原料的采购、运输、入库到使用，每一个环节都会被记录并上传到云端数据库。

过程控制与优化：云平台将持续收集和分析生产过程中的数据，包括温度、压力、流量等参数。这些数据被用来实时监控和控制生产过程，确保 PHA 的产出符合质量标准。

质量控制：借助高精度传感器和自动检测系统，云平台可以在生产过程中对 PHA 产品进行实时监控。如果出现质量问题，系统将立即发出警报，帮助工作人员及时介入，减少次品率。

（4）系统集成互联

传统的工业系统，存在多个子系统，各子系统往往单独运行，无法互联互通，管理分散。各子系统操作方式和流程不统一，数据查询与数据导出较为困难，导致对人力依赖度高。微构工场基于 IoT（物联网）+IBMS（系统集成）技术，采用 MQTT、OPC、BACnet、LonWorks、ODBC、RS485/422/232、ModBus 等接口协议将发酵罐、空压机、成品系统、锅炉、制冷机、配电等系统数据汇总至统一的平台进行管理。场景建设完成后，实现了生产集中监控，从“声音提示”“视频图像确认”“信息提醒”等维度保障生产的安全运营，成为真正意义上“有警必报”“有警必应”“有警必案”的安全平台，实现了第一时间危险处理的目标。取消了现场监控人员，仅保留巡检人员，运维效率提升80%以上。

（5）能源管控

微构工场数字化系统基于“机理框架＋数据驱动”的机电系统数字仿真模型，对冷冻水系统进行能耗模拟计算，在保证需求的前提下，对系统进行实时优化模拟计算，动态寻优在该工况下系统最低能耗时各设备的最优运行控制参数，从而实现系统层的节能优化控制。

同时建设了能源管理平台，对厂房的能耗进行统计、对比、排名、占比等分析，以直观的图表进行展示，帮助管理人员清晰掌握厂房能耗的来龙去脉。在工厂的高低压配电房以及重点设备的配电箱安装了远传电能计量表具，由专业的能源管理平台采集并统计、分析能耗数据，实现对工厂的全方位能耗统计。实时监控、感知、分析用户的各种能源的详细使用情况以及周边环境数据。系统的能耗管理功能为节能降耗与环境监控提供直观的科学依据，同时分析能源消耗的所有环节，探知节能潜力，并将分析结果用于生产运行的控制策略，实现真正的节能。

根据设备能效模型，建立起包括主机、冷冻水泵、冷却水泵、冷却塔的能效模型，将系统的控制由单参数控制改变为冷量需求模型，从“局部控制、整体能耗输出”来分析整个机电系统的能耗情况，并寻找能耗最优状态点，从系统整体上节约能源；通过模拟自然进化过程搜索最优解的方法，将系统能效优化问题进行无约束处理，用以解决系统中单一设备节能运行时对其他设备产生的能效制约情况，实现系统整体能效的最优化控制。

应用遗传算法将中央空调系统优化问题进行无约束处理，用以解决中央空调系统中单一设备节能运行时对其他设备产生的能效制约情况，实现中央空调系统整体能效的最优化。

三、主要成效

微构工场 PHA 千吨生产智能示范线项目实现了数字化与合成生物学结合，达到了合成生物智能生产工业 4.0 时代，引领了合成生物生产数字化变革，从传统的生物制造升级到智能生产时代。场景建设完成后，操作人员从行业常规的 5 人减少至 1 人，运维效率提升 80% 以上，产品不良品率预计降低 10% 以上。预计每年为公司节省超过 50 万元，并且大幅提高产品质量，使得公司竞争力大幅提升。

以工厂安全信息化建设的理念为出发点，通过软件、通讯、网络等技术手段，对各子系统进行实时监控，使管理者得以及时掌握安全动态，提高了安全监督的水平和工作效率。整个车间关键设备数控化率达 100%，生产效率提升近 30%，质量损失率下降 8.5%，库存周转率提升 25%，运营成本下降 20%，每年节电降能超过 20 万千瓦时。

第9章　生产性服务业案例

案例1　中电运行（北京）信息技术有限公司：数字靶场赋能能源互联网生产安全

一、企业简介

中电运行（北京）信息技术有限公司（以下简称中电运行）成立于2013年，是国家高新技术企业、专精特新“小巨人”企业，公司主要业务是为能源互联网生产安全提供技术服务。公司在技术和人才沉淀中构建起“一体两翼”业务体系，探索出一条“服务—项目—产品”发展之路，自主研发寰宇数字云靶场、网络空间资产测绘等六大核心产品线，与服务互为支撑，灵活组合，自成生态体系，行业特色鲜明，产品独树一帜。其中，寰宇数字云靶场是支撑能源行业网络安全技术研究、实战演练、安全测试、效能分析及态势推演等必备的基础设施。数字靶场被列入国家能源局电力建设与监管的重点任务。基于寰宇数字云靶场的能源行业“指挥官杯”网络安全技能竞赛从行业赛事迈入了国家级赛事行列。公司多次参与国内外知名APT事件的分析溯源及APEC、G20等重保工作，拥有发明专利、实用新型专利、软件著作权等自主知识产权近百项。

二、企业数字化转型现状

1. 总体架构

公司以数字化转型为抓手，着力破解公司业务的痛点、难点和堵点问题，为主导产业效率效益提升和能源互联网创新发展注入新动能，助力实现公司经济价值、行业价值和社会价值的有机统一。技术体系总体架构如图 9-1 所示。

图 9-1　中电运行技术体系总体架构

公司以数字技术和数据要素创新应用为驱动，推进架构中台化、数据价值化、业务智能化，支撑公司战略目标落地实施。

架构中台化：着力推进公司业务、数据和技术中台化，实现全局共享和开放服务，支撑前端业务快速创新，逐步推动数字化业务架构中台化演进。

数据价值化：着力挖掘公司海量数据潜在价值，用好用活数据要素，以实用实效为目标，强化数据管理、应用和运营，释放数据对提质增效和业务创新的放大、叠加、倍增作用。

业务智能化：着力提升作业、管理和服务智能化水平，推进人、设备、数据泛在互联和在线交互，增强数据全息感知、移动互联和智能处理能力，为基层赋能、为员工赋能。

2. 建设内容

（1）优化网络结构

优化网络结构，统筹边界通道管理。强化网络安全技防措施建设。以开放可信为核心，由外到内建立适应业务发展、满足业务需求，覆盖边界防护、分区分域、业务访问控制的核心防护。以内容保护为核心，构建以业务安全网关、数据脱敏、数据防泄露、数据审计等为主的内容防护体系。以适应实战为核心，建设态势感知、流量审计、反向溯源、DDoS 流量清洗、主机加固等技术措施，建立动态、灵活调整的防护策略，以适应网络实战的需求。

（2）全场景网络安全态势感知平台

建设全场景网络安全态势感知平台。构建适应能源互联网的整体网络安全态势感知机制，聚合多维采集、高级分析、策略编排、检测响应、威胁情报等能力，支撑公司全场景网络安全联防联控。建立网络安全监测与响应机制，基于寰宇数字云靶场，建立统一指挥、多级调度、协同处置的网络安全监测预警与联动响应机制，满足全天候、全场景、全链路网络安全态势感知需求。

提升态势感知核心能力。深度应用人工智能技术，加强对用户和实体行为分析、网络安全态势预测分析能力，实现对全局安全态势深度理解与精准预测、对全景网络安全威胁智能识别、对全域安全告警协同响应处置，从容应对可能面临的高级别定向攻击。

（3）构建公司级网络空间资产地图

绘制公司网络空间资产地图，灵活利用网络探测、采集、分析、处理等技术，自动识别关联公司 IT 资产及其状态、存在隐患、所受威胁等相关属性，建立精准的分布情况和网络关系索引，及时感知资产变动实现自动滚动更新。持续开展资产异常监测工作，实时监测网络空间状态异动，及时发现 IT 资产的网络异常变化。开展漏洞隐患修复工作，实现 IT 资产的安全配置自动核查、漏洞自动检测修复能力。

（4）建设全场景网络安全仿真验证环境

推进公司全场景网络安全仿真验证环境建设，支撑开展网络安全攻击影响模拟验证、装备技术验证、渗透测试、漏洞挖掘、安全审查、攻防对抗、应急恢复等工作。提升网络安全攻防试验与综合应用水平。建设攻防对抗演练与实验培训系统，逐步为电力行业提供网络安全仿真验证环境和实验环境。

（5）建设网上数字学堂

以网络安全人才培养为核心，构建网上数字学堂，集知识培训、技能训练、仿真演练、管理考核、大家讲堂、训练营、竞技场、实验室等功能于一体，利用数字化手段对人才进行持续系统化的培训，快速、高效地完成知识技能转化。

（6）建设云平台

公司建设“资源全域调配、业务敏捷支撑、开发运维一体”的云平台，并实现公司业务上云。云平台包括云操作系统（OpenStack）、分布式存储（Ceph）、兼容集中式存储和硬件 SDN，提供 IaaS（弹性计算、弹性存储、虚拟网络）的服务能力，具备按需分配、弹性伸缩、自动化、可计量和运营等云计算特性，构建安全、稳定、灵活、高效、绿色、可靠及开放的一体化云计算平台。通过云操作系统助力传统数据中心资源云化，赋予 IT 资源弹性扩容、按需获取、资源池化、自服务和泛在连接等云计算特性，实现 IT 资源供给和维护的可视化、自动化、智能化，助力企业数字化转型。

三、主要成效

1. 有效降低成本

充分发挥云平台底座跨云管理能力、动态网络拓扑能力，快速仿真生产云环境。无需按 1:1 构建仿真环境，可节约至少 50% 设备投资。在网资产设备、信息安全系统、平台和工具等方面，通过统一管理、动态感知、主动式的监测可以帮助公司节省大量人工运维成本。对资产的安全运维服务可以缩减入侵排查和分析溯源的时间，大大降低风险成本。

2. 提高工作效率

支持一次组网，攻防、测试、实训、竞技多场景使用，显著提高工作效率。对员工的入职培训、在岗技能提升培训等实现数字化一站式闭环管理，提升学习效率的同时减少组织人员工作量。

案例 2　北京橙色风暴数字技术有限公司：数字化赋能营销业态和模式创新

一、企业简介

北京橙色风暴数字技术有限公司（以下简称橙色风暴）成立于 2008 年，属于文化科技型现代传媒企业，主要从事数字营销服务、场景活动服务、校园营销服务等，致力于为企业客户构建跨媒体传播时代高效、精准的全新营销生态，帮助企业实现品牌价值提升。公司深耕互联网广告服务行业 16 年，近两年营业收入超 13 亿元，与一汽集团、伊利集团、中国电信、中国农业银行等大型知名企业建立了长期稳定的业务合作关系，在国内广告行业具有较强的综合竞争优势，是中国 4A 广告协会成员企业，先后被认定为国家高新技术企业、北京市专精特新中小企业、北京市企业技术中心，并入选北京民营企业文化产业百强、北京专精特新百强、北京经济百强。

二、企业数字化转型现状

1. 总体情况

作为数字营销整合服务商，橙色风暴积极应对，主动作为，通过先进的技术、创新的理念、线上线下全媒介与独创的营销方法论满足客户营销需求，并积极探索人工智能、区块链、大数据、云计算等前沿技术在营销领域的应用，努力践行营销业态和模式创新。

同时，公司围绕新质生产力的发展方向，深入探索人工智能和数据要素，为客户提供智能科技创新解决方案，同时结合自身的资源优势在新的业务领域努力开拓新的产业布局和利润增长极，推动企业转型升级，不断提升核心竞争力。

2. 实施路径

橙色风暴不断改进经营策略和市场定位等，经历了多次数字化转型尝试，大致可分为两个阶段，如图 9-2 所示。主要内容包括运营管理平台的数字化和营销业态及模式创新。

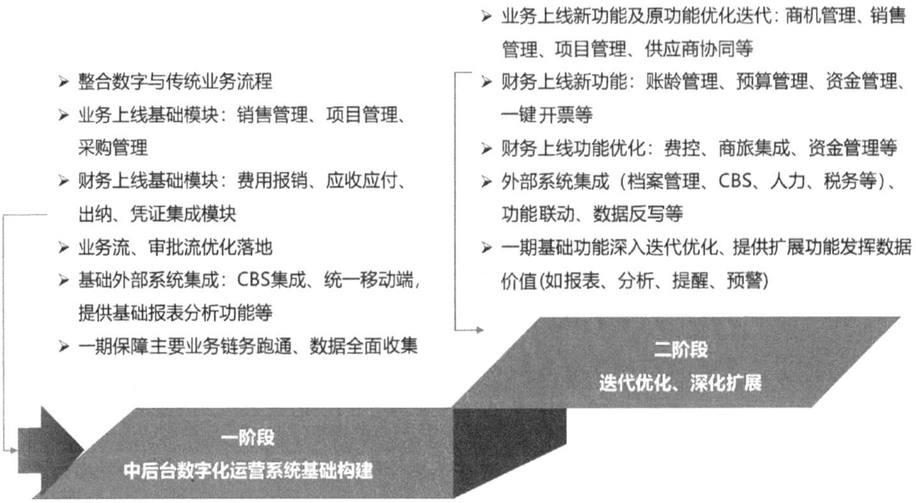

图 9-2　橙色风暴数字化转型主要阶段

（1）运营管理平台的数字化

自2014年起，公司转型进军互联网营销领域，拓宽服务范围。在营销业务方面，积极布局线上各大主流媒体、电视媒体、传统媒体，形成了覆盖线上线下的媒体资源网络。为了加快企业的数字化转型进程，围绕升级新型传播方式，开发了以下系列数字运营管理平台。

智成系列数字整合营销传播平台：该平台以互联网技术为支撑，通过提供数据分析、广告监测、互联网整体传播策略等互联网广告服务实现互联网整合营销。

媒体传播和创意研究平台：该平台将国际知名广告奖项的获奖案例汇总并进行特征提取，对获奖广告题材、广告形式、传播渠道、投放目标市场等进行赋值分析，构建数据库，形成创意智能评价系统，并研发基于图像识别和存储技术的广告资源综合搜寻系统，实现对广告素材、广告落地页、广告文案进行分行业、分媒体实时精细搜索，一方面促进自身创意技能提高，另一方面帮助客户了解行业创意动态及竞品创意现状。

数字化媒介运营平台：该平台用于实现媒介日常运营管理及与外部主机厂媒介业务协同处理工作，通过应用软件设计与开发，实现媒介运营平台的数字化转型和提升，提高广告投放和数据分析的效率，帮助企业制定更科学的媒介运营策略。

（2）营销业态和模式创新

自2020年起，在新媒介传播方式和新传播技术的发展中，公司积极探索人工智能、区块链、大数据、云计算等技术在营销行业的应用，积极发挥自身客户资源优势、技术储备优势，同时努力践行营销业态和模式创新，加快融入建设网络强国、数字中国进程，开发了以下重点项目。

数字文化创意产品交易平台。2022年，公司与北京文化产权交易中心合作建立“数字文化创意产品交易平台”，通过交易平台将用户与文化机构、艺术家和收藏品联系起来，创作者制作数字文化创意产品在平台上展示销售；对数字文化创意产品感兴趣的用户，可以进入交易平台，浏览和购买数字文化创意产品，采用的区块链智能合约技术，不仅增强了艺术品的流动性及数字留存价值，也更贴合当代年轻人的消费喜好。

自有虚拟数字人。2022 年，公司与国内领先的虚拟人技术公司魔珐科技合作，打造出自有虚拟数字人资产，通过虚拟数字将人物设计、动作捕捉、面部捕捉、虚拟空间仿真、3D 扫描等前沿技术引入虚拟人研发，开发出能够精准、迅速、高效地为用户提供营销服务的虚拟数字人，已在金融服务领域得到应用，还在探索落地多种形式的应用场景。

沉浸式数字虚拟体验中心。2023 年，基于数字技术发展的新型形态，利用数字化手段将图纸进行三维化呈现，通过软件研发加硬件适配，运用 BIM 技术加游戏引擎开发，打造沉浸式虚拟体验中心，开发建设的多元化虚拟空间和营销体验，是公司创意和技术能力相结合的商业尝试，旨在探索元宇宙与数字营销创新发展的方向与未来。

近几年，公司与科大讯飞建立战略合作，投入人工智能技术的研发和产业培育，进一步强化企业营销能力、拓展营销边界，优化商业模式。此外，公司还在进行智能科技、产业投资等核心业务体系的布局，深入探索新能源科技、建筑科技业务，为客户提供智能科技创新解决方案。

三、主要成效

1. 提升工作效率

在 AI 新技术不断涌现、AIGC 发展如火如荼之际，率先尝试性引入 Stable Diffusion AI 绘画模型、讯飞星火大语言模型、文心一言大语言模型，并探索性研究学习 ChatGPT、Claude、Midjourney 等先进模型工具，极大鼓舞员工创作动力，提升文案、绘画产出效率，并通过飞书、微信、钉钉等工具与客户在线远程交流创意理念、缩短确认周期，初步效果显著。

2. 降低成本

在数字化办公方面，公司自2019年起实施低碳办公，深入应用蓝凌OA、北森eHR、飞书、发票云等系统，并自建NAS存储，持续提升电子化办公水平。极大降低各类合同、证明文件用纸，用电，设备等损耗情况，仅电子签章一项当年累计节约纸张达4.2万余张、鼓碳粉5~6个、物流运输成本约2.5万余元；深入应用北森eHR、飞书工具，极大降低线下交通、物流、快递成本。

3. 促进绿色低碳

2023年，公司持续加大数字化研发投入，以金蝶云·星瀚为底座、建设中后台业务管理系统，实现公司核心业务全覆盖、业务链条线上全流程贯通，极大降低业务运营管理人耗、能耗、物耗，提升员工效能，解放员工生产力，让员工价值能够更充分发挥、体现。积极推广数字化广告业务，以数字化手段向客户提供广告服务，降低印刷、制作、物流、办公场所能耗和碳排放。

4. 改善企业经营绩效

2020年以后，数字化转型成效逐渐释放，公司经济增加值呈现急速上升趋势，企业绩效水平不断提升，价值创造能力不断增强。

案例3　北京培宏望志科技有限公司：数字化赋能科技成果转化效率与品质提升

一、企业简介

北京培宏望志科技有限公司（以下简称培宏望志）成立于2010年，是一家专业从事技术转移及科技成果转化的国家级高新技术企业，公司致力于成为行业领先的市场化技术转移商业化服务机构，主营业务包括科技成果确权与概念验证服务、技术交易筹划与金融服务、成果评估与商业化评价服务、跨境国际技术转移的方案设计服务、技术经理人能力提升培训服务。

公司是国家中小企业公共服务示范平台，专精特新“小巨人”企业、北京市研究开发机构、中关村技术转移示范服务平台、北京市中小企业公共服务示范平台、北京市知识产权运营试点单位。

二、企业数字化转型现状

1. 总体情况

公司转型动因主要是为了提升运营效率、增强客户体验并强化市场竞争力。

公司设定了短期和长期的转型目标。在短期内，公司重点建设数字化基础设施，如搭建云计算平台和大数据系统，以及引进人工智能技术。同时，公司着力于数据资源的整合与管理，确保数据的安全可靠，并致力于部署如 ERP 和 CRM 等数字化平台及系统以提升企业操作效率和服务水平。公司的中长期目标则着眼于全面融合数字化技术至企业的各个业务环节，通过技术创新提高企业的决策质量与业务自动化水平。数据的安全和隐私保护也是企业长期发展的重要一环。

在整体规划方面，公司采取了阶段性实施策略。首先，构建强大的数字化基础；其次，对数据资源进行有效整合；再次，实施高效的数字化管理系统；最终，实现业务的全面数字化，使技术与业务流程深度融合。数字化基础设施方面，公司已建立了包括云平台、大数据分析在内的技术架构，而数据资源管理上，则通过建立统一平台来集中存储与分析数据。数据安全上，公司采取了严格的加密措施和合规操作。公司数字化转型主要业务环节如图 9-3 所示。

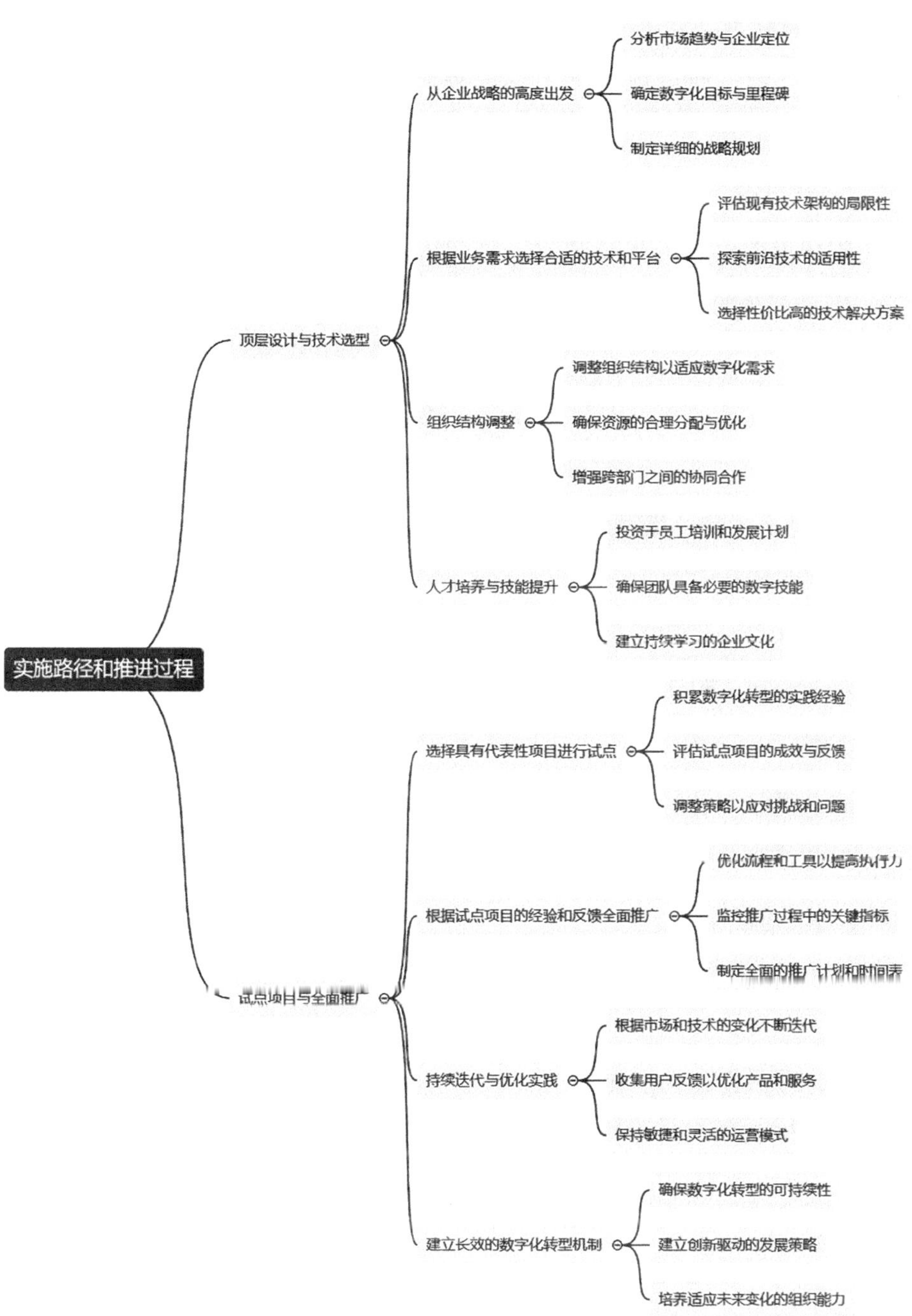

图9-3　培宏望志数字化转型实施路径和推进过程

2. 业务环节

研发管理：通过数字化工具提高研发效率，如使用项目管理软件、云计算资源等。

产品设计：利用数字孪生、CAD 等技术提升设计效率和质量。

生产流程：引入智能制造、自动化生产线等提高生产效率。

供应链管理：通过数字化手段优化供应链，提高响应速度和降低成本。

销售与市场：利用大数据分析、数字营销等手段提升销售效率和市场占有率。

客户服务：建立数字化服务平台，提供 24/7 的在线支持和个性化服务。

3. 典型场景

（1）场景一：研发效率低下

解决方案：引入敏捷研发模式，使用云平台进行资源共享，实现跨地域协作。

（2）场景二：产品设计周期长

解决方案：采用数字孪生技术，进行虚拟仿真和测试，缩短产品从设计到投产的时间。

（3）场景三：生产流程不透明

解决方案：实施工业互联网，通过传感器和实时数据分析，实现生产流程的透明化和智能化。

（4）场景四：供应链中断

解决方案：建立数字化供应链管理系统，实时监控供应链状态，快速响应市场变化。

（5）场景五：销售数据分散

解决方案：整合内外部数据资源，建立统一的数据平台，通过数据分析支持销售决策。

（6）场景六：客户服务质量不一

解决方案：构建统一的客户服务平台，通过人工智能提升服务质量和效率。

三、主要成效

公司运用尖端的数据分析技术，对产品设计流程进行了深度优化，研发周期因此缩短了 20%，同时，产品的品质也得到了显著提升，不良品率降低了 15%。

数字化管理系统的应用，有效减轻了公司的人力资源负担，节省了约 30% 的成本。同时，自动化生产线的引入，不仅提高了生产效率，还降低了单位产品的能耗，降幅达到 25%。

数字化平台的建设，进一步加强了公司与客户和供应商之间的实时互动，提升了供应链的透明度与响应速度，协同创新的效率因此提高了 40%。

这一系列的数字化转型措施，不仅增强了公司在市场中的竞争力，也推动了公司效益的持续增长。

案例 4　北京数美时代科技有限公司：打造基于云端的网络信息风控平台

一、企业简介

北京数美时代科技有限公司（以下简称数美时代）成立于 2015 年 6 月，总部位于北京，在杭州、上海、深圳、广州设有研发中心和分支机构，拥有 10 余年搜索、安全、语音、视频等互联网在线产品研发经验。目前，公司已完成 D 轮融资，累计融资金额超 10 亿元。

公司致力于用AI技术解决在线业务中广泛存在的风险挑战，为全球互联网、“互联网+”以及产业互联网客户提供全栈式、可信赖的在线业务风控产品。公司打造了全球领先的AI全栈式网络信息风控平台，形成了两大产品体系：全栈式智能业务风控产品——天网，为客户解决营销欺诈、支付风控、数据盗窃、欺诈广告等风险问题；全栈式智能内容风控产品——天净，为客户提供一站式内容风控方案，帮助客户识别音频、视频、文本、图片、网页中出现的涉政、违禁、暴恐、色情等问题，从而规避业务及内容风险，提升运营效率。

公司客户覆盖中国大陆、日本、欧洲、北美、中东、印度、东南亚等十余个国家和地区，服务全球3000多家知名企业，互联网行业市占率超80%，是数字风控赛道的领军者。

公司是国家高新技术企业、中关村高新技术企业、北京市专精特新中小企业，先后荣获北京市委统战部、北京市工商联授予的“北京民营企业科技创新百强”称号，以及“最佳反欺诈与风控解决方案”“最具技术力企业奖”，中关村国际前沿科技创新大赛大数据与信息安全领域TOP10等多项大奖。

二、企业数字化转型现状

1.总体情况

数美时代的主要产品是为全球互联网、“互联网+”以及产业互联网客户提供全栈式、可信赖的在线业务风控产品。该项目主要通过遍布全球的SaaS AI风控网络来完成。因此，必须通过数字化转型来实现从研发、设计、销售到服务的业务在线协同工具，需要上云、上平台，通过云计算、云服务来完成。

公司打造的AI全栈式网络信息风控平台，覆盖视频、直播、社交、音频、新媒体、金融、航旅、游戏、新零售、地产、电商、出行、教育、生活服务、快消等超过 15 个行业，服务包括中国工商银行、中国银联、春秋航空、爱奇艺、百度视频、B 站、小红书、喜马拉雅 FM、蜻蜓 FM 等在内的 3000 多家客户，由于涉及的行业广泛，服务的客户多，涉及方方面面的基础数据资源、牵涉到各个层级客户的数据安全等，因此，既要实现自身平台的数字化，又要保证客户的数据安全性，必须做到万无一失。在技术层面主要通过全栈式的在线业务风控产品来实现部署。

2. 实施路径

数美时代的主要产品是基于 AI 全栈式网络信息风控平台，在实施数字化转型过程中，通过购买和使用云服务来完成云上操作，可实现研发、设计、销售和客户服务（技术开发）、系统维护等一揽子工作，对产品的各项工作开展提供了至关重要的支撑作用，可以为产品遍布全球的 SaaS AI 风控网络提供在线协同工具，能够获取、存储、计算海量数据，大幅缩短了研发周期，降低了企业研发成本、数据存储空间、硬件成本等，让公司服务的几千家客户的数据及网络安全得到保障，尤其是服务的金融客户的数据安全得到可靠的保障。公司主要打造两大核心产品体系：天网和天净，其内容审核产品的架构如图 9–4 所示。

图 9–4　数美时代内容审核产品架构

三、主要成效

1. 降低投资和运维成本

通过云模式，一些高额的硬件，如机房配套基础设施、服务器、网络、安全设备等，可实现按需购买。采用云模式服务后，基础平台的维护在云服务提供商，可大大减少系统的维护成本，节省人力成本的开支。

2. 提升资源利用率与管理效率

采用云模式，研发、商务等多部门共享资源，大幅提升资源利用率。此外，上云前如项目500台规模的IT系统维护需要十几个人，现在云模式只需1~2人，云桌面效果明显。缩短了业务系统部署周期，在项目立项后可在很短的时间内即可完成基础平台交付。

3. 提高业务安全性

项目服务于众多金融客户、在线视频客户、广电客户，对数据的安全要求高，在云模式下，云平台采用冗余、多副本机制，使用专用企业级防火墙，可自定义安全等级部署，充分保障客户的安全。

4. 提高业务灵活性

云的弹性可扩展，支持在线扩容，根据产品服务的客户负载大小可随时增加或减少，弹性可伸缩。

案例5　北京中天路通智控科技有限公司：打造数字化的新型勘测企业

一、企业简介

北京中天路通智控科技有限公司（以下简称中天路通）成立于1999

年，所属行业为测绘与勘察，通过了质量、环境、职业健康安全体系认证，以及中国合格评定国家认可委员会（CNAS）的认可，是国家高新技术企业、北京市专精特新中小企业。公司业务涉及勘察、测绘、监测检测、地理信息及业务咨询五大板块，涵盖岩土工程勘察、设计、物探测试检测监测，工程钻探，工程测量，不动产测绘，测绘航空摄影，摄影测量与遥感，地理信息系统工程以及道路与桥梁检测等多个专业。

近年来，中天路通业务领域主要是为城市轨道交通、城市市政基础设施建设阶段及运营阶段等关键环节提供勘察设计、测绘、监测检测、系统研发等专业技术服务。同时，中天路通积极进行数字化转型，已逐步由传统勘测企业转型为数字化的新型勘测企业。

二、企业数字化转型现状

1. 总体情况

近些年，随着国内大基建、房地产建设回落，公司主营业务受到一定影响。在此背景下，公司在保证传统业务正常发展下，积极探索数字化转型道路，力争在未来5~10年实现企业数字化项目和产品营收占企业总营收的一半的目标。以地铁保护区安全管理为切入点，以视频AI识别、智能界桩、物联网等技术为抓手，打造地铁保护区智能巡查设备和平台，经持续优化改进，最终建设为完全替代人工巡查的智能产品，并在全国进行广泛推广应用。

目前，公司共有两项核心数字化产品，一是“中天翼轨道交通保护区安全管理数字孪生平台”，该平台主要服务于地铁保护区安全巡查领域，面向的业主是国内各地铁运营公司；二是“中天盾‘智慧芯’工程勘测项目综合管理平台”，该平台主要服务于工程勘测项目领域，面向工程勘察、测量、监测等企业。

公司专门成立创新研究院，在公司总经理的领导下，全面负责企业数字化转型产品的研发与市场推广应用。公司创新研究院主要由企业内部选拔人才组建，负责市场需求挖掘、产品功能设计和后续的推广应用。

2. 中天翼轨道交通保护区安全管理数字孪生平台

地铁保护区具有点多、线长及面广的特点，存在巡查难覆盖、问题难发现、管理缺手段及监视缺工具等难题，以上因素导致保护区事故频发。本项目利用新技术、新方法主要实现了从地上、地面、地下三个维度对保护区进行全面管理和监控，将传统依赖人工的“人防”模式转变为充分利用智能装置的“人防 + 技防”模式。

该平台是以北斗地基增强系统为支撑，以视频采集、智能界桩等传感器设备为辅助，综合运用 AI 识别、物联网、数字孪生等技术，面向城市轨道交通保护区的数字化管理、智能定位、智能巡检等关键业务构建的综合管理平台。

平台主要功能包括以下 4 个方面。

（1）AI 自动识别施工活动并预警

借助于先进的 AI 智能识别算法，平台能够 24 小时不间断地对视频中的钻机、挖掘机、安全帽等常见施工要素进行自动识别，并通过 PC 端、短信和微信小程序三种方式进行自动预警。

（2）智能界桩自动监测预警

公司自主研制的新一代智能界桩，搭载了北斗定位、倾斜监测和振动监测等模块，能够实时监测自身的位移、倾斜、振动等信息，辅助保护区管理人员进行决策。

（3）保护区地上地下一体化管理

平台采用模型轻量化技术，能够实现地上地下多源海量数据在线、快速加载，全面掌握保护区沿线地上地下空间的所有数据分布情况。

（4）北斗地基增强系统助力高精度定位

借助北斗地基增强系统，巡查人员在巡查过程中利用接入差分信号的手持终端，可以准确地判断地下线路的结构边界位置，使得线路巡查有了更高的精度保障。平台支持巡查人员轨迹展现，方便对巡查路线进行规划和管理。

目前，该系统已在京港地铁公司稳定运行，辅助京港地铁公司对4条线路、约200公里的保护区进行安全巡查。实现了线路沿线高风险区域24小时无人值守巡检，降低了保护区发生安全事件的概率，巡线人员压力得到缓解。

3. 中天盾“智慧芯”工程勘测项目综合管理平台

“智慧芯”平台是基于“项目全流程精细化管理 + 互联网 +N”的设计经营理念，以工程勘测项目为主体，以实现项目管理精细化、业务流程标准化、信息共享、内容归档为目标，是面向工程勘察、测量、监测等企业级用户研发的工程项目信息化生产与管理平台。平台架构如图9–5所示。

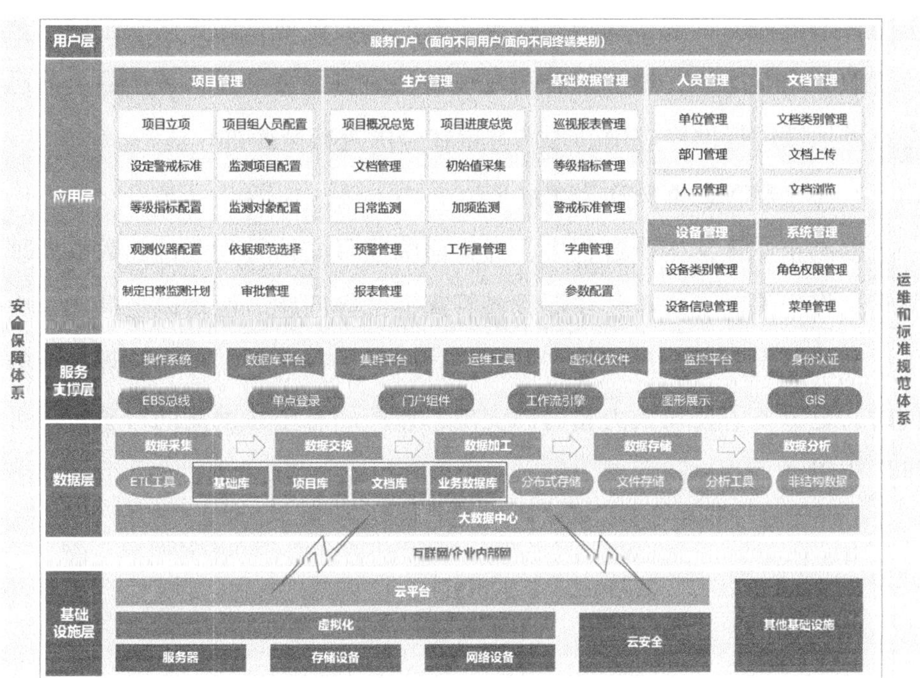

图9–5　中天路通“智慧芯”平台架构

平台由基础设施层、数据层、服务支撑层、应用层、用户层五大部分组成，采用互联网运营思维和项目管理方法，以项目为主体，以各类合同为切入点，以工程项目的进度管理、资源管理、文档管理、工程数据管理与质量检核、预警分析、成果汇总及统计为主线，以实现工程项目精细化管理、信息共享、内容归档为目标，包括项目管理、生产管理、人员管理、设备管理、文档管理、基础数据管理、系统管理七大功能模块。

三、主要成效

1. 提升市场竞争力

在中天翼产品面世以前，公司在地铁保护区安全管理领域只能提供传统的勘测服务，中天翼产品推出后，补充了公司在保护区安全巡查业务方面的空白，形成了国内为数不多的能够提供地铁保护区安全管理全流程服务企业之一，增加了公司在该领域的市场竞争力。该产品目前已在京港地铁进行推广应用，未来有望在全国进行全面推广。

2. 提升勘测企业项目管理水平

勘测企业日常生产过程中，经常面临项目文档管理混乱、数据处理复杂、报告编制不规范、仪器设备管理混乱等问题。面对以上问题，中天盾产品研发面世，目前该产品在公司内部运行良好，项目管理规范的同时，也节省了公司人力物力的支出，该产品有望在勘测同行单位进行推广应用。

案例6　中航国际金网（北京）科技有限公司：数字化赋能航空产业链协同发展

一、企业简介

中航国际金网（北京）科技有限公司（以下简称中航国际金网）成立于2005年，是中国航空技术国际控股有限公司旗下专业化子公司。公司已通过国家高新技术企业、国家级专精特新“小巨人”企业认定，获批建设北京市企业技术中心。先后获工业和信息化部工业互联网试点示范、工业和信息化部网络安全技术应用试点示范、工业和信息化部制造业与互联网融合发展试点示范、工业和信息化部国家服务型制造示范项目。公司是科技部“工业软件”重点专项“揭榜挂帅”重大专项总体单位、工业和信息化部“民用飞机专项科研技术研究类项目”课题负责单位。目前拥有发明专利39项、软件著作权189项。

中航国际金网专注于信创云计算、工业互联网、大数据、人工智能、网络安全、数字化转型等领域，为党政军企客户提供超融合云产品、云服务、工业互联网平台及企业数字化转型整体解决方案。航空装备工业互联网平台赋能国防军工数字化，平台军工市场占有率第一，年交易额超过1000亿元、入驻企业超过10万家、月活跃用户超过50万个。信创产品赋能数据价值链，基于自主研发的蓝擎云云计算平台打造工业场景超融合高安全产品以及协同制造场景安全数据交换整体解决方案。

二、企业数字化转型现状

1. 总体规划

目前，中航国际金网已实现数字化条件下的平台运营活动的动态数据采集和全流程数据集成与业务集成，以及运营相关资源的动态优化配置。未来三年，中航国际金网计划全面推进数字化转型，实现经营活动数字化动态协同。

数字化转型规划分为三步，如图 9–6 所示。第一步“筑基速赢”，以顶层设计为指导，建设数字化平台能力；第二步“夯基稳行”，夯实数字化转型基础、全面稳步完善，落实稳步转型；第三步“全面转型”，以敏捷模式推进数字化转型，通过不断迭代，形成数字化组织的常态运营和演进能力，实现数字化全面转型，重塑产业生态价值链。

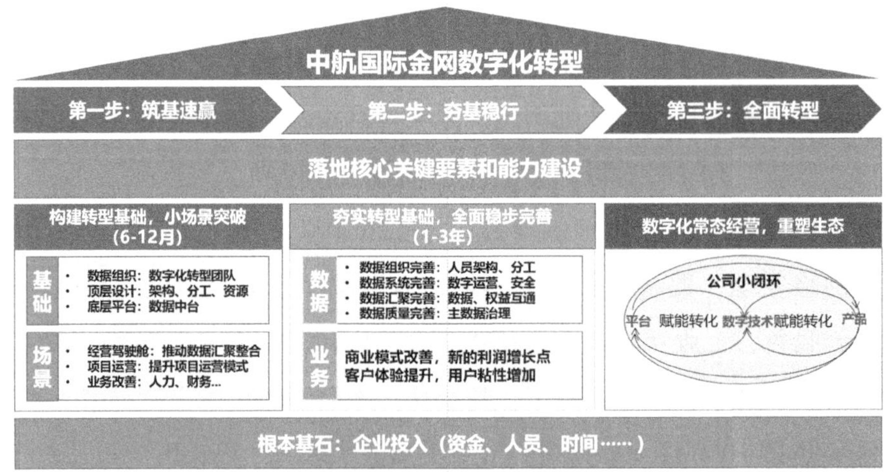

图 9–6　中航国际金网数字化转型阶段

2. 实施路径

中航国际金网秉持科学规划、统筹安排、应用为本、效率优先的数字化理念，制定了四条关键实施路径：业务量化、集成集中、统一平台、智能协同。

业务量化：结合创新技术应用，推进各项业务逐步数字化，使公司从过去定性描述、经验管理，逐步转变为数据说话、数据管理。

集成集中：逐步整合分散的系统平台，消除业务系统间分类建设、条块分割、“数据孤岛”的现象，从而形成集中、集约的管理系统。

统一平台：实现各类专业口径的数据标准化，并在统一运用平台上相互交换、实时共享，为大数据价值的持续开发利用提供支撑。

智能协同：通过对大数据的专业挖掘和软件开发，形成自动识别风险、智能决策管理以及多脑协调、联动的“云脑”，对公司进行管理。

3. 平台和场景

数字技术平台和典型场景如图 9-7 所示。

（1）技术平台

通过建设统一的数字技术平台，赋能业务模式重塑，支撑公司数字化转型，推动公司实现卓越运营。

IaaS 层是整个应用系统的基础，为上层各级应用提供了统一的公共基础设施架构。IaaS 云平台底层对计算资源、存储资源、网络资源进行资源池化管理，提供高可用、高性能、可扩展的基础设施解决方案。将这些资源转化为了一组可统一管理、调度和分配的逻辑资源，基于这些逻辑资源在单台物理服务器上构建了多个可以同时运行、相互隔离的虚拟执行环境，可实现更高的资源利用率，同时可满足应用更加灵活的资源动态分配需求，降低了运营成本，可更快速和灵活地响应业务系统的资源需求。

公司已有的专有云平台和自主研发的蓝擎云云计算平台为基础设施建设奠定基础，后续将借助行业应用能力或自建应用建设完善业务数字化场景、管理数字化场景，实现业务和管理数字化场景全覆盖，支撑公司数字化转型。

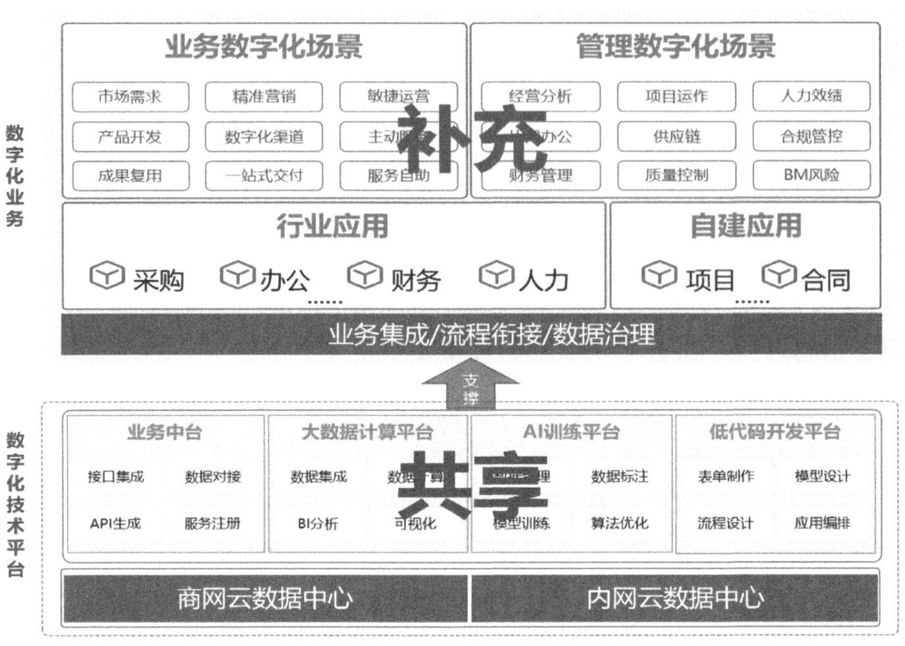

图 9-7　中航国际金网数字化平台和场景

（2）核心场景能力建设

场景一：经营驾驶舱。

以经营分析数据为试点，建立经营管理驾驶舱 / 可视化大屏，拉通公司数据，辅助经营分析，如图 9-8 所示。解决当前存在的大量手工统计报表的效率问题；以经营驾驶舱为牵引，推动经营数据全线拉通。

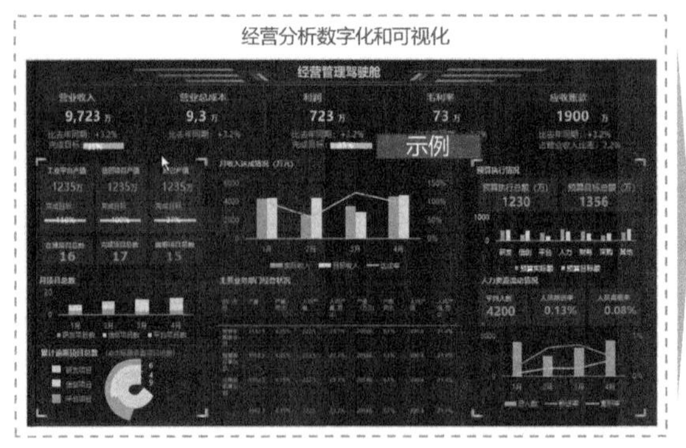

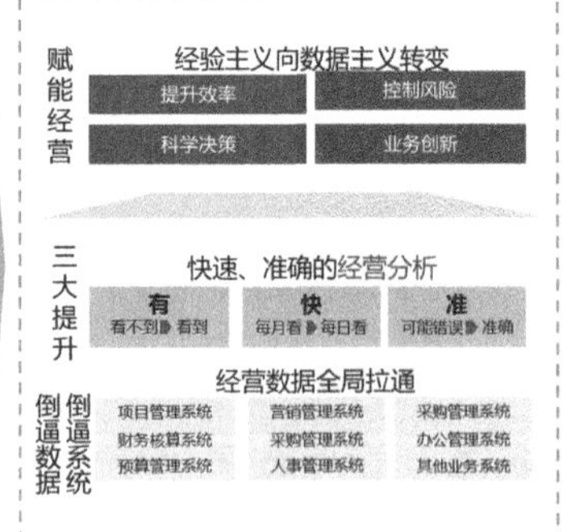

图 9-8　经营驾驶舱

场景二：项目运行数字化。

以项目管理分析为试点，拉通项目数据，让管理人员和业务人员了解项目全貌，直观展示项目的进度和预算的执行、合同签订等情况，提升项目分析能力，如图 9-9 所示。

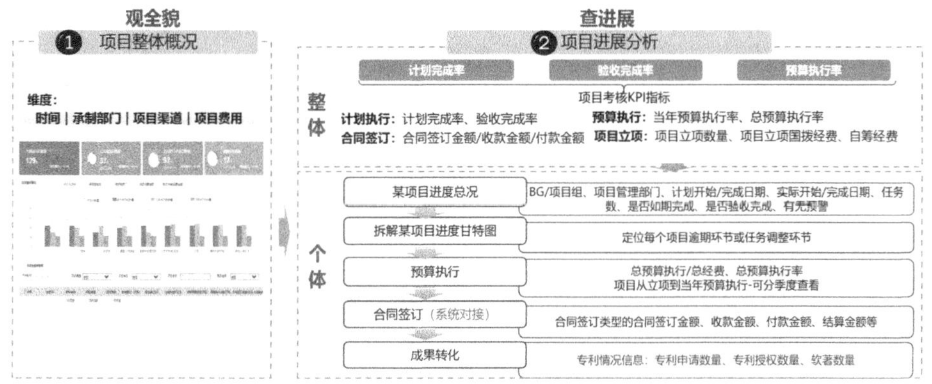

图 9-9　项目运行数字化

场景三：实现从线索到回款的全过程在线管理。

通过 CRM 系统建设，实现 360 度的客户全方位视图，高效率挖掘和抓住潜在客户的销售线索，全过程地跟踪销售机会，提高销售机会的转化率，提高签单成功率，实现从线索到回款的全过程在线管理。

（3）运营能力建设

场景一：统一资源库。

建立统一资源库，如图 9-10 所示，收集并整理公司内部资源，形成一套完整的资源库。对资源进行分类和标签化，方便员工根据需求快速找到所需的资源，不断整合加入知识资产，逐步实现企业知识沉淀和共享。

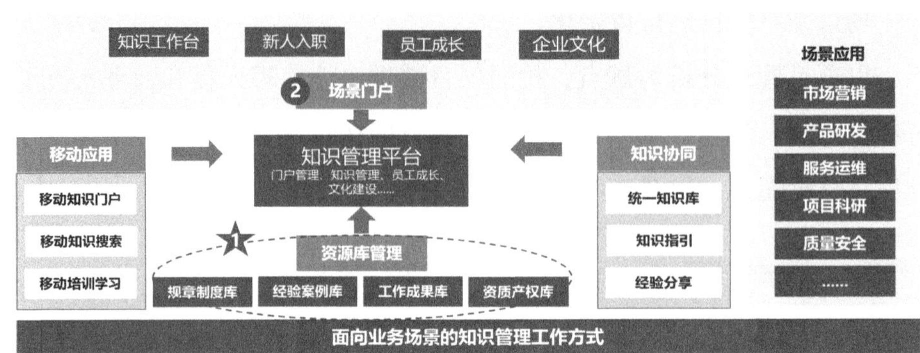

图 9-10　统一资源库

场景二：客户门户 + 问题督办：提升客服水平。

建立多点连接客户，方便客户更新信息、跟进协议进度、查询项目、了解产品情况并结合在线客服系统进行问题收集的客户门户（见图 9-11），公司内部建立基于 ITLI 方法的客户问题闭环管理流程，通过问题督办系统实现多渠道客户问题的闭环处理。

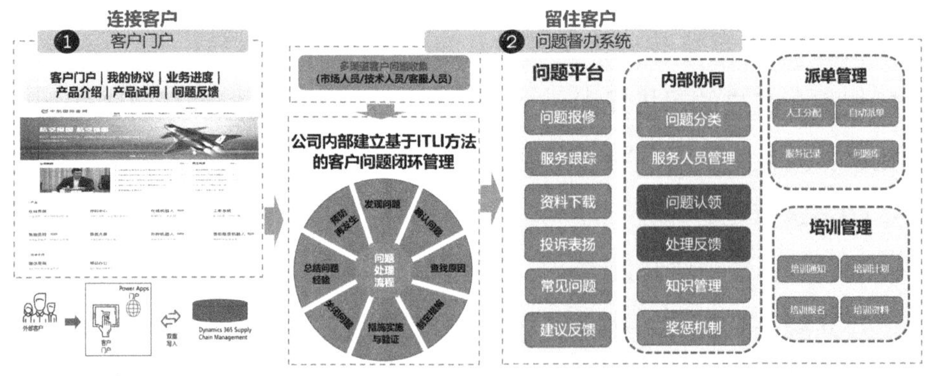

图 9-11　客户门户

三、主要成效

1. 促进产业链数字化转型

中航国际金网在顺利完成数字化转型后，其核心竞争力得到了质的飞跃，并赋能航空工业集团、航空发动机集团等大型央企集团及其链上的众多中小企业共同步入了数字化转型的新纪元。这一进程中，公司不仅强化了自身在信息技术服务领域的领先地位，还促进了产业链上下游的深度融合与协同发展，实现了从龙头到中小微企业的全链条数字化升级。

2. 提升办公效率

中国航空工业综合业务管理平台实现了集团超过 30 万人的无界协同，推动了办公效率的飞跃。远程工作与视频会议的广泛应用，不仅减少了 30% 的差旅开支，还促使办公能耗降低了 20%。集团专属的蓝擎云商密云平台，统一保障了 300 余家企业及外网资产的网络、算力安全，为数字安全筑起坚固防线。

3. 促进供应链高效协同

智能供应链协同平台打破了传统供应链的壁垒，实现了供应链各参与方之间信息实时共享、流程的无缝对接以及资源的高效协同。从原料采购到产品交付得到全程优化，显著提升了供应链的响应速度与效率。

4. 降低运营成本

通过自动化工具和智能算法，精简了冗余流程，减少了人为错误，实现了库存与物流的最优配置，大幅度降低了运营成本，同时提升了资源使用的灵活性和效率，为企业创造了更大的利润空间。

案例 7　北京八月瓜科技有限公司：打造“创新大脑”平台赋能科技创新

一、企业简介

北京八月瓜科技有限公司（以下简称八月瓜）成立于 2015 年，所属行业为互联网和相关服务，细分领域为互联网科技创新平台。公司作为专精特新“小巨人”企业、国家中小企业公共服务示范平台、中国科协全国首批“科创中国”创新基地、“科创中国优秀专业科技服务团”，打造了国产化全球科技情报分析检索系统——“创新大脑”，基于全球科技信息数据库，专注科创大数据与科技信息大模型，提供创新链、产业链的数智化科技支撑服务，涵盖信息检索分析、科技咨询、知识产权、科技成果转化等全流程服务。

基于“创新大脑”，公司“构建科技创新全链条服务‘生态’体系”入选商务部“国家服务业扩大开放综合示范区10个最佳实践案例”向全国推广。连续6年发布《全国科技创新百强指数报告》，指标体系被科技部《“企业创新积分制”工作指引》采纳。

公司已为科技部、工业和信息化部等部委及多省市政府，中国科学院、清华大学等高校，以及中石油、国家电网等10000多家单位提供检索查新、分析预警、申请保护、交易运营等全方位科技创新服务，助力科技成果转化与应用。

二、企业数字化转型现状

1. 主要阶段

自2015年起，公司即启动了数字化转型战略，分为四个阶段实施。

（1）规划设计阶段（2015年8月—2017年3月）

确立数字化转型目标，明确转型方向；组建数字化转型团队，开展技术预研和人才储备。

（2）基础信息系统建设阶段（2017年3月—2024年10月）

构建高性能云计算平台和大数据处理中心，为“创新大脑”提供坚实基础；整合全球多源异构数据，形成丰富的科技情报资源库；开发基于NLP、GNNs、AquilaChat等技术的智能分析模块。

（3）数据治理与智能体应用阶段（2024年10月—2026年10月）

持续优化“创新大脑”平台，提升用户体验和服务质量；深化生成式 AI、知识图谱等前沿技术的研发与应用。

（4）数字化业务出海阶段（未来规划）

拓展国际市场，设立海外研发中心及分支机构。

2. 总体架构

面对竞争和科技进步，公司决定数字化转型，以适应市场，推动创新。构建了全球科技情报分析检索系统——“创新大脑”，提升服务效率，打破国外技术垄断，全方位数智化支持我国科技创新主体，满足市场需求，推动科技创新的快速发展。总体架构如图 9–12 所示。

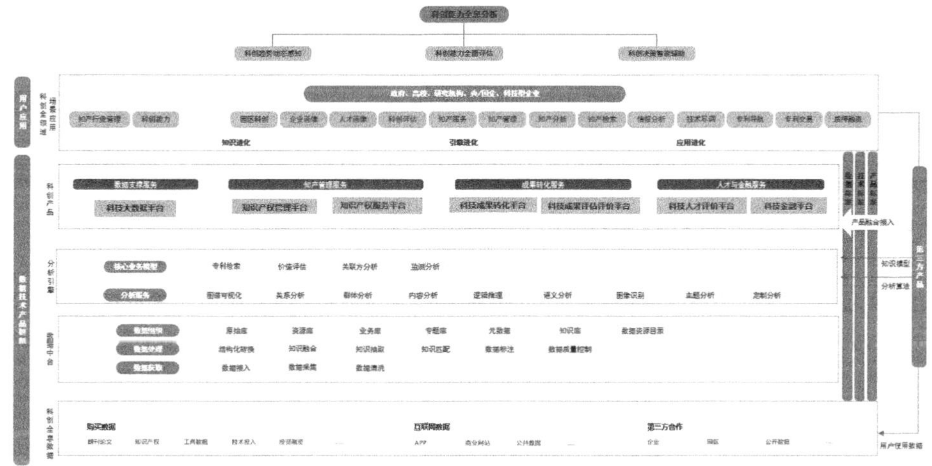

图 9–12　总体架构

数字化转型的近期目标是完善“创新大脑”系统，实现实时数据更新与深度分析，推出多样化创新产品和服务，提升品牌影响力，成为国内领军。

长期目标则是将“创新大脑”打造为国际领先的科技情报分析平台，拓展全球市场，深化前沿技术研发，构建技术壁垒。

3. 典型场景

在知识产权服务领域，公司针对“数据孤岛”、知识隐性等问题，通过其全球科技情报检索分析系统“创新大脑”，集成了来自 178 个国家的1.95亿条专利、商标和知识产权数据等10亿余条数据，并运用大数据处理技术确保数据质量。该系统利用先进的自然语言处理、图神经网络和BERT模型，提供智能化的语义和图像检索服务，同时基于知识图谱和新颖性分析等功能，为用户提供全方位的专利评估和产业洞察，助力公司制定精准的研发和市场策略。

全球科技情报检索分析系统“创新大脑”，是一款面向专利服务的高端智能平台，旨在利用最前沿的人工智能技术和算法模型，为用户提供全方位的专利分析和检索服务。平台主要功能包括语义检索、图像检索、翻译功能、知识图谱、报告分析、新颖性分析、创造性分析及产业领域分析等智能模块。

公司构建了高性能云计算平台和大数据处理中心，支撑“创新大脑”系统的强大计算与存储能力。公司重视数据安全，通过多层次防护体系如数据加密、访问控制等，保障用户数据的安全与隐私。同时，建立了数据备份与恢复机制，以应对潜在风险。

三、主要成效

1. 促进产学研合作

截至目前，“创新大脑”注册用户超40万个，服务科研人员110万人次，创新主体近36万家，促成产学研合作项目百余项，带动经济效益超百亿元。

2. 赋能企业技术创新

已经为国家电网、中石油、中国华能、中国华电、中国商飞、大唐集团、矿冶科技、主导时代、国卫星通、金泰众和、河南光源新材、龙铁纵横、中核四〇四、山东常林集团等10000多家单位提供从项目的创意立项，技术构思、技术攻关及技术应用，到产品上市整个技术创新全生命周期、全链条的科技创新数智化转型解决方案。

案例 8　亦康（北京）医药科技有限公司：自研数字化系统满足 CRO 个性化需求

一、企业简介

亦康（北京）医药科技有限公司（以下简称亦康医药）成立于 2015 年，是一家专业从事生物医药研发外包服务和肿瘤药物精准治疗的外包技术服务企业（CRO 企业）。公司通过人工智能与湿实验技术平台相结合的技术，致力于创新药的临床前体外、体内药理药效学评价以及药物临床转化研究，并开展伴随药物临床试验的生物样本分析研究，旨在实现公司愿景"筛好药，用好药"即临床前提高药物筛选的效率，临床阶段匹配合适的病人。公司在肿瘤和免疫领域有多年的积累，有国内最大的肿瘤免疫模型库，已经服务超过 300 家的国内生物医药企业和部分国外客户，多项研究结果用于客户的国内外 IND 申报。

公司拥有多学科的国内外专业人才，具备丰富的新药开发和运行管理团队。现有员工 100 人，其中博士 9 人，硕士 25 人，已经建成比较完善的人才梯队。公司先后获得国家高新技术企业、北京市专精特新中小企业、北京市级企业研发机构等荣誉。亦康医药的愿景为"筛好药，用好药"，希望通过不懈的努力，能够提高新药研发的效率、临床病人的临床用药效率。

二、企业数字化转型现状

1. 总体架构

亦康医药是一家创新药研发服务 CRO 公司，为客户提供优质、高效的服务始终是公司最高的目标。随着客户数量的增加、整合项目数量的增加以及公司体量的增长，原有的采购管理方式、项目管理方式、模型管理及商务推广方式已经远远满足不了业务增长的要求。因此从2020年开始，公司着手数字化转型。经过调研发现，除了财务数据、人力资源管理系统外，当前市场上比较成熟的采购和项目系统难以满足CRO企业复杂的个性化需求。2020年开始，公司组建4~6人的开发团队，并陆续建设了机房，购置了服务器，完成了数字化建设的软硬件基本条件，随后通过了ISO 20000信息技术服务管理体系认证和ISO 27001信息安全管理体系认证。当前，公司已经完成了实验动物采购系统、试剂耗材采购系统、项目管理系统、生物样本采集系统、文件管理系统的开发和上线应用。这些管理系统依据公司的组织架构，工作流程和关键岗位职责量身定制，实现了信息的同步、团队的协作和管理的高效。公司数字化总体架构如图9-13所示。

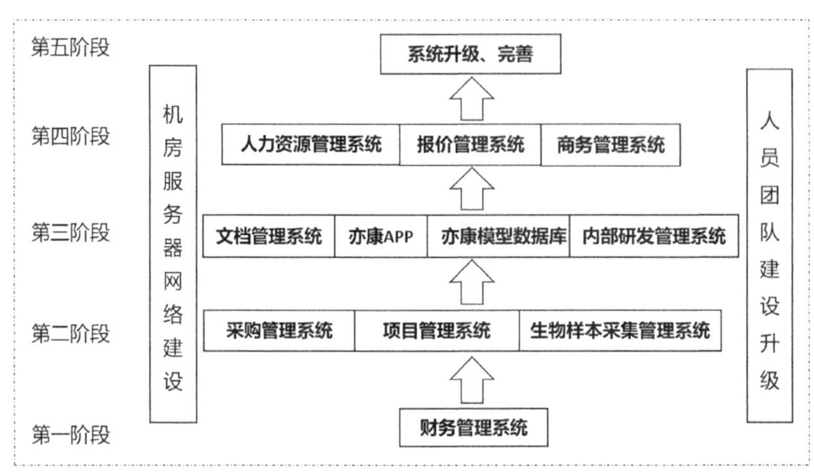

图9-13　亦康医药数字化转型总体架构

公司模型数据库和业务推广App已于2024年6月28日正式上线，App系统中包含了公司内部模型数据库和各实验平台的介绍，对公司业务的推广将起到重要作用。今后，公司将陆续开发和升级生物样本管理系统、固定资产管理系统和人力资源管理系统等，将公司数字化转型推向更高水平。

2. 主要阶段

（1）2017—2020年

2017—2020年是公司快速发展的阶段，客户数量急速增长，项目数量急剧增加，采购数量出现了爆发式的增长。由于研发服务企业的采购物品种类繁杂、数量巨大，常出现因为客户需求的改变导致采购时间不及时而产生的矛盾。对于临床前药理药效研发CRO公司来讲，实验动物采购占据了采购人员大量时间。

（2）2021—2022年

为了减少人员交流导致的信息误差，提高采购的及时性，公司在2021年初把实验动物的采购提到日常上来。动物供应商相对稳定、采购的动物种属相对明确，因此，亦康医药把实验动物采购作为数字化转型开发的第一个内部开发系统。结合公司当前的经营规模和采购量，IT团队以Odoo作为开发框架，多采用下拉式菜单模式进行选择确认，以减少错误。经过四个月的努力，完成了实验动物采购系统的开发、验证、上线。实验动物采购系统，包含业务部门的采购需求提出、采购部门的采购处理、实验动物管理部门的接收入库、财务部门的付款等多个环节，极大地提高了实验动物的采购管理水平，降低了采购错误的发生率。

客户的每一个研发服务项目都会涉及商务、采购、业务、质量、财务、项目管理等部门，需要多部门之间进行紧密合作，一个环节出现问题，就容易出现整个项目的延误。对于承担项目的业务部门来讲，每一个项目都会经过立项、实施、客户交付和内部归档四个流程，周期长、人员多，而且还常常涉及几个业务团队的合作。由于同一个项目负责人会同时负责几个甚至几十个项目，容易出现由于内部沟通环节的问题而引起的项目交付延迟。2021年年中，公司决定自主开发项目管理系统。由于技术服务项目种类繁多、客户需求多样化、涉及的部门和环节多，因此，在项目设计阶段，公司高层进行了十多次的会议讨论，反复推敲，最终定下了具体的需求，并和IT团队反复确认后，正式启动开发流程。经过近半年的开发、验证和试用，2022年年初，公司的项目管理系统正式上线。近年的使用证明，公司的项目管理水平得到了极大提升，没有发生因为内部流程和沟通问题而出现项目延迟现象的情况。各个项目负责人的项目进展情况、项目归档情况、财务发票开具情况在项目管理系统一目了然，极大地节省了人力，也为后期的项目成本核算和业绩考核打下了坚实的基础。

（3）2023—2024年

由于数字化管理极大地提高了企业的管理水平，提高了工作效率，公司各个层面都认识到了数字化转型带来的改变和提高，从2023年年初开始，实验模型数据库、试剂耗材采购管理系统、生物样本采集管理系统、内部研发项目管理系统、生物样本采集管理系统、文件管理系统开发先后提到日程上来，到2024年上半年，实验模型数据库、试剂耗材采购管理系统、内部研发项目管理系统、生物样本采集管理系统陆续上线，极大提高了企业内部管理水平和外部企业客户对接能力。2024年6月上线的亦康App，集成了公司现有的动物模型数据库和技术服务平台介绍，为商务团队的业务推广提供了抓手。

三、主要成效

1. 提高工作效率

亦康医药经过近年的数字化转型，初步建成了公司的数字化管理系统。当前已经使用的实验动物采购系统、试剂耗材采购管理系统、项目管理系统、生物样本采集管理系统等均极大地提高了工作效率，减少了工作中出错的概率，降低了纸质文件的使用量，减少了沟通环节，提高了客户满意度。以公司开发的实验动物采购系统为例，数字化系统采用前，从项目负责人提交采购需求、供应商选择、部门负责人审批、采购询价到最后下订单，一般需要 3~5 个工作日；实验动物采购系统启用后，只需要 1 天就可以完成全部过程，极大地提高了工作效率和信息传递的准确性。

2. 提高企业管理水平

随着公司的发展，生物样本库管理系统、人员管理系统、仪器设备管理系统等数字化管理系统将陆续开发上线，将公司的人员、项目、物料、文件等各管理要素链接起来，将公司的管理要素编织成一张网，未来会极大提高公司的管理水平和运营能力。

3. 提高商务推广效率

通过模型数据库和亦康手机 App 的上线，架构了公司技术进展与市场端的桥梁，可及时将新方法和新平台的信息传递到市场，随着亦康手机 App 网络课堂的丰富，可极大地提高商务推广的效率。

主要参考资料

1. 北京市中小企业服务中心，北京国融工发投资管理有限公司. 北京市专精特新企业发展报告（2023）[M]. 北京：经济管理出版社，2024 年 6 月.
2. 北京市经济和信息化局. 2023 年北京市中小企业发展报告 [R/OL]. https://jxj.beijing.gov.cn/zwgk/zfxxgk/zfxxgkml/202404/t20240425_3637105.html.
3. 李立威. 北京市中小企业数字化转型：现状、路径和成效 [M]. 北京：企业管理出版社，2024 年 11 月.
4. 李立威，成帆. 数字化转型影响中小企业创新绩效的机理研究：数字化业务战略匹配的视角 [J]. 信息系统学报，2024，(02)：102-117.
5. 李立威，程泉. 数字经济与营商环境如何激发“专精特新”中小企业涌现？[J]. 软科学，2024，38(04)：8-14.
6. 李立威，黄艺涵. 数字化与组织变革组态如何破解中小企业数字化转型悖论 [J]. 科技进步与对策，2023，40(24)：101-110.
7. 李立威，程泉. 数字中国建设背景下数字经济人才的需求结构和培养路径分析 [J]. 北京联合大学学报，2023，37(05)：10-15.
8. 李立威，成帆，黄艺涵. “数字化悖论”的内涵、产生机制与跨越路径：文献综述 [J]. 科技管理研究，2023，43(12)：128-136.
9. 李立威，黄艺涵，成帆. 影响中小制造企业数字化转型的资源配置组态及其作用机制——基于模糊集定性比较分析 [J]. 科技管理研究，2023，43(06)：155-161.

10. 李立威，成帆，黄艺涵. 居安思危还是内外交困：科技型中小企业数字化转型的组态前因 [J]. 北京联合大学学报（人文社会科学版），2023，21（01）：92–99.

11. 李立威. 数字化转型赋能中小企业迈向“专精特新”[EB/OL]. 光明网，https://m.gmw.cn/baijia/2022-11/04/36138946.html.

12. 李立威. 依托产业园区协同推动产业数字化转型 [EB/OL]. 光明网，https://www.gmw.cn/xueshu/2022-08/02/content_35926380.htm.

13. 汪昕宇，吴克强，李立威. 数字化能力、知识管理与企业创新绩效——来自科技型中小企业的经验证据 [J]. 北京联合大学学报（人文社会科学版），2023，21（06）：97–112.

14. 肖静华. 企业跨体系数字化转型与管理适应性变革 [J]. 改革，2020（4）：37–49.

15. 谢康，肖静华，王刊良，等. 企业高质量数字化转型管理：理论前沿 [J]. 管理学报，2024，21（01）：1–9.

16. 吴江，陈婷，龚艺巍，等. 企业数字化转型理论框架和研究展望 [J]. 管理学报，2021，18（12）：1871–1880.

17. 黄丽华，朱海林，刘伟华，等. 企业数字化转型和管理：研究框架与展望 [J]. 管理科学学报，2021，24（08）：26–35.

18. 倪克金，刘修岩. 数字化转型与企业成长：理论逻辑与中国实践 [J]. 经济管理，2021，43（12）：79–97.

19. 李勇坚. 中小企业数字化转型：理论逻辑、现实困境和国际经验 [J]. 人民论坛·学术前沿，2022（18）：37–51.

20. 史宇鹏，王阳. 中小企业数字化转型：焦点、难点及进路 [J]. 新疆师范大学学报（哲学社会科学版），2024，45（3）：53–62.

21. 刘淑春，金洁. 数字化重塑专精特新企业价值创造力——理论、机理、模式及路径 [J]. 财经问题研究，2023（11）：3–14.

22. 何瑛. 数字化变革推动中小企业高质量发展的理论逻辑与实践路径 [J]. 求索，2023，(06)：53-62.

23. 中国信通院. 中小企业数字化转型研究报告（2023）[R/OL].http：//www.aii-alliance.org/resource/c331/n5027.html.

24. 中国工业互联网研究院. 全国中小企业数字化转型发展报告（2023）[EB/OL]. https://mp.weixin.qq.com/s/MM2S0i_2fMnqmB2dKT5Tnw.

25. 中国电子信息产业发展研究院. 中小企业数字化转型研究报告（2024）[R/OL]. https://www.ccidgroup.com/info/1155/39677.htm.

26. 中国电子技术标准化研究院. 中小企业数字化转型分析报告（2021）[R/OL]. http：//www.cesi.cn/202205/8461.html.

27. 全国工商联经济服务部，中国宏观经济研究院，等. 2022 中国民营企业数字化转型调研报告 [R/OL].https：//www.digitalelite.cn/h-nd-4967.html.

28. 阿里云研究院. 专精特新企业数字化转型升级研究报告 [R/OL]. https://www.aliyun.com/reports/digital-transformation-enterprise.

29. 工业和信息化部. 智能制造典型场景参考指引（2024 年版）[EB/OL]. https://www.gov.cn/zhengce/zhengceku/202409/content_6977718.htm.

30. Benbya H，Nan N，Tanriverdi H，et al.Complexity and information systems research in the emerging digital world[J]. MIS Quarterly，2020，44（01）：1-17.

31. Vial G.Understanding digital transformation：a review and a research agenda[J].The Journal of Strategic Information Systems，2019，28（02）：118-144.

32. Verhoef P C，Broekhuizen T，Bart Y，et al. Digital transformation：a multidisciplinary reflection and research agenda[J]. Journal of Business Research，2019，32（11）：1-13.

33. Matt C，Hess T，Benlian A. Digital transformation strategies[J].Business & Information Systems Engineering，2015，57（05）：339-343.

34. Gurbaxani V，Dunkle D. Gearing up for successful digital transformation[J]. MIS Quarterly Executive，2019，18（03）：209–220.

35. Sebastian I M，Moloney K G，Ross J W，et al. How big old companies navigate digital transformation[J].MIS Quarterly Executive，2017，16（03）：197–213.

附录　案例企业名单

序号	企业名称	区县	行业	数字化概况
1	北京格雷时尚科技有限公司	大兴区	纺织服装、服饰业	经历信息化、数字化和智能化三个阶段，重点建设业务中台和数据中台
2	北京天罡助剂有限责任公司	大兴区	化学原料和化学制品制造业	提出了数字市场、数字运营、数字成本的三数管理目标
3	扬子江药业集团北京海燕药业有限公司	昌平区	医药制造业	部署了 DMS、QMS、费控、PMS、BPM、LIMS、门户系统等，建设扬子江智能制药工业互联网平台
4	北京康辰药业股份有限公司	密云区	医药制造业	初步完成产品研发、计划调度、生产作业、质量管控、设备管理等多个环节智能场景的建设与实践。
5	北京云菱生物技术有限公司	经开区	医药制造业	通过“业务上云”，采购、生产、销售等业务信息实现了连通
6	北京万泰利克药业有限公司	昌平区	医药制造业	通过运用计算机控制、物联网及互联网技术，实现煎药工艺流程的全过程控制与管理
7	北京诚济制药股份有限公司	顺义区	医药制造业	通过业务系统的自动化集成以及信息收集的数据化集成实现数字化车间的建设
8	北京微构工场生物技术有限公司	顺义区	化学纤维制造业	采用灯塔工厂理念建设 PHA 制造数字化车间，覆盖发酵、分离提取、干燥包装、水循环、能耗等多个工艺流程

续表

序号	企业名称	区县	行业	数字化概况
9	美巢集团股份公司	大兴区	非金属矿物制品业	基于“环保 + 智能”双轮驱动战略开展智能工厂建设，项目分为三期建设，包括生产过程智能化升级改造、信息化系统集成与控制、生产设备及数字系统智能化升级改造
10	超同步股份有限公司	密云区	通用设备制造业	“以智能制造，制造智能装备”的理念构建满足大规模个性化定制的智能柔性数字化生产线
11	阿尔西制冷工程技术（北京）有限公司	石景山区	通用设备制造业	部署客户关系管理、产品生命周期管理平台、企业资源计划平台、人力资源管理系统和财务系统，推动研发上云等
12	北京市春立正达医疗器械股份有限公司	通州区	专用设备制造业	建成了骨科植入物数字化车间，逐步实现全流程的数字化控制
13	北京中科博联科技集团有限公司	石景山区	专用设备制造业	数字化业务链路囊括销售、设计、生产、安装调试、售后维护五大环节
14	康明克斯（北京）机电设备有限公司	密云区	专用设备制造业	通过集成控制系统实现自动化控制，使多模块运行达到最佳状态
15	安诺优达基因科技（北京）有限公司	经开区	专用设备制造业	开发的“安诺云”基因大数据分析云平台，实现业务流程的自动化、标准化和智能化
16	北京德尔福万源发动机管理系统有限公司	经开区	汽车制造业	主要包括数字化平台、自动上下料设备、四条生产线的数字化投资及改造、MES 升级改造、AGV、通信网络及信息安全保障。
17	北京理工华创电动车技术有限公司	顺义区	汽车制造业	部署了多个数字化平台和系统，实现了从研发到生产、销售的全流程数字化管理
18	北京广发电气有限公司	通州区	电气机械和器材制造业	搭建了 MES，与 ERP 系统集成，结合制造装备联网、关键工序数控化等开展数字化转型
19	北京亿华通科技股份有限公司	海淀区	电气机械和器材制造业	实现了从客户需求管理、产品设计开发、过程设计开发到供应链管理、生产制造、质量管理、售中和售后服务、人力资源及行政管理等全业务流程的数字化。

续表

序号	企业名称	区县	行业	数字化概况
20	电信科学技术仪表研究所有限公司	通州区	计算机、通信和其他电子设备制造业	打造“一个门户（OA 系统），一个基础（ERP 系统），两大主体”（智能工厂和智慧园区）
21	融硅思创（北京）科技有限公司	石景山区	计算机、通信和其他电子设备制造业	建设电子模块 PPM 质量管控平台，保障电子雷管产品的安全性和稳定性
22	紫光同芯微电子有限公司	海淀区	计算机、通信和其他电子设备制造业	全面推进“办公、业务运营、财务、管理”数字一体化系统建设，实现“数字同芯”目标
23	北京八亿时空液晶科技股份有限公司	房山区	计算机、通信和其他电子设备制造业	通过研发系统建设、生产全流程过程管理系统、数据分析管理系统，构建研发、仓储、称量、生产、质检、入库全产业链数字化流程
24	大唐联诚信息系统技术有限公司	海淀区	计算机、通信和其他电子设备制造业	先内后外，先管理后业务，首先业务数据化、其次是数据资产化、第三是资产服务化、第四是服务业务化
25	泰科天润半导体科技（北京）有限公司	顺义区	计算机、通信和其他电子设备制造业	提出“提高生产效率、优化供应链管理、提升客户服务质量的”数字化转型目标，整合现有系统、优化业务流程、智能制造和智能供应链管理
26	北京创元成业科技有限公司	顺义区	计算机、通信和其他电子设备制造业	完成自动化、数字化、网络化系统第一阶段，解决了产品数据、订单数据、生产数据、生产排单、工艺管理、供应链管理等问题
27	北京东西分析仪器有限公司	门头沟区	仪器仪表制造业	部署了企业资源计划系统、客户关系管理系统、供应链管理系统、产品推广宣传平台、招标信息服务平台等
28	北京唐智科技发展有限公司	石景山区	仪器仪表制造业	历经业务操作电子化、业务流程信息化，往业务管理知识化阶段过渡
29	北京海林自控科技股份有限公司	昌平区	仪器仪表制造业	形成了“以智能生产为核心”“以运行维护做保障”“以智慧管理促经营”的智能生产模式
30	北京天玛智控科技股份有限公司	顺义区	仪器仪表制造业	以“流程牵引、数据驱动、体系协同、数字赋能”为指导，建设“智能化无人采煤控制装备智能工厂”
31	北京中康增材科技有限公司	延庆区	金属制品、机械和设备修理业	在各工序部位建立生产管理台账，实现零部件的收货、周转、存储、转运、发货等功能

续表

序号	企业名称	区县	行业	数字化概况
32	北京科荣达航空科技股份有限公司	顺义区	金属制品、机械和设备修理业	逐步实现业财一体化、生产制造透明化、内外办公协同化
33	北京惠达通泰供应链管理有限责任公司	经开区	批发业	部署 ERP 系统、WMS、TMS 一体化的系统，实现供应商管理、客户服务订单管理、产品信息管理、食品安全追溯管理、物流配送的供应链追溯体系
34	北京小仙炖生物科技有限公司	朝阳区	零售业	开发 CRM 平台、顾问助手系统、C2M 小程序，实现按需生产
35	北京易途客信息技术有限公司	门头沟区	电信、广播电视和卫星传输服务	通过 Nextcloud 实现文档管理数字化，实施 MIFI 业务管理平台，实现货品管理数字化，引入云服务、大数据分析工具和人工智能算法来支持业务流程的自动化和智能化
36	图谱天下（北京）科技有限公司	东城区	互联网和相关服务	通过数字化招聘平台的整合，实现了对 20 多个主流招聘渠道的统一管理；AI 招聘产品推动招聘流程的创新
37	北京云杉信息技术有限公司	东城区	互联网和相关服务	通过云计算、物联网、大数据技术，打造基于互联网 + 的现代农业供应链一体化平台，研发智能指挥调度系统、鸡蛋溯源系统、大数据信息服务平台，实现基于互联网 + 的农商互联 O2O 采仓配销综合体示范
38	北京微步在线科技有限公司	海淀区	互联网和相关服务	愿景是成为数字时代网络威胁应对的专家，构建一个高度智能化、自动化的网络安全管理体系
39	中电运行（北京）信息技术有限公司	石景山区	互联网和相关服务	打造全场景网络安全态势感知平台，构建公司级网络空间资产地图，建设全场景网络安全仿真验证环境
40	北京八月瓜科技有限公司	丰台区	互联网和相关服务	建设高性能云计算平台和大数据处理中心，构建全球科技情报分析检索系统——“创新大脑”
41	爱动超越人工智能科技（北京）有限责任公司	东城区	软件和信息技术服务业	部署了包括工业互联网平台、智能车载终端、ADAS 系统等在内的多种数字化平台和系统，实现设备的远程监控、数据采集和分析、预测性维护等功能

续表

序号	企业名称	区县	行业	数字化概况
42	北京数美时代科技有限公司	朝阳区	软件和信息技术服务业	使用云服务建设基于 AI 全栈式网络信息风控平台，实现研发、设计、销售和客户服务、系统维护等一揽子工作
43	北京恒生芸泰网络科技有限公司	通州区	软件和信息技术服务业	部署互联网医院平台、智能硬件系统、智能采血系统等，实现线上线下一体化服务，提高医疗资源利用率
44	北京他山科技有限公司	门头沟区	软件和信息技术服务业	盘点数据资源目录，部署制造执行系统，系统包括供应链管理、生产管理、财务管理及人力资源管理等
45	北京至臻云智能科技有限公司	门头沟区	软件和信息技术服务业	主营基于人工智能大模型的数字化审计平台，实现产品开发、客户关系管理、内部协作、销售营销、运维管理等场景
46	中科视语（北京）科技有限公司	门头沟区	软件和信息技术服务业	搭建数字化基础设施，建立基础数据分析平台，基于视语坤川大模型提供行业模型 MAAS/SAAS 服务
47	中航国际金网（北京）科技有限公司	经开区	软件和信息技术服务业	制定 4 条关键路径，业务量化、集成集中、统一平台、智能协同，实现平台运营活动的动态数据采集和全流程数据集成与业务集成
48	联创新世纪（北京）品牌管理股份有限公司	东城区	软件和信息技术服务业	自主研发了业务管理平台，数字化应用场景已覆盖产品研发、生产制作、销售运营、客户管理等生产服务流程中的绝大部分环节，打造了智能化项目管理体系
49	北京橙色风暴数字技术有限公司	东城区	软件和信息技术服务业	经历运营管理平台的数字化、营销业态和模式创新两个阶段，开展的项目包括数字文化创意产品交易平台，自有虚拟数字人，沉浸式数字虚拟体验中心等
50	北京宇卫科技有限公司	经开区	软件和信息技术服务业	基于微服务架构、大数据、云计算等技术，以医商数字化平台为基座，推动 TMS 系统的建设，形成医商物流业务中台化的系统建设规划策略
51	亦康（北京）医药科技有限公司	经开区	研究和试验发展	完成了实验动物采购系统、试剂耗材采购系统、项目管理系统、生物样本采集系统、文档分析系统的开发和上线应用
52	北京京能地质工程有限公司	门头沟区	专业技术服务业	典型场景包括项目管理、招采管理、财务管理等各个方面的数字化应用，基本实现业务流程的数字化

续表

序号	企业名称	区县	行业	数字化概况
53	北京中天路通智控科技有限公司	平谷区	专业技术服务业	共有两项核心数字化产品，一是中天翼轨道交通保护区安全管理数字孪生平台；二是中天盾“智慧芯”工程勘测项目综合管理平台
54	杰恩国际设计（北京）股份有限公司	通州区	专业技术服务业	利用数字孪生技术优化产品设计，成立元宇宙中心，引入 VR/AR 平台，使企业能够创建引人入胜的虚拟环境和交互体验
55	微积分创新科技（北京）股份有限公司	东城区	科技推广和应用服务业	建立了一物一码智能营销平台、私域消费者会员运营平台以及品牌智能营销机器人等平台
56	北京声智科技有限公司	海淀区	科技推广和应用服务业	面向医疗、税务、政务行业领域提供内嵌 AI 大模型技术的智能设备及智能化软件服务，面向 C 端用户的智能办公、智能写作、智能健康助手等智慧化服务产品
57	海外远景（北京）科技有限公司	海淀区	科技推广和应用服务业	部署传感器网络、数据采集与传输系统、云存储平台、大数据处理与分析工具、故障诊断算法与模型、实时监控与报警系统、知识管理系统、移动应用与协作平台，从传统的反应式维护转向预测性维护
58	北京金鹏达科技发展有限公司	通州区	科技推广和应用服务业	立足禁毒开创了“一站式智慧禁毒平台”、面向全警开发了“军警装备电子卖场”，推动传统禁毒工作数字化
59	北京培宏望志科技有限公司	经开区	科技推广和应用服务业	包括研发管理、产品设计、生产流程、供应链管理、销售与市场、客户服务等典型场景
60	学银通融（北京）教育科技有限公司	西城区	科技推广和应用服务业	构建“一个门户、四大工作平台、三大支撑条件”，利用大模型、AI+ 等技术，推进心理健康测评体系、心理健康咨询和诊疗服务的数字化、体系化、智能化